*Die Kurzromane*

Wenn ich Urlaub mache, ist Harry mein ständiger Begleiter. Er kommt mit, wenn ich mich auf die Reisen begebe, die unweigerlich irgendwo auf Zypern enden. Harry, der amerikanische Reporter, der in Teheran, Istanbul und New York zu Hause ist, liebt das Kreisreisen. (Im Kreis reisen)

*

Ein deutscher Geographielehrer entflieht dem Münchner Winter. Er folgt auf seiner Ferienroute den Spuren zweier Menschen, die denselben Weg zu unterschiedlichen Zeiten schon einmal beschritten hatten. Wie sich Zeiten ändern und Träume sich gleichen. Wenn er das seiner Klasse erzählt! (Wege nach Zypern)

*

Hüseyin ist alt geworden. Sein Zypern ist nicht mehr das Zypern seiner Jugend. Er trägt schwer an den politischen Wirren auf der Insel. Wenn er stirbt möchte er etwas zurücklassen, das seine Tochter im elterlichen Dorf hält – freiwillig.
(Der Weg von Ozanköy nach Bellapais)

*

Wie ein roter Faden zieht sich die Hingabe zum Norden Zyperns durch die Romantrilogie, deren Aufruf zum Aufbruch unverkennbar ist. Sie animiert zum Kofferpacken und Kennenlernen der immer wieder beschriebenen Plätze, sei es das malerische Bellapais oder die steinige Wüstenlandschaft Zentralzyperns. Manchmal erscheinen andere Weltgegenden, so reizvoll und paradiesisch sie sind, nur als Nebenschauplätze für das herrliche Landschaftsbild eines verträumten Zyperns. Den Konflikt um die geteilte Insel mußte man auch einmal kurze Zeit beseite legen können.

*Uli Piller*, Jahrgang 1979, betrachtet Nordzypern seit mehreren Jahren als zweite Heimat. So ist in seinem Debutwerk „Rote Sonne, graue Nebel" ebenfalls Zypern Hauptschauplatz. Der auf der Insel herrschende Konflikt beschäftigt ihn politisch sehr. Als erfahrener Kenner des türkischen Teils verteidigt er dessen Position auch in mehreren Fachpublikationen, darunter „Zypern, die ungelöste Krise." Seinen literarischen Schwerpunkt hat der Autor in der Reiseliteratur gefunden.

# Uli Piller

# Im Kreis reisen

Drei Kurzromane
auf und um Zypern

Originalausgabe Oktober 1999

Copyright © 1999 by Uli Piller
Herstellung: Libri Books on Demand

Umschlaggestaltung: PiP

Printed in Germany

ISBN 3-89811-137-7

Diese Romantrilogie folgt nicht den Regeln der neuen Rechtschreibung.

*So unterschiedlich unsere Wege auch
verlaufen werden, vielleicht findet
sich ja irgendwo die eine Kreuzung!*

**In fröhlicher Erinnerung an den
Sommer 1997.**

# Im Kreis reisen

Da saß ich nun in diesem Flugzeug, eng zusammengekauert und überlegte, wie ich die nächsten Stunden zubringen wollte. So unterhaltend es war, zu beobachten, wie sich diese unmenschlichen Blechvögel in den Himmel bohren, um schnaubend einem fernen Ziel entgegenzustellen, so schrecklich war es, in einem dieser Fluggeräte längere Zeit sitzen zu müssen. Die meisten Kabinen sind eng und unbequem. So klage ich auch diesmal über die Länge meiner Beine und den schmalen Abstand der Sitze. Die Innentemperatur in Flugzeugen ist entweder viel zu hoch oder aber man friert durchwegs.

Ich dachte daran, in einem halben Jahr jenen Langstreckenflug überstehen zu müssen, der Kräfte raubend sein würde: von Hongkong über Singapore nach Frankfurt. Dagegen waren diese zweieinhalb Stunden bis Kreta doch nur ein Augenblick. Rauf, ein wenig fliegen, wieder runter. Der Spruch von der Zeit, die wie im Fluge vergeht, war ach so wahr, aber meist nicht mit dem allgemein darunter verstandenen Gehalt: Die Zeit schien im Fluge – für mich jedenfalls – zu stehen; quälend stellte ich das jedes Mal erneut fest. Moderne Unterhaltungstechnik bescherte einem die gelobte Abwechslung, doch was interessierte mich die Werbung in einem Bordfernseher?

Auf einer elektronischen Landkarte gleitet ein Flugzeug unsichtbar langsam hoch über den Bergen der Alpen, hinweg über den Balkan. Bald wird es Kreta erreicht haben. Ich gebe zu, die zweieinhalb Stunden sind sehr überschaubar und man kann sich die Zeit gut vertreiben.

Ich packe ein Buch aus, das ich im vergangegen Urlaub bereits einmal zu lesen begonnen habe. Günter Grass schrieb darin über die Deutschen, nannte es „Kopfgeburten oder die Deutschen sterben aus". Ich hatte mir fest vorgenommen, den Zeitraum zwischen Start und Landung damit zu verbringen, zu überlegen, was ich im nächsten halben Jahr zu schreiben gedachte. Es mußte etwas sein, was mich selbst irgendwie einschloß, nur so konnte ich mir der nötigen Energie sicher sein, auch bis zum Schluß durchzuhalten. Es mußte also etwas Persönliches in sich tragen. Alles Literatur trägt die Person des Autors irgendwie in sich. Nur ich gedachte das auch offen einzubauen: Meine Leidenschaft für die zweite Heimat Nordzypern, der eben angetretene (wahrscheinlich anstrengende) Urlaub mit drei Freundinnen auf Kreta und dann die Reise nach Südostasien.

Welchen Charakter sollte ich für solch ein Vorhaben wählen?

Ich saß in einem Düsenflugzeug auf dem Weg nach Heraklion und wußte, daß ich in einem halben Jahr wohl über nichts anderes würde schreiben können, als über die Faszination der Millionenstädte und Metropolen Hongkong, Bangkok und Singapore. Momentan aber saß ich auf dem Weg nach Kreta und wollte zu schreiben beginnen. In dieser Situation fragte ich Grass um Rat. Wie ein roter Faden zog sich durch seine „Kopfgeburten" der Wunsch, ein Drehbuch zu verfassen. Und so beschloß ich, ähnliches zu tun. Ich faßte den Entschluß, im Hintergrund dessen zu bleiben, was ich erzählen mochte. Ich einigte mich mit mir selbst, nur dann einzugreifen, wenn es nötig war, schließlich lag mir nichts an einer Autobiographie; besser: niemand würde sich daran erfreuen. Geburt, Schule, Schule, Fertig.

Das Fliegen wollte ich zum ersten Abschnitt meiner Erzählung machen. So begann ich etwa über Belgrad zu überlegen, wer da also zu fliegen hätte. Der eifrige Geschäftsmann, den ich gerne selbst gespielt hätte, auf dem Weg ins geschäftige Hongkong kurz nach dessen Rückgabe an die Volksrepublik China? Die einsame Studienrätin, die ihren Pennälern im Geographieunterricht endlich von den eigenen Erlebnissen erzählen möchte? Der alleinstehende Mann, der in Bangkok in sein

Verderben rennt, weil er mit seinem Leben in Deutschland nicht mehr zurecht kommt? (Laß ihn Frau und Kind verloren haben, im Beruf keine Erfüllung mehr finden, aber Geld genug haben, um sich in Bangkok die letzten Freuden zu gönnen.) Vielleicht das Rentnerehepaar, das nach dreißig und mehr Jahren der Plackerei einmal ein fernes Ziel ansteuern möchte.

Nun saß ich aber in einem Flugzeug voller Urlauber in Richtung Griechenland, so daß mir die Vorstellung, ein wichtiger Geschäftsmann auf dem Weg nach Hongkong zu sein, recht schwer fiel und dies, obwohl ich über eine glänzende Phantasie verfüge. (Schon im Kindergartenalter verbreitete ich Geschichten, mein Vater, in Wahrheit ein ehrenwerter Studienrat, wäre Polizist und hause in einer Mülltonne. Und einmal lockte ich einen Freund zu mir nach Hause mit der abenteuerlichen Behauptung, tausend Goldhamster zu besitzen.)

Die jungfräuliche Studienrätin bot sich schon eher an, denn schließlich waren Vater und Mutter Lehrer, so daß ich mit dem Berufsbild bestens vertraut war und auch die Gestalten kannte: oftmals von alternativer Lebenseinstellung, auf gesunde Ernährung der Schüler bedacht, selbst jedoch beim Genuß des Rotweins in Südtirol weniger zurückhaltend, die lederne Schultasche gefüllt mit Arbeitsblättern für die meist weniger willigeren Schüler.

Der einsame Mann, dem nichts mehr blieb, außer in Bangkok seinem Trieb nachzugeben, repräsentiert zwar das Schicksal vieler Männer – man betrachte nur einmal die Passagiere der Charterflüge nach Phuket oder Bangkok, hinter fast jedem der dort alleinreisenden Männer steckt eine mehr oder weniger gestrandete Existenz, doch würde es mir an Einfühlvermögen fehlen, über diese Menschen zu schreiben.

Und für die Rentner, die sich nach dem harten Arbeitsleben eine Reise nach Hongkong gönnen, bin ich zwar aufgeschlossen und lobe sie obgrund ihres Abenteuerwillens, schließlich sind meine eigenen Großeltern über die deutsche

Grenze kaum hinausgekommen, doch auch hier fehlt ein entschiedener Bezugspunkt: das Alter. So mußte ich mir also knapp hinter Belgrad eine neue Strategie einfallen lassen, wie ich meine Geschichte, deren Anfang eben das Fliegen bestreiten sollte, beginnen lassen wollte.

Ich sah die drei jungen Damen an, die ich (oder die mich, je nach Sichtweise) nach Kreta begleitete und überlegte, ob nicht vielleicht doch ein Blick ins eigene Leben als Anfang dienen könnte. Doch diese Geschichte wäre wohl rasch erzählt: Eine Gruppe junger Menschen, acht Personen an der Zahl, wollen in Spanien gemeinsam Urlaub machen. Ich plane und kalkuliere (solche Aufgaben übernahm ich gerne und sie fielen mir zu, so daß sich hier alles scheinbar ergänzte), doch die anderen sind mit der Finanzierung nicht einverstanden: zu teuer. Ich selbst protestiere gegen den langen Anreiseweg mit der Bahn, denn ein Flugticket ist einigen anderen einfach zu kostspielig. Unsere Diskussionen füllen die Abende, erstrecken sich über mehrere Wochen, schließlich sind wir endgültig in zwei Lager gespalten: die einen, denen ein Campingurlaub mit der Bahn ganz und gar nicht behagen will, schließlich waren die wilden Zeiten vorbei, wo man nur dann seine Jugend ausgelebt hatte, wenn man die Nächte an Lagerfeuern zubrachte; die anderen, denen die Vorstellung von einem kleinen Apartmenthotel auf Kreta schier wie des Spießers Eigen vorkommen mußte. So blieb uns also nichts anderes übrig, als schweren Herzens die Gruppe zu teilen. Deshalb saß ich nun mit drei jungen Damen im Flugzeug nach Heraklion und überlegte mir neben dem Anfang für diese Erzählung, wie sich dieser Urlaub wohl entwickeln würde. Der andere Teil unserer Clique war mit Zug und Fähre zur gleichen Zeit unterwegs nach Sardinien, irgendwo – kurz die Orientierung wiederfinden, Belgrad, Sardinien, jedenfalls unter uns!

Sollte ich Sandra alleine in die Lüfte gehen lassen. Die jungfräuliche Studienrätin? Ich setze ihr im Geiste eine Lesebrille weit vorne auf die Nase, lasse sie die wollenen Kleider tragen, mache aus ihrer eher konventionellen Einstellung etwas affektiert Alternatives und bemerke, daß das nicht klappen will. Sandra ist zu flippig, zu schwungvoll und vor allem würde sie nicht den Wunsch hegen, durch die Welt zu fliegen, allein mit dem Ziel, sie zu entdecken. Mit ihr assoziierte ich eher ausgiebiges Nachtleben und Parties. Also startete ich den nächsten Versuch mit Sanne. Auch bei ihr traf ich nicht ins Schwarze, ebensowenig wie bei Barbara. Die Studienrätin mußte also ausfallen.

Der Geschäftsmann zur Geschäftsfrau – vielleicht das? Es paßte. Sandra sprach gut englisch, Sprachen lagen ihr allgemein. Sie konnte die sauber gestylte Sekretärin sein, die ihren Chef auf dem Weg nach Hongkong begleitet, immer mit dem freundlichen Lächeln im Gesicht. Noch ein Diktat gefällig? Aber sie würde sich sicher nicht damit zufriedengeben, ihr Dasein als Sekretärin zu fristen. Sandra konnte mehr erreichen, und so packte ich sie in die Rolle des Chefs. Da saß sie dann, anstatt in Jeans und T-Shirt auf dem Weg ins sommerliche Kreta, in einem großen Jet nach Hongkong, Terminkalender wälzend. Der tragbare Computer auf dem Tischchen, vor sich ein Glas Whisky, kalkulierend. Heute erkläre ich ihr, was ein *Cash Flow* ist, dann lasse ich es mir eben von ihr erklären. Die Beine gekonnt übereinandergeschlagen, ein freundliches Lächeln für den Steward, der Blick auf die Uhr, ein paar Stunden noch bis zur Ankunft in Hongkong. Erste Termine vorbereiten, Zeitungen durchstöbern, Börsenberichte, der Kugelschreiber klappert, aber unauffällig, der Sitznachbar will schlafen. Ein Sitz am Gang, denn sie will nicht stören, wenn sie zu den Waschräumen möchte. Doch in diesem Moment störte der Tennisschläger im Handgepäck, ebenso der Walkman und das laute Gekicher, welches mir entgegenschlägt.

Barbara war für diese Rolle nicht geeignet. Sie würde ich (sofern sie mir diese Zeilen jemals verzeihen könnte) bei der Auswahl geeigneter Figuren eher in die Rolle der Rentnerin stecken. Gereift, ruhig und überlegen. Sie läßt sich im Flugzeug nieder, spricht nicht viel, die vielen jungen Leute betrachtet sie aus der Distanz, konzentriert sich lieber auf den Start, gut auf die kommende Reise vorbereitet.

Und Sanne? Sie sollte ich eigentlich in die Rolle der Stewardeß pressen. Blond, freundlich, immer aufgeschlossen. Doch ihre etwas ängstliche Art dem Fliegen gegenüber schreckt mich ab, das zu tun. Ich lasse den Blick an den dreien vorbeischweifen und versuche, nach unten zu sehen – so gut das von einem Gangplatz aus geht.

Tief unter uns sieht man kleine Häuser. Wie weit liegt Belgrad jetzt schon hinter uns? Wie sicher ist es in dieser Gegend heute? Ich erinnere mich an die Schreckensbilder aus Bosnien und vermenge alle Eindrücke, die man von den Medien gewonnen hat. Der jugoslawische Bürgerkrieg ist vorbei und außerdem überfliegen wir das Gebiet in sicherer Höhe. So zerfetzt wie das Land und die Seelen vieler Menschen da unten, so das Konzept meiner Geschichte. Ich wußte ja nur, daß ich wieder etwas schreiben wollte, irgend etwas, das die Zeit zwischen diesem Sommer und dem nächsten Winter miteinander verbinden konnte. Irgendwie mußte ich es schaffen, eine Brücke zwischen Singapore, Hongkong und Bangkok und Kreta zu bauen, ohne dabei meine Leidenschaft für Zypern zu unterdrücken.

Der Sommer war bis zu diesem Zeitpunkt verregnet. Es hatte immer wieder tagelang aus Kübeln gegossen und die Sonne bekamen wir nur sehr selten zu Gesicht. Mich hatte dieses Wetter verärgert, denn auch wir Mitteleuropäer haben ein Anrecht auf einen schönen Sommer. Und kaum kam die Sonne zwischen den schweren Regenwolken hindurch zum Vorschein und kaum konnten die Menschen kurz aufatmen, wurde es unerträglich schwül und Gewitter türmten sich auf und es begann erneut zu regnen.

Die Zeit bis zur Landung auf dem Flughafen von Heraklion war absehbar, und ich war fest entschlossen, bis dahin den Anfang meiner Geschichte zu kennen. Ich legte den Stift kurz beiseite und warf einen Blick in die Zeitung, die ich mir vor dem Abflug in München gekauft hatte. Was war das für ein Jahr? Kohl behauptete sich noch – trotz schärferen Gegenwinds. Die Arbeitslosenzahlen stiegen weiter an, Jugendliche bangten um ihre Lehrstellen. Und was sollten wir machen, wenn wir im nächsten Jahr mit der Schule fertig sind? Studieren? Studieren bis wir alt sind und Rente kassieren könnten? Rentnerehepaar, alternative Studienrätin, armer Einsamer. Sie geistern mir weiter im Kopf herum. Ich suche das Flugzeug ab. Von meinem Platz aus läßt sich nirgends ein älteres Rentnerehepaar ausfindig machen. Ein paar Familien mit Quälgeistern, junge, sportliche Menschen, keine Alten.

Gut, daß ich mit dem Personalausweis auf Kreta einreisen darf, die Stempel der Türkischen Republik Nordzypern würden mich in meinem Reisepaß als politischen Gegner ausweisen. Meine Gedanken kreisen.

Die letzten Schulwochen waren eine lähmende Durststrecke gewesen. Niemand wollte mehr ans Arbeiten denken; nur die Lehrer, denen es im Grunde nicht anders erging, zwangen uns zur Disziplin. Mühsam quälte ich mich durch die letzten Stunden Biologie. Sie waren zählbar. Fünf, vier, drei... Dann endlich: nie wieder Biologieunterricht! Das war ein befreiendes Gefühl, schließlich konnte ich für die Mendelschen Regeln niemals so richtig Begeisterung aufbringen und die Existenz von ATP habe ich zur Kenntnis genommen, aber Auswirkungen auf mein Leben hatte all das nicht. Wir wollten Sommer, einfach nur faul am See liegen und das Leben genießen. Doch dieser Sommer vergönnte uns nur vereinzelt Tage, an denen das möglich war.

Das kleine Flugzeug auf dem Monitor war schon weit hinter Belgrad, als ich mir überlegte, ob der Inhalt meiner Geschichte vielleicht von einer Weltreise erzählen sollte. Ich könnte darin all meine eigenen Erfahrungen verpacken, könnte ein paar Seiten in meiner Zweitheimat Zypern verweilen, in meinen Dörfern und Kaffeehäusern. Dann könnte ich in die Türkei weiterreisen, auf den Sinai. Dann ein Zwischenstopp im geschäftigen London. Die roten Doppelstockbusse, die Bobbies, das akzentfreie Englisch der Londoner, das ich immer so bewundert habe. Von London ginge es weiter nach Nizza, in die exklusive Perle an der Côte d'Azur. Doch rissen die eigenen Reiseerfahrungen dann nicht schon ab? Sie endeten in der maghrebinischen Wüste, an den Südausläufern des Hohen Atlas, auf der Fernstraße zwischen Kairo und Tunis, die durch das gefahrvolle Libyen führt. Deutschland war für mich München; alleine Berlin hatten wir mit der Schule besucht.

Mein zweites Zuhause (deshalb schon so zu bezeichnen, weil ich es besser kenne als alle andere Orte – von meinem Wohnort einmal abgesehen) war Nordzypern. So wußte ich also, daß auch diese Geschichte irgend etwas mit dieser zweiten Heimat zutun haben sollte.

Ich schloß für einen Moment die Augen und malte mir den Flug nach Singapore aus: Über die weiten Ebenen Indiens, Bombay, diese riesige Stadt, tief unter uns. Ein paar Stunden später Sri Lanka, die geographisch von Indien abgetrennte Insel im Indischen Ozean. Die Tamilen kämpfen dort gegen die Regierung für einen unabhängigen Norden. Immer wieder hörte man in den Nachrichten von Bombenattentaten in der Hauptstadt Colombo und trotzdem faszinierte mich diese Insel, obgleich ich sie nur von Erzählungen und Bildern her kannte. Eines Tages aber würde ich Ceylon besuchen (alleine schon des berühmten Tees wegen). Noch ein paar Stunden später, schon kurz vor dem Anflug auf Singapore, Thailand, das Königreich mit den vielen Unterschieden. Pulsierende Städte, weites, einsames Land, verschwenderischer Reichtum, erbärmliche Armut, moralische Kulturpflege, für den Touristen praktizierte Prostitution. Die Gedanken kreisten einen Moment lang, ich erstellte Programme, wie man die jungen Frauen von der Straße und aus den Bordellen bringen könnte. Das politische Denken brach wieder einmal in mir durch.

Sandra tippte mir auf die Schulter, wollte etwas Belangloses über Kreta wissen. Ich spulte monoton mein Faktenwissen ab: Die viertgrößte Insel im Mittelmeer nach Zypern, die größte des griechischen Archipels, Heraklion die Hauptstadt, minoische Siedlungen – vor allem Knossos hervorzuheben -, allerlei Götterzauber – vor allem die Geburtsstätte des Zeus zu erwähnen – und viele unterschiedliche Landschaften. Bilder entstanden und bauten sich auf. Fünfmal bereits war ich auf dieser Insel gewesen, zusammen sind das über zwei Monate. Der letzte Aufenthalt aber lag zwei Jahre zurück. Jedoch war es immer nur Urlaub gewesen für mich, nie eine Art von Nachhausekommen. Dieses Gefühl erfaßte mich nur auf Zypern. Dort kehrte ich heim. Wieder und wieder. Und schon bangte ich auf dem Flug von München nach Heraklion vielleicht im nächsten Jahr nicht nach Nordzypern zu kommen. Zwar hatte ich Pläne, Träume und Hoffnungen, doch meist wurden sie mir durchkreuzt. Das war irgendwie das Schicksal meiner Person. Nie klappte so richtig, was ich mir vornahm. Wahrscheinlich verhinderte das der Perfektionist in mir. Ich gedachte, mich in dieser Hinsicht eines Tages zu bessern und wußte mit einem Mal, daß auch der Weltreisende mit seinem Reiserucksack und dem Strohhut für die Geschichte nicht in Frage kommen konnte. Und so stand ich hoch über der griechischen Grenze erneut vor dem alten und gleichen Problem, das mich nun seit Belgrad verfolgte. Die Stewardessen eilten durch den Gang und verströmten den Duft süßlicher Parfums, ihr Lächeln war um diese Zeit auf einem solchen Kurzflug noch nicht künstlich aufgesetzt. Sie waren freundlich und gaben sich große Mühe, selbst die ausgefallendsten Wünsche zu erfüllen: Ein Erstflieger verlangte Spaghetti für seine Kinder. Enttäuscht mußte er mitansehen, wie ihm die junge Dame ein Tablett auf das Tischchen stellte, auf dem keine Spaghetti waren, dafür aber ein paar Plastikschüsseln und -schälchen mit Salat, Wurst und Käse, der typischen Flugzeugsemmel, klebrig und klein. Ich hatte mein Essen beseite geschoben. Ich verabscheute das Essen in den engen Blechvögeln, wahrscheinlich alleine deshalb, weil ich schon das Fliegen an sich nicht so sehr schätzte. Es war mir zuwider mich in einen Aluminiumvogel zu setzen, der anfängt zu donnern, dann auf einmal abhebt und fliegt. Und man selbst sitzt darin und merkt es kaum. Mit dem Fliegen verband mich eine Art Haßliebe, denn schließlich flog ich oft und liebte die Atmosphäre auf Flughäfen. Ich empfand es als einen vorgespielten Traum, den Traum vom Fliegen. Man könnte auch einen Film vor den Fenstern der Flugzeuge ablaufen lassen. Man steigt ein, fliegt und steigt wieder aus. Der Unterschied nur, daß es in München vielleicht naß und kalt war, während es am Zielort trocken und heiß ist. Man bekommt die Veränderung draußen nicht mit, das Erleben der Reise findet nicht allzu bewußt statt. Sicherlich kann ich die Wolken tief unter mir ansehen und wenn ich Glück habe, dann sehe ich auch Berge und Felder, große Städte oder Straßen. Aber all das ist modellhaft klein. Das Reisen des Reisens wegen ist mit dem Zug oder dem Auto besser. Obwohl auch hier der Film vor den Fenstern ablaufen könnte, aber gerade beim Zugfahren bieten wenigstens die einzelnen Haltestellen die Möglichkeit, den Reiseweg mit erfülltem Leben zu sehen. Nur waren Züge gegen mich. Ich hielt es nicht lange aus, still auf einem Platz zu sitzen. Wollte man nun von einem Ort zum anderen kommen, so war der Zug sicher ein praktisches Fortbewegungsmittel, doch mit dem Flugzeug geht es einfach schneller. Ich malte mir aus, wie lange ich brauchen würde, um von zu Hause nach Nordzypern zu gelangen. Ich malte mir das ganz genau aus: Ich würde mit der S-Bahn von Unterschleißheim nach München fahren. Von dort aus geht mehrmals die Woche ein Linienbus nach Istanbul. Alleine der bräuchte wohl schon eine halbe Ewigkeit. Dann die lange Fahrt von Istanbul im Norden der Türkei nach Tasucu an der Südküste. In Tasucu mußte ich die Fähre nehmen, die mich in etwa drei bis vier Stunden hinüber nach Nordzypern bringen würde. Eines Tages, dachte ich mir, würde ich diese Reise vielleicht machen, irgendwann einmal meinen Rucksack wieder vom Schrank holen, den Staub abschütteln und mich auf den Weg machen. Vielleicht mit ein paar Freunden. Vielleicht aber auch alleine.

Die anderen waren mit „Urlaub" schon zufrieden. Ich wollte mehr. Ich war nicht seßhaft. Ich konnte nie lange am Strand liegen und faul sein. In mir verlangte alles ein Weiterreisen, ein Umherreisen. Was interessierte mich der Gardasee, wenn mein Augenmerk längst auf den Wüsten Indiens lag? Wie konnte ich mich noch für den Bayerischen Wald begeistern, wenn ich mich längst nach den Regenwäldern Kalimantans sehnte?

Plötzlich fiel mir ein, daß ich nur wenige Wochen vor diesem Kretaurlaub eines der längsten Schriftstücke, das ich je geschrieben hatte, zerstörte. Zusammen waren es weit über zweihundert Seiten. Weit über zweihundert Seiten voller Geschichten, Gedichte und Aufsätze. Ich hatte sie im Laufe eines Jahres gesammelt. Und nachdem nicht jeder davon wissen sollte, hatte ich die Datei auf dem Computer mit einem Kennwortschutz versehen. Und als ich eines Tages das Kennwort wechselte, vergaß ich das neue. Der Ärger darüber hatte ein paar Tage angehalten und kam genau jetzt auf dem Flug nach Kreta wieder hoch. Die Technik hatte mich überrumpelt. Ich konnte nicht mehr an meine eigenen Dinge heran, weil so unsinnige Einrichtungen wie ein Kennwortschutz mir den Weg versperrten. Das war der Sieg der Technik über den Menschen. Ich ärgerte mich – aus zwei verschiedenen Gründen: zum einen, weil ich vom verlockenden Angebot, die Datei mit einem Kennwort zu versehen, verführt worden war, zum anderen, weil ich nicht wenigstens bei den Gedichten die handgeschriebenen Zettel aufgehoben hatte. Doch warum sollte man heute noch Literatur oder Lyrik mit der Hand schreiben? Kaum ein Schriftsteller arbeitet heutzutage noch so.

Ich versuchte herauszufinden, warum ich gerade jetzt, da ich überlegte, welche Art des Reisens die beste war, an dieses kleine Ärgernis der vergangenen Wochen denken mußte. Vielleicht würde mich der Verlust der Arbeit eines ganzen Jahres auch ebenso lange ärgern. Ich schwor mir jedenfalls heilig, nie wieder ein Schriftstück mit einem Kennwortschutz zu versehen, ich würde das Wort ohnehin nur wieder vergessen.

Zu jener Zeit wartete ich auf die Veröffentlichung meiner ersten beiden Bücher und war immer auf das endgültig fertiggestellte Buch gespannt.

Eine Idee verdrängte die nächste. Die Fülle an möglichen Themen für die Geschichte war dimensional furchtbar groß, doch wollte ich mich beschränken, um all den Stoff auch ausreichend intensiv zu verarbeiten. Genau aus jenem Grund saß ich auch in diesem Flugzeug auf glühenden Kohlen. Ich hatte mir doch zum Ziel gesetzt, bis zum Aufsetzen in Kreta einen „Fahrplan" konzipiert zu haben. Die Zeit drängte nun, denn wir waren bereits seit geraumer Zeit in griechischem Luftraum. Sanne blickte intensiv aus dem Fenster. Sie schien ebensowenig erfreut zu sein wie ich. Hatte sie die gleichen Gründe? Ich fragte nicht nach, sondern machte lieber einen meiner zynischen Scherze, über den keines der drei Mädchen lachen konnte – nur krampfhaft ließen sie sich ein Kichern entlocken. Ich dachte weiter an meine unheilvolle Geschichte.

Singapore, Hongkong, Bangkok – das war das Ende der Geschichte, so viel stand schon fest. Doch der Anfang hielt mich fest. Und eine Handlung dazwischen hatte ich auch noch nicht.

Die griechische Landschaft unter uns war ausgedörrt

und sommerlich verbrannt. Ein paar Erhebungen, Dörfer, Städte, Weideland, ein paar wenige Straßen. Ich konnte und wollte mich damit jetzt aber nicht auseinandersetzen. Fing ich einmal an, intensiv über die Geschichte nachzudenken, würde ich vielleicht so lange nachdenken, bis ich nach Hause zurückkam, ohne eine Zeile geschrieben zu haben.

Nichts war schlimmer, als Gedanken festzuhalten, handschriftlich niederzuschreiben, was man ausformuliert hatte, denn zu Hause galt es das Geschriebene abzutippen. Und dazu fehlte mir meist die Kraft. Daher war ich sehr froh, mir einen tragbaren Computer gekauft zu haben, auch wenn ich mir in dem Moment etwas lächerlich vorkam. So sahen mich viele Urlauber etwas verdutzt an, wieso der denn im Urlaub einen Computer benötigt.

Ich wollte also das Fliegen zum Anfang dieser Erzählung machen, war auch schon dabei, mir die passenden Gestalten auszumalen, und doch hielt mich etwas auf. Ich blickte in der Kabine nach vorne und ärgerte mich ein wenig, daß ich mir nicht schon zu Hause den Kopf darüber zerbrochen hatte, wie ich diese Geschichte nun beginnen lassen sollte. Doch zu Hause hatte ich andere Dinge zu tun gehabt. Mehr als sonst war ich beschäftigt gewesen. So blieb mir für den Anfang der Geschichte keine Zeit.

Aber glücklicherweise: Die Zeit verging „wie im Fluge". Mühsam quälten sich die Stewardessen mit den Duty-Free-Wagen durch die beiden Gänge der Maschine und ließen unzählige Stangen Zigaretten den Besitzer wechseln. Bei uns in der Gruppe gab es keine Raucher.

Ich hatte aufgegeben, die Geschichte mit dem Thema Fliegen beginnen zu lassen. Kapitulation. So döste ich vor mich hin, die Landung auf dem Flughafen von Heraklion in freudiger Erwartung. Landungen brachten immer Abwechslung in die Öde eines Fluges, vor allem, weil sie sein Ende darstellten. Und wie unerträglich würde das lange Fliegen erst auf dem

Flug von Hongkong nach Frankfurt?

Meine drei Begleiterinnen hatten andere Vorstellungen von Urlaub als ich. Und diese Vorstellungen waren in vielen Punkten sehr konträr. Während sich in meinem Gepäck nur das Nötigste befand, waren sie ausstaffiert mit Fertigsuppen und Nudelgerichten, die sie gedachten in der Küche des Appartments zu kochen. (Ich konnte nur auf eine Krise in den arabischen Ländern hoffen, die Probleme mit der Bereitstellung von Erdgas verursacht hätte – aber dann würde auch sonstwo die Küche kalt bleiben.) Nudelgerichte aus der Dose, Suppen aus der Papiertüte – und das in Griechenland, wo es an jeder Ecke eine Taverne gibt. Und wenn man selbst kochen will – was ich im übrigen gar nicht schlecht finde –, dann gibt es in Heraklion einen schönen Markt, auf dem man allerlei Obst und Gemüse erstehen kann. So waren die Dinge wenigstens frisch und besaßen nicht diesen charakteristischen schwefligen Beigeschmack eines jeden Fertiggerichts. Sollten die drei Damen ihre Fünfminutentöpfe essen, ich würde mich – nötigenfalls auch alleine – durch den Dschungel der Tavernen und Kaffeehäuser schlagen. Sandra hatte mir noch vor dem Abflug erklärt, man müsse in Ländern wie Griechenland am Morgen einen Schluck Wiskey trinken, das sei gut für den Magen – als ob wir zu einer Andenexpedition aufgebrochen wären oder eine Safari in den Savannen Afrikas vor uns gehabt hätten. Ich dachte mir, während das Flugzeug gemächlich sank: Magenprobleme wegen aus Deutschland mitgenommener Tütensuppen? Nein.

Schwerfällig bremste der Airbus, als er auf dem Flughafen in Heraklion aufsetzte. Da stand ich also in der Schlange deutscher Touristen aus München, als einziger in der bangen Hoffnung, nicht meinen Reisepaß herzeigen zu müssen, schließlich hätten mich die Einreisestempel der Türkischen Republik Nordzypern als politischen Staatsfeind verraten, aber das sagte ich schon. Die Angst war freilich unbegründet, schließlich reicht in einem Mitgliedsland der Europäischen Union der Personalausweis, und selbst der wurde nicht kontrolliert.

Zweihundertneunzig Koffer – das war zuviel für diesen Flughafen. Es dauerte für die meisten Deutschen unerträglich lange. Der Mann mit der dicken Brille fluchte vor sich hin. Ich stand zwischen meinem Koffer, Sandras Strandtasche und unterhielt mich mit Barbara über Zypern und dessen Problem. Draußen donnerte eine Olympic Airways herein – die Inlandspassagiere wurden anderswo abgefertigt, mußten sich also nicht auch noch um das Münchner Kofferband drängen, um das ohnehin schon ein heilloses Wirrwarr herrschte. Während ich da stand, nach zwei Jahren wieder auf Kreta zurückgekehrt, ohne einen blassen Schimmer, wie die nächsten zwölf Tage ablaufen würden, wurde mir klar, daß der Anfang für meine Geschichte der Anfang unseres Urlaubs sein mußte. Ich konnte nicht irgendwelche Personen in die Mitreisenden projezieren, weil deren Charakter diese Figuren viel zu sehr bestimmt hätte. So entschloß ich mich also der Wahrheit zu folgen und erst einmal auf die Phantasiegeschichte zu verzichten. Schweren Herzens nahm ich Abschied von der jungfräulichen Studienrätin mit den Wollkleidern, dem fleischeslüsternen Mann, der Bangkok zum Ziel seiner Reise erkoren hat, und auch vom Rentnerehepaar, das sich nach einem harten Arbeitsleben eine Reise in exotische Länder gönnen will.

Vor der Eingangshalle empfing uns kretische Hitze, die in mir sofort Erinnerungen an den tunesischen Sommer im Vorjahr wachrief, und ich beklagte mich auf der Stelle bei mir selbst, nicht den Moment genießen zu können, sondern immer an anderen Orten sein zu wollen, als an dem, an dem ich gerade war. Da tauchten Jeeps auf, die Autoradios spielten laut arabische Musik und die Männer trugen lange, weiße und beige Kaftane. Der Orient, er lebte. Es duftete nach Kräutern und Meerwasser. Und Sandstaub flog durch die Luft. Die Männer vor den Jeeps sprachen arabisch, ihre Worte knackten und zischten. Sie scherzten und waren fröhlich und das trotz der fünfundvierzig Grad im Schatten.

Vor dem Abfluggebäude türmten sich Busse und Kleinbusse. Sie alle saugten Touristen auf wie ein Ordnungssystem für Schrauben und Nägel. Diese Größe in diesen Kasten, dieser Nagel in dieses Fach – dieser Urlauber in diesen Bus, der andere in den übernächsten. Weit und breit kein Taxi. Es schien also das erste Problem auf mich zuzukommen (ob die anderen drei nicht schon irgendwelche Probleme hatten, kann ich nicht sagen und nachdem ich mich ja von der Phantasieerzählung erst einmal verabschiedet habe, war es nicht meine Aufgabe, ihnen Probleme anzudichten): Die Taxischlange stand am Abflugbereich des Flughafens. Ein etwas unfreundlicher Grieche stand vor seinem Wagen und rauchte – vielleicht in Gedanken versunken – eine Zigarre. Schweigend nahm er den ersten Koffer und stapelte ihn in seinen Kofferraum – hoffentlich hat er meinen Nordzypernaufkleber nicht entdeckt. Er fragt nicht nach dem Ziel, wartet schweigend, bis ich es ihm nenne. Agia Pelagia. Ein Touristenort voller Hotels, Appartments und Ferienwohnungen. Im Grunde war Agia Pelagia scheußlich. Ein gräßlich schmaler Strand voller Urlauber aus Italien, Holland und Deutschland. Ich würde mich – das war von Anfang an klar – nicht häufig an dieser Bratanlage für röstbedürftige Urlauber blicken lassen. Doch einen Vorteil hatte Agia Pelagia. Ich kannte es – und zudem befand sich eines der schönsten und besten Hotels Kretas dort. Agia Pelagia lebte praktisch vom Hotel Capsis Beach. Unsere Appartmentanlage – schließlich konnten wir vier uns das Luxushotel (leider) nicht leisten – lag direkt an der Hauptstraße und gehörte Freunden meiner Eltern und mir.

Die Strecke zwischen Heraklion und dem kleinen Ort, einem ehemaligen Fischerdorf, im Winter verlassen und ausgestorben, im Sommer ein Eldorado der „Ferienkultur", verlief an der Nordküste entlang. Nur gelegentlich wurde der Blick auf das Meer frei. Die Zementfabrik hatte sich in den zwei Jahren meiner Abwesenheit nicht verändert. Die Straße aber war neu geteert, was den Taxifahrer dazu veranlaßte, mit hektischem Hupen an den langsameren Lastwagen vorbeizufahren, als habe er von Gegenverkehr im Leben noch nichts gehört. Kein Wort mit uns, stur richtete er seinen Blick auf die Straße. Aus dem Radio zischte unverständlich eine griechische Frauenstimme, dann wieder die übliche Sirtakimusik. Nach etwa einer halben Stunde Fahrt wurde der Blick endlich frei auf die Bucht von Agia Pelagia. Malerisch gelegen und dennoch ohne viel Faszination. Eine Bucht tief da unten, wirr und chaotisch an ein paar Felsen geschmiegt, recht unüberschaubar. Sicherlich ein idealer Ort, Urlaub zu machen, richtig gemocht aber habe ich dieses Dorf nie. Agia Pelagia hatte etwas Künstliches. Immer wieder lief Loriot durch meine geistige Mattscheibe, auf der Suche nach dem Strand, bepackt mit Luftmatratze und Badetuch. Irgendwie habe ich diese Bade- und Strandkultur von klein auf abgelehnt und begonnen, Verachtung dafür zu empfinden.

Dionissis, Besitzer des Creta Sun lief schon aus dem Haus, als wir unsere Koffer aus dem Taxi luden. Wir wurden freundschaftlich begrüßt und freuten uns sehr über die kühlende Coca Cola zur Begrüßung. Ein wenig englisch, ein wenig griechisch, so verlief die Konversation. Wie es denn meinen Eltern gehe. Ob und was, wieso und warum. Dann endlich zeigte er uns unsere Zimmer. Und somit sah ich mich mit dem zweiten Problem des Tages konfrontiert: Eines der beiden Zimmer stand uns nur für zwei Tage zur Verfügung, dann sollten wir umziehen und ein größeres bewohnen. Das erste Zimmer, das Dionissis uns zeigte, war eng, klein und stickig. Das Bett war schmal und stellte für Sandra und mich ein Problem dar, schließlich wußte keiner vom anderen, wie wild er um sich schlug. Das zweite Zimmer, oben im ersten Stock, war groß und geräumig und heiß. Und es hatte zwei Betten. Damit war für mich das Problem – alleine aus Vernunftgründen – gelöst; Sanne sah das anders und die erste Krise tat sich auf. Diplomatisch bewältigt, zogen Sandra und ich freilich oben ein.

Wir liefen ein wenig ziellos durch den Ort. Das Telephonamt, das ich im Ortszentrum in Erinnerung hatte, war abegrissen worden. So benachrichtigte ich meine Eltern über die glückliche Ankunft von einem Reisebüro aus. Nachdem wir nach einigem Diskutieren zum Entschluß gekommen sind, am nächsten Morgen auf der Terrasse vor unseren Zimmern frühstücken zu wollen, suchten wir den nächsten Supermarkt auf und versorgten uns mit dem Nötigen. Meine Güte, was war das für ein Theater, bis die richtige Marmelade, der richtige Käse gefunden waren! Ich packte meinen Korb voll mit Orangen und griechischem Käse. Und trotz der Flasche Wein, den Keksen und den Nüssen kam ich immer noch billiger weg als die drei Damen, die sich mit edler Marmelade aus der Schweiz und deutscher Nußnougatcreme eindecken wollten. Alleine um mich nicht an den ewigen Debatten beteiligen zu müssen, war ich gegen Sannes Vorschlag, eine gemeinsame Urlaubskasse einzuführen.

Zum Abendessen hatten uns Dionissis und seine Frau Ireni eingeladen. Sie waren beide sehr zuvorkommend und kümmerten sich rührend um uns. So erlebten wir schon am ersten Abend wahre griechische Gastfreundschaft. Und doch hatte ich Schwierigkeiten mit den Griechen. Das mußte daran liegen, daß ich mich in der letzten Zeit viel zu sehr mit dem Türkentum befaßt habe, viel zu sehr in meinem Nordzypern lebte, ohne mich mit Griechenland jenseits der Politik zu befassen. Ich betrachtete die Griechen leider meist nur aus taktierenden Augen. Ich suchte förmlich nach den hochnäsigen Gesichtern, die explodierten, wenn man etwas Gutes an der Türkei fand. Ich suchte nach dem griechischen Nationalstolz, den ich

24

nicht leiden konnte, weil er sich im Laufe der Jahre zu einem niveaulosen Chauvinismus entwickeln konnte, der mir nicht gefiel. Ich suchte nach den abfälligen Bemerkungen gegenüber der Türkei. Und ich fand all das, leider auch viel zu häufig. Die griechische Art zu leben war kaum anders als die türkische, auch wenn beide Seiten mir immer wieder versuchten, die deutlichen Unterschiede klarzumachen (vor allem jedoch die Griechen lieben es, dem Nichtkenner die Türkei als ein schlimmes Entwicklungsland darzustellen). Ich war wohl viel zu sehr Zyperntürke geworden, als daß ich mich noch mit einem Griechen über Politik hätte unterhalten können, ohne zu streiten.

Die Sonne war längst hinter den Buchten verschwunden und die bunten Lichterketten der Hotels und Strandbars erhellten an ihrer Stelle ganz Agia Pelagia. Der erste Abend wurde lang, schließlich versprachen die aufgeheizten Zimmer eine unangenehme Schlafstätte zu werden. Ireni klagte über die viele Arbeit. Vor zwei Jahren hatte sie meinem Vater von ihrem Leid erzählt, wie unglücklich sie sei, daß so wenig Gäste im Haus waren. Auch wenn ich hier zu pauschalisieren beginne, das ist ein Stück Griechenland. Auch in der Politik finde ich immer wieder dieses Nichtzufriedensein. Und dann fällt ir auf, überhaupt nicht in der Lage zu sein, gerecht zu urteilen.

Ich saß auf meinem Zimmer und döste vor mich hin. Die Gedanken kreisten in alle Richtungen. Ein Roman eines unbekannten deutschen Schriftstellers hatte mich gefesselt. Er schrieb nicht sonderlich spannend, er schrieb nicht sonderlich ausgefeilt, und dennoch fraß ich mich durch die Seiten. Die Hauptperson – ich konnte all sein Handeln verstehen und nachvollziehen, verstand jeden Satz und konnte mich an seiner Stelle sehen. Und ich beneidete diesen Schriftsteller um seine Hauptperson, denn ich hatte mich doch erst so qualvoll und mühsam von meiner Hoffnung, die geeignete Figur zu finden, losgerissen. Dieses deutsch-türkische Buch faszinierte mich schon alleine wegen der Beschreibungen dessen, was ich selbst bestens kannte. Da ließ er seine Hauptfigur vom Studentenhotel gegenüber der Hagia Sophia in Istanbul erzählen und schon befand ich selbst mich wieder in dieser Stadt. Was war dieses Agia Pelagia für ein armes Kaff verglichen mit der Unfaßbarkeit einer Stadt wie Istanbul. Aber durfte man ein Fischerdorf mit einer Metropole vergleichen? In mir brannte plötzlich der Wunsch, wieder einmal durch die Gassen Sultanahmets zu schlendern, auf dem Weg zum großen Büchermarkt hinter dem Bazar. Auf Decken und in kleinen Läden wurden dort unzählige Bücher feilgeboten, Ramschware, Neuauflagen, arabische, persische, aserbaidschanische, turkmenische und vor allem natürlich türkische Literatur. Ägyptische Hieroglyphen, Schrifterzeugnisse aus Kairo und Alexandria stapelten sich hier neben zerfledderten Büchern aus den fünfziger Jahren und Taschenbüchern aus Rumänien. Ich irrte umher zwischen der prachtvollen Blauen Moschee, dem überdachten Bazar, wo der Schmuck golden funkelte, und dem Mysterium des arabischen Büchermarkts. Dazwischen immer wieder die Düfte des Orients. Kaffeetassen klimperten, alte Männer spielten Tavla am Straßenrand, kleine Kinder liefen aufgeregt die Straßen entlang. Einmal kamen wir am Vormittag aus Nordzypern zurück und hatten noch einige Stunden Aufenthalt in Istanbul. Die Straßenbahn knatterte oberhalb der Istiklal Caddesi, der Freiheitsstraße, entlang. Wir setzten uns in ein Straßencafé. Es dürfte wohl erst halb neun oder neun gewesen sein. Ein junger Mann kam aus seinem Laden und sprach mich auf türkisch an. Er erklärte mir, daß er mich für einen Einheimischen gehalten habe, nachdem ich ihm zuvor auf türkisch zu verstehen gab, daß ich kaum in der Lage war, türkisch zu sprechen und aus Deutschland kam.Oft habe ich mir gewünscht, türkisch zu verstehen und sprechen zu können.

Die türkische Popmusik dröhnt aus den Lautsprechern.

Son defa, das letzte Mal. Ich nehme Abschied von Istanbul.

Draußen erklingt laute Sirtakimusik aus den Lautsprechern in unserer Pension. Die Gedanken trugen mich über das Meer hinfort in die Türkei, die zwar in ein, zwei Stunden Flug zu erreichen gewesen wäre, vielen Menschen hier jedoch feindlicher erschien als der eisige Nordpol. Kreta, so schön diese Insel auch war, und so lustig die Gesellschaft, mit der ich unterwegs war, es war hier nicht der richtige Platz, meine Gedanken zu Papier zu bringen. Die nämlich kreisten weit draußen über dem weiß schäumenden Meer. Und ich befand mich auch nicht hier. Ich war bei den arabischen Knacklauten, den weiten Wüsten und dem schillernden Rot der Abendsonne. Doch bedrohlich hielt mich etwas fest, ehe ich zu schreiben begann: Hatte ich nicht all das schon einmal niedergeschrieben? Ich durfte nicht ein zweites Mal von der roten Sonne und den grauen Nebeln erzählen. So stand ich vor einem neuen alten Problem: Es sollte eine Geschichte mit ausreichend Handlung werden, mit Personen, denen ich einen Charakter geben konnte, und es mußte eine Geschichte werden, die – wie mir jetzt bewußt war – auch irgendwie mein Verlangen nach dem Orient in sich trug. Aber ich mußte auch vorsichtig handeln, wollte ich nicht eine Kopie meines ersten Romans abliefern. Und so sehr ich mir auch Mühe gab, Kreta hatte nicht sonderlich viel Brauchbares für diese Geschichte. Zwar zirpten die Zikaden wie in orientalischen Ländern auch, doch fehlten die vielversprechenden Düfte, die klirrenden Autoradios, die endlosen Sandpisten, die langen weißen Gewänder, die Bauchtänzerinnen, der türkische Apfeltee und vor allem der Ruf des Muezzins zum Gebet. Kreta – und speziell Agia Pelagia – war um diese Jahreszeit voller Dänen, und unsere Pension fest in ungarischer Hand. Die Menschen sprachen deutsch und englisch, das Dorf wäre mühelos an zahlreiche Buchten Spaniens oder Italiens versetzbar, änderte man die Architektur ein wenig. Agia Pelagia, die Heilige Pelagia, sie wollte sich mit mir nicht so recht anfreunden, obgleich, zugegeben, ich mich generell sehr schwertat, mich mit Heiligen anzufreunden. Vielleicht war das ja ein Grund, warum mir die Griechen Kopfzerbrechen bereiteten. Sie waren – neben den Polen – eines der gläubigsten Völker, das ich kannte. Zwar kenne ich fanatischere türkische Moslems als griechische Orthodoxe, doch war das Gros der Griechen tief religiös. Das widersprach leider meiner atheistischen Lebenseinstellung. Aber es war *meine* Aufgabe, mich den gläubigen Griechen mit Toleranz zu nähern und nicht umgekehrt. So vermied ich hier zwar religiöse wie politische Themen ganz bewußt bei Gesprächen, doch wurde es auf die Dauer unbefriedigend immer nur über das heiße Wetter Griechenlands zu sprechen.

Ich schlenderte alleine einige Zeit durch die weite Hotelanlage des Capsis Beach. Erinnerungen an frühere Urlaube kehrten zurück. Die sonderbaren Geräusche der rennenden Tennisspieler, die über den roten Sand hechteten, die langen Gänge mit den Marmorfließen, die unendliche Gartenanlage mit den Tieren. Gänse, Enten. Blumen, ein Meer von Blumen und Sträuchern. Der eine Hausmeister, der schon vor zwei Jahren auf die Liegen am Strand aufgepaßt hatte, tat das noch immer mit der gleichen Gewissenhaftigkeit. Seit meinem ersten Aufenthalt im Capsis Beach Hotel ist er (wie ich) sieben Jahre älter geworden. Ein paar Wildziegen hinter einem Zaun, der Esel noch immer mitten auf dem Weg, das Meer kracht an die Felsen. In dieser Ferienanlage, wie ich so durch die Blumen wanderte, ein paar bekannte Gesichter der Angestellten erkannte, mir die Schilder auf an den Wegen ansah, kurz vor dem Boungalow hielt, in dem ich vor zwei Jahren gewohnt hatte, wurde mir plötzlich bewußt, daß man so mir nichts dir nichts eine eigene Vergangenheit bekommen hatte. Als ich das erste Mal in dieser Anlage gewesen bin, war ich noch ein kleines Kind. Die Zeit trug uns durch die Welt – und wir mußten Acht geben, nicht auf der Stelle zu verharren, denn der Zeitpunkt, da uns die Zeit nicht mehr durch die Welt tragen wollte, sondern ihren Weg alleine gehen würde, dieser Zeitpunkt kam mit jedem Augenblick unaufhörlich näher.

Eine Gruppe Franzosen quälte sich nach der langen Reise durch die engen Gassen der Boungalowanlage, die Männer des Hotels trugen ihre Koffer und Reisetaschen. Ich blieb kurz stehen und sah auf die Bucht hinunter, dorthin wo ich vor zwei Jahren das letzte Mal gewesen bin – und zuvor schon vier weitere Male war. Und dennoch empfand ich es nicht als ein Heimkommen. Es war lediglich ein Wiedererkennen bekannter Plätze, aber es war – trotz dieses freudigen Wiedererkennens – nicht das Gefühl, nach Hause gekommen zu sein, es stellte sich nicht diese sonderbare Unruhe ein, feststellen zu wollen, ob auch alles gleich geblieben ist. Ich nahm die kleinen Veränderungen wahr und erinnerte mich zurück, aber hatte nicht das Verlangen, die Veränderung nachträglich miterleben zu wollen. Auf Nordzypern war das anders. Dort verließ ich jedesmal das Flugzeug mit einer gespannten Erwartung, konnte kaum ruhig bleiben, bis die Sicht frei wurde auf die Küste. So war in mir zu diesem Zeitpunkt auch nicht die Angst, vom Ende des Kreta-Urlaubs schneller als erhofft eingeholt zu werden. Das Ende dieses Urlaubs würde kommen und ich würde es eben hinnehmen. Gelassen? Gleichgültig? Freudig? Rückte auf Nordzypern die Abreise näher, zählte ich im Geiste bereits die Tage bis zur voraussichtlichen Rückkehr. Zypern war eben mein zweites Zuhause, obgleich ich auf Kreta mehr Menschen persönlich kannte als dort. Dennoch: mein Herz schlug für diesen Streifen Land zwischen Orient und Okzident. (Singapore würde völlig anders sein. Es brauchte also nicht mit Kreta oder Zypern zu konkurrieren.)


Gül war mit den Ziegen alleine weit draußen auf der Weide. Ihre Mutter hatte sie wie jeden Morgen dorthin geschickt. Der Vater arbeitete bei Iskele auf einer Baustelle. Das Dorf war klein und lag weit draußen auf der ausladenden Karpaz-Halbinsel. Es war ein Bauerndorf. Alleine die griechische Kirche, deren Turm man gekappt hatte, und so entstand die Dorfmoschee, verriet dieses Bauerndorf als eines der Insel. Es hätte sonst auch ein Dorf im fernen Anatolien sein können. Die Hauptstraße teilte sich, dazwischen lagen die einfachen Häuser, weiß gekalkt und durch die Zeit grau geworden. Hinter dem Dorf, in Richtung der Festung Kantara, eine Kreuzritterburg, die nur ein paar wenige Urlauber Tag für Tag anlockte, begann die Steppenlandschaft. Disteln und Dornensträucher zierten das Ödland. Steine, Staub und ausgedorrte Gräser bedeckten den lehmigen Boden. Gül sang ein Lied aus ihrer Heimat. Sie war Festlandstürkin, eine Fremde hier auf Zypern. Die fernen Städte an der Küste waren ihr immer noch ein wenig unbekannt, groß und voller Menschen. Ihre Familie stammte aus der Umgebung der türkischen Stadt Batman in Ostanatolien. Als kleines Mädchen war sie mit ihrer Familie nach Nordzypern gekommen. Der Vater hatte gehofft, dort ein leichteres Leben führen zu können. Doch viel hatte sich für ihn auf der Insel nicht verbessert. Auch auf dem Karpaz waren die Felder karg und staubig, die Hütten hier draußen einfach und dem Verfall preisgegeben. Nur die Nähe der westlich anmutenden Städte Gazimagusa und Girne ließ den Unterschied deutlich werden. Dort gab es Dinge in den Schaufenstern, die es in Batman zum Teil gar nicht zu kaufen gab. In Girne, so erinnerte sich Gül an den einen Ausflug in das Küstenstädtchen, reihte sich an der Hafenpromenade Café an Café. In ihrem Heimatdorf nahe Batman gab es nur ein paar einfache Lokantas, in denen die Männer Hühnchen-Spieße und Lammfleisch grillten und dazu Reis mit viel Kreuzkümmel servierten. Auch die Urlauber aus den fernen Ländern verirrten sich nie nach Batman. Das Meer war zu weit entfernt, als daß Batman Touristen hätte locken können.

Gül wollte immer wieder den genauen Unterschied feststellen

zwischen Batman und Zypern. So quängelte sie ihren Vater viele Abende: „Unser Himmel hier ist blau. Du hast mir immer wieder erzählt, der Himmel über Batman wäre auch blau." Und wahrlich, der Himmel über Batman war genauso blau wie über dem Karpaz. Aber nicht nur der Himmel glich dem über der türkischen Provinzstadt, auch die flimmernde Hitze auf Nordzypern war gleich derer zu Hause, hatte der Vater immer wieder erklärt. Für ihn, der in Iskele nur schwer Arbeit gefunden hatte, war das Dorf bei Batman noch immer sein Zuhause, obgleich es mittlerweile schon neun Jahre her war, daß er zusammen mit seiner Frau, der ältesten Tochter und Gül, die damals noch ein ganz kleines Kind war, Batman verlassen hatte.

Das Mädchen sang ein Lied über die Sonne und die Hitze und pfiff dazwischen eine alte türkische Melodie, die sie vom Großvater gelernt hatte. Dann brach sie ihr Pfeifen ab, hielt eine Weile inne und schrie die Sonne laut an, die zur Mittagshitze schmerzbereitend auf die Felder herniederbrannte. „Du bis so ungeheuerlich heiß!" Gül war an Hitze gewöhnt, doch der schweißtreibende August machte ihr wie allen zu schaffen. Der Vater rackerte zur gleichen Zeit auf einer Baustelle in Iskele und mußte sich gleiches gedacht haben: „Du machst das Leben so ungeheuerlich schwer!" Gül träumte ein wenig vom Meer, den blauen Wellen und der frischen Luft, die an der Küste durch den Wind vom türkischen Festland hereingetrieben wurde. Die Großmutter, welche Gül manches Mal auf Zypern besuchte, hatte ihrer Enkeltochter immer wieder erzählt, sie müsse die Luft ansehen, die über das Meer ziehe, denn immer wenn die Großmutter an sie denke, stiegen diese Gedanken auf und würden vom Wind bis auf den Krapaz getragen. Heute hatte Gül keine Wolken am Himmel erspähen können. Der Himmel war schon den ganzen August über ohne Wolke geblieben, und den Menschen in den Dörfern drohte eine schlimme Wasserknappheit.

Weit und breit war kein Olivenbaum zu sehen, unter den sich Gül hätte legen können. So wanderte sie durch die Felder, Staub klebte in ihren Haaren, Steine drückten an den Füßen – und die Mittagssonne machte jede Bewegung unerträglich schwer. Gül kauerte sich neben einen großen Stein und träumte von süßem Eis und all den vielen Menschen, die abends in Girne in den Cafés saßen und Limonade tranken.

In der Ferne tauchte ein Lastwagen auf. Schwerfällig jaulte sein Motor, als sich der Wagen die Straße hinauf bewegte. Ebenfalls in scheinbar weiter Ferne bellte ein Hund. Das Bellen mußte aus ihrem Dorf gekommen sein, das man von ihrem Platz aus nicht einsehen konnte, da ein Hügel die Sicht versperrte. Die Straße schlängelte sich weit um den Hügel herum, so daß die kurze Entfernung bis zu ihrem Dorf ein Trugschluß war – jedenfalls für den, der die Strecke so wie Gül zu Fuß zurücklegen mußte. Gül war allmorgendlich knapp eine Stunde unterwegs, bis die Herde auf der Weide war. So freute sie sich, wenn im Herbst die Schule wieder anfing, denn dann mußte sie nicht mehr in der schweren Mittagshitze die Tiere hüten, hier draußen in den weiten Feldern des Karpaz.

Gül fischte ein paar Kürbiskerne aus ihrer Tasche und steckte sie in den Mund. Zwar hatte sie wegen der großen Hitze kaum Hunger, doch die öde Langeweile wurde durch die Kürbiskerne für kurze Zeit unterbrochen. Sie hatte sich – schon im vergangenen Sommer, als die Mutter sie das erste Mal auf die Weide geschickt hatte, damals als ihre große Schwester heiratete und die Familie verließ – Namen für die Ziegen und Schafe überlegt. Das Tier, das so mitleiderregend drein blickte, daß Gül immer unglücklich wurde, wenn sie es länger betrachtete, nannte sie „Strohhut". „Ewige Sonne" hatte sie eine braunweiß gefleckte Ziege genannt, die nie aus der Sonne weichen wollte, auch dann nicht, wenn genug Schatten für die ganze Herde vorhanden war. Und so hatte jedes Tier einen Namen: „Zuckerhut", „lachende Königin der Nomaden", „weites Land" und so weiter.

Der Lastwagen war schnaubend hinter dem Hügel verschwunden und auch das Gebell in der Ferne aus dem Dorf verstummte nach ein paar Augenblicken. Vor Güls Augen baute sich erneut majestätisch das Meer auf, das scheinbar endlos breite Band, das zwischen hier und der türkischen Südküste lag. Und trotzdem wollte und wollte ihr nicht einleuchten, was das Meer änderte. Auch in ihrem Dorf bei Batman hätte Gül die Ziegen auf der Weide beobachtet, auch in ihrem Dorf in Zentralanatolien hätte sie über die lähmende Hitze geklagt. Doch ihren Vater wollte sie nicht länger fragen, worin denn nun die Unterschiede bestanden. Er war ihr mit der Antwort immer ausgewichen, hatte gesagt, sie verstünde nichts davon – und wahrlich, vielleicht sei dieses Dorf dem in der Heimat auf der anderen Seite des Meeres ähnlicher als er glaubte. Ja, Gül, unser Dorf hier ist wie unser Dorf zu Hause, und doch ist es nicht mein Zuhause, verstehst du das?

Ich merkte, daß ich eingeschlafen sein mußte und sah erstaunt auf Sandras Wecker, der mir am Tag zuvor auf die Erde gefallen war. Er verriet mir mit Sicherheit nicht die korrekte Zeit, schließlich stand die Sonne hell am Himmel und der Wecker deutete mir an, es sollte kurz nach Mitternacht sein. Ich hatte geträumt – und ich wollte dem Mädchen meines Traumes die Antwort auf ihre Fragen geben. Ich wollte ihr von den Problemen auf Zypern erzählen, doch die kleine Gül würde mich nicht hören, weil sie weit weg auf dem Karpaz Ziegen hütete und mich hier auf Kreta nicht verstehen konnte. Aber ich würde der kleinen Gül von der geteilten Hauptstadt Nicosia erzählen, von den Stacheldrahtzäunen, ob nötig oder überflüssig, sie hielten Griechen und Türken auf Zypern voneinander fern. Manches Mal hatte ich das Gefühl, die Menscheit wäre nicht in der Lage, menschenwürdig miteinander umzugehen, so daß diese Stacheldrahtbarrikaden doch einen Sinn haben konnten: sie konnten manches Blutvergießen aufhalten. Ich würde ihr vom Blutvergießen in der Vergangenheit erzählen. Ich würde Gül erklären, warum es auf dieser kleinen Insel so viele Soldaten gab, warum so viele Landstriche militärische Sperrzonen waren. Dann würde ich ihr erzählen, daß hinter all den Zäunen, hinter all diesen Barrieren die Griechen wohnten, mit denen es früher viel Streit gegeben hatte und daß seit einem Krieg die Griechen und Türken Zyperns getrennte Wege gingen. Und dann würde ich ihr zu erklären versuchen, daß die Zyperntürken eben auch ein bißchen griechisch waren und deshalb nicht wie sie – und umgekehrt waren sicherlich die Zyperngriechen alle auch ein wenig türkisch und daher anders als die Griechen Griechenlands. Das Griechischsein der Zyperntürken war vielleicht der Grund, warum sich Güls Vater als Fremder auf Nordzypern fühlte, obwohl er die gleiche Sprache sprach und dem gleichen Gott huldigte. Und dann würde mich die kleine Gül sicher fragen, warum man die Griechen hinter den Stacheldrähten nicht einfach fragen konnte, wieder in Frieden zusammenzuleben. Und sie würde mich fragen, warum man all die Barrikaden nicht einfach einreißen konnte, damit auch die Griechen sehen konnten, wie sich im Hafenstädchen Girne ein Café an das andere reihte. So müßte ich ihr erklären, daß das aus den verschiedensten Gründen nicht gehe. Doch das kleine Mädchen, das da auf dem lehmigen Feld im Schatten des Steins kauert würde mich fragen: „Warum geht das nicht? Warum? Warum?" Und der Vater und die Griechen und jeder würde mich schimpfen, wenn ich ihr die ganze Geschichte erzählen würde, wenn ich ihr erzählen würde, welche Tragödie sich auf Zypern seit vielen, vielen Jahren abspielt. Ich würde Gül dann nicht erzählen, daß die Griechen die bösen Menschen sind, die sich den Norden Zyperns mit aller Macht zurückholen wollten, auch wenn ihr das der Vater oft gesagt hat. Ich würde ihr auch sagen, daß sie nur Gast in einem fremden Land ist und nicht wie der Vater oft gesagt hat, in einem Stückchen Türkei.

Ich würde Gül erklären, daß die Stacheldrahtzäune zwischen den Griechen und den Türken nötig waren, um die friedliche Masse vor ein paar Menschen zu bewahren, die den Frieden der Macht preisgeben würden. Und leider gab es von diesen Menschen – auch wenn es nicht allzu viele waren – immer noch genug, als daß man einfach die Zäune niederreißen hätte können. Ich würde dem Mädchen vom griechischen Egoismus und vom türkischen Fanatismus erzählen und sie würde ihren Vater fragend anblicken. Was meint der Fremde mit Egoismus und mit Fanatismus?

Ich hatte vor mich hingedöst, als mir wieder dieses Buch des deutschen Schriftstellers einfiel. Es war wie ein Spiegelbild dessen, was ich hätte schreiben können. Ich hastete durch die Seiten – von Istanbul nach Antalya, von Anamur nach Nordzypern und staunte über all diese Parallelen. Sein Werk war ein wenig voller Mystik und Unwirklichkeit, Poetisches reihte sich in eine Kette von harter Realität und phantastischem Traum. Doch dieser Traum jetzt war der meinige. Der Traum in diesem Buch war der eines deutschen Schriftstellers, der seine Figuren träumen ließ, wie ich die meinigen – erst zu schaffenden – träumen lassen wollte. Ich erinnerte mich wieder an das Mißgeschick von zu Hause, als mir die eine Datei verschlossen blieb, weil ich das Kennwort vergessen hatte und ärgerte mich erneut nachträglich darüber. Auch hier war ein Stück eines Traumes verlorengegangen. Warum hatte ich überhaupt einen Kennwortschutz für diese Texte vorgesehen? Jetzt waren mir meine eigenen Gedichte und Texte versperrt. Ich mußte entweder neu dichten oder darauf verzichten, auch in meiner Geschichte, die noch immer keine richtige war, ein wenig Lyrisches aus dem „Fundus" einzubauen.

Am Haupteingang vor der historischen Stadt Knossos standen die Touristen Schlange. Sandale an Sandale warteten sie hier auf ihr Eintrittsticket in die „geheimnisvolle" Palastanlage. Italiener, Deutsche, Dänen, Griechen und wir vier. Nur mehr dumpf erinnerte ich mich an den ersten Besuch dieser Ausgrabungen, auch damals schienen Menschenmassen das Bild zu bestimmen. Eintausendfünfhundert Drachmen wurden uns abverlangt – der Gegenwert eines üppigen Fischgerichts im Touristenort Agia Pelagia.

Knossos war im Grunde nichts weiter als ein Touristennepp. Im Gleichschritt mit den scheinbar Gleichgesinnten machten wir uns auf die Suche nach den vergangenen Tagen, als in dieser mythenumwobenen Anlage noch die Minoer Herren waren, nicht aber die griechischen Verwalter der Ausgrabungsstätte. Neoklassizistische Säulen umrahmen die paar Sockel aus der Antike, Beton anstatt der lehmigen Steinmauern aus dem Altertum. An einer Ecke sitzen ein paar Männer, Archäologen mochten wir annehmen, klopfen an einer Steinmauer. Antik? Ausgehendes zwanzigstes Jahrhundert. Die Steine, mit der sie ihre Mauer bauen, haben sie zuvor wahrscheinlich aus dem Ida-Gebirge geschlagen. Knossos bietet keinen Platz mehr für die Herrscher aus minoischer Zeit. Photoapparate klacken, Frauen posieren auf runden Betonpfeilern, bunte T-Shirts flattern im Wind, knallige Bilder, Replikate hängen an den Wänden der Palastanlage – an den neu hochgezogenen Wänden. Der Lärm der Zikaden ist unerträglich laut und wahrscheinlich das einzige, das sich seit der minoischen Zeit nicht verändert hat. Die Mittagshitze ist schwer und lähmt die vielen Besucher, und trotzdem hämmern die Reiseleiter ihren Gruppen ein: Dieses Fresko dort, diese Säule da...

Ich erzähle Barbara, Sandra und Sanne von Salamis, einer römischen Stadt auf Nordzypern und verlasse Kreta schon wieder. Das Amphitheater von Salamis ist groß und leer. Ich sitze auf dem weißen Marmor und starre in die leere Arena. Dann tauchen die anderen auf. Sie huschen kurz über die Bühne, spielen irgendwelche Stücke vor. Auch der andere Teil unserer Gruppe, der zur selben Zeit auf einem Campingplatz auf Sardinien war, trug antike Kostüme und spielte unverständliche Stücke. Der Wind pfeift in die alte Basilika, und der Deutsche, der nahe Salamis wohnt, schlürft mit dem Wächter am Eingang eine Tasse türkischen Kaffee. Die Säulen des Gymnasiums sind erhalten geblieben. Niemand hat sie aus Beton neu errichtet. Die Fresken an den Wänden sind zerrissen und nur noch teilweise erhalten, aber Replikate für die Touristen hat niemand angefertigt. Ich starre aufs blaue Meer hinaus, dort, wo neben dem Hafen der Stadt Salamis auch ein Großteil der Häuser im Laufe der Zeit versunken ist. In Salamis hatten zur Blütezeit zweihunderttausend Menschen gelebt. Der Eintritt in diese ruhige und würdevolle Ausgrabungsanlage war erschwinglich, wenn überhaupt kassiert wurde. Ich stand auf, stieg in die Arena hinab. Die anderen hatten aufgehört zu spielen, die Sardinien-Urlauber waren auf ihren Campingplatz zurückgekehrt und ich schlenderte über den ehemaligen Marktplatz dieser Stadt. Es mußte zugegangen sein damals, als Salamis noch mit Leben erfüllt war. Aber sicherlich war es nicht so wie in Knossos heute (es konnte gar nicht so gewesen sein!), denn Fremde Urlauber werden sich in der Antike nicht nach Salamis verirrt haben. Jedoch: Was muß das für ein Spektakel gewesen sein, wenn zwanzigtausend Männer im Theater einer Aufführung lauschten?

Der Bus war überfüllt. Es war ein deutscher Bus, der in irgendeiner deutschen Stadt seinen Dienst getan hatte, ehe man ihn nach Heraklion verkaufte, wo er nun deutsche Urlauber von Knossos in die Stadt brachte. Es war ein wenig stickig, und am Straßenrand türmte sich Staub und Sand. Sanne bemängelte die dicke Staubschicht auf den Autoscheiben. An jeder Haltestelle wurden es mehr Menschen in dem ohnehin schon mehr als ausgelasteten Bus. Ich erinnerte mich an die Busse in London, die weltberühmten roten Doppelstockbusse. Nur selten waren sie brechend voll. Aber wir waren jetzt nicht in der Metropole London, sondern auf der griechischen Insel

Kreta und standen in einem sich über die Landstraße quälenden Bus, der uns Haltestelle für Haltestelle nach Heraklion bringen würde. Sollte ich meine Geschichte etwa in einem dieser klapprigen Busse beginnen lassen? Eine Figur – ich wollte also die Hoffnung, doch noch die geeignete Figur zu finden, nicht ganz aufgeben – würde verloren in einem dieser wackeligen Busse sitzen, nach draußen sehen und nachdenken. Dieser Bus würde dann aber nicht zwischen Knossos und Heraklion verkehren, vielmehr auf der endlos langen Landstraße zwischen Casablanca und Marrakech in Marokko. Oder er würde die nachdenkliche, aus dem Fenster blickende Figur vor den Toren Bombays herumfahren, bis sie in einem kleinen Dorf aussteigen könnte. Der klapprige Bus konnte aber auch einer jener Überlandbusse sein, die zwischen Kairo und dem Sinai verkehren. Aus dem Radio würde arabische oder indische Musik dröhnen, und die Figur hätte ein Abenteuer in Marokko, Indien oder Ägypten zu bestehen. Nur hatte ich leider kaum eine Vorstellung davon, welches Abenteuer unsere heutige Zeit noch zu bieten hatte. Wir wiegen uns doch auf Reisen in Sicherheit – vom Abflug bis zur Rückkehr. Die spannenden Reisen eines Drogenkuriers? Dazu fehlte mir das Einfühlvermögen in dessen Job und außerdem wollte ich nicht unbedingt von Lateinamerika erzählen, sondern von Arabien. Die spannenden Reisen eines simplen Weltenbummlers? Immer unterwegs zwischen den reellen Welten, dem Wahren und Jetzt und der träumerischen Scheinrealität seiner eigenen intakten Reise-Welt. Dann würde die Hauptfigur zu denken haben, was ich dachte und die Geschichte letztendlich doch wieder im Sande verlaufen, weil meine eigenen Reisen ohne große Abenteuer verliefen. Viel zu sehr verharrte ich immer wieder auf den gleichen Plätzen und kehrte zurück nach Nordzypern, das für Abenteuer viel zu verträumt war. Ein zypriotisches Abenteuer hätte ich mir ganz erfinden und in eine andere Zeit verlegen müssen, so daß jeglicher Bezug zum Jetzt und Hier geräubt wäre, um ihn zu nutzen, um das Selbsterfahrene niederzuschreiben. Es durfte also nicht die kleine Gül auf dem Karpaz ein Abenteuer erleben – abgesehen davon, daß es schwer werden würde, diesem kleinen Mädchen, das da einsam die Ziegen auf einer ausgedörrten Weide hütete, ein Abenteuer anzudichten – wenn dieses Abenteuer auch halbwegs spannend sein sollte. Es mußte dann ein Abenteuer sein, das im Osmanischen Reich längst vergangener Tage spielte, als die Festungsmauern noch wahre Festungsmauern waren und die Karawanen durch die Wüste nicht ein bestauntes Verkehrsmittel, sondern die gängigste Art waren, sich durch die Steinöde zu bewegen. Aber dann müßte ich all das, was ich bis jetzt geschrieben habe, verwerfen, denn das Abenteuer aus tausendundeiner Nacht würde etwa so beginnen: „Die Nacht zog über die Wüste herein. Die Sonne versank glutrot am Horizont. Der Scheich ließ die Karawane zum Stehen kommen. Die Kameltreiber nahmen den Tieren die Last ab. Scheich Al-Mohammad ließ ein Lagerfeuer errichten und versammelte seine Kameltreiber um das lodernde Feuer. Das schwere Gepäck lag in einem großen Rund um das Feuer, die Männer lehnten an den Kisten, die mit Salz und exotisch duftenden Gewürzen gefüllt waren, und sangen Lieder von fernen Städten und den jungen Frauen, die auf den Feldern der Oasen arbeiteten und sie grüßten, wenn sie an den Oasen vorbeikamen. Scheich Al-Mohammad rief seinen engsten Vertrauten zu sich und sie sprachen über die letzte Strecke bis Ouargla." Welches Abenteuer sie zu bestehen hatten, würde sich ergeben, wenn eine Räuberbande ihre Kamele zu stehlen versuchte, wenn Sandstürme ihnen die Orientierung raubten und tobende Beduinen ihnen nach dem Leben trachteten, weil der Scheich sie einst hatte schlecht behandelt. Heute würde ein solches Abenteuer aus Papierkrieg bestehen und vielleicht von einem Journalisten bestritten, der mit kritischen Berichten über die Zustände in den arabischen Staaten seine Zeitung im fernen London oder New York versorgt – Amerikaner oder Engländer eignen sich immer am besten für solch eigenwilligen Reisen. Der seltsame Reporter – nennen wir ihn Harry Brown – trifft sich heimlich mit Oppositionellen in Bagdad, interviewt Gegner der Regierung in Algier und kämpft sich an einem hohen islamischen Feiertag durch die Straßen Teherans, auf der Flucht vor der Polizei, die mitbekommen hat, daß er zusammen mit einer Frauenrechtlerin deren Ausreise nach Amerika geplant hat. Dann reist dieser Harry Brown weiter ins gebeutelte Afghanistan und erforscht die Hintergründe des blutigen Stammeskrieges, spricht mit beiden Seiten, nachdem er zuvor den von Erdbeben fast völlig zerstörten Norden des Landes besucht hatte. Er flieht nach Pakistan, als die Taliban ihn als Spion der Gegner ausmachen und ihm nach dem Leben trachten. Zu Weihnachten kehrt er nach New York zurück, trinkt in der Redaktion seiner Zeitung, die er ein Jahr lang mit Berichten aus Algiers, Bagdad, Qatar, Teheran und Kabul versorgt hat, Bohle, um schon wenige Tage später nach dem verdienten Heimaturlaub wieder aufzubrechen – nach Sivas, Bitlis, Batman und Kayseri in Südostanatolien, um eine Reportage über die kurdischen Seperatisten zu verfassen. Dabei würde er immer die türkischen Behörden im Nacken haben, die ihn als Sympathisant der PKK vermuten, seit er sich mit Abdullah „Apo" Öcalan, dem Führer der PKK, in Syrien getroffen hatte.

Beide Abenteuer wären denkbar, das eine in längst vergangenen Zeiten, das andere heute, beide voller orientalischer Spannung, mit der grenzenlosen Poesie dieses Kulturkreises zu versehen und dennoch von gnadenlos deutlicher Sprache. An den Gedanken, einen Harry Brown nach Singapore mitzunehmen, konnte ich mich gewöhnen. Zusammen mit seiner Freundin ... Laura Smith ... würde er von Kuwait aus nach Saudi Arabien reisen, um dort über einen unbekannten islamischen Orden zu schreiben. Nachdem Laura Smith auf die Reise in den Iran verzichtet hatte, wäre es ihre erste große Tour mit ihm durch die Länder der arabischen Halbinsel. Und das

Abenteuer könnte seinen Höhepunkt erreichen als beide zusammen mit ihrem Fahrer, der sie von Aden nach Sanaa bringen wollte, von Straßenräubern auf freier Strecke gekidnappt würden. (Ein nicht unbekannter Vorfall im Jemen.) Endlose Verhandlungen mit den Dorfvorstehern, der Polizei und den Entführern, Harry und Laura in einem Nomadenzelt inmitten der unwirtlichen Wüste. Harrys Bleistift flitzt über den weißen Bogen Papier, festhalten, was er selbst erlebt hat, im nächsten Hotel an die Redaktion faxen. Der Aufpasser erlaubt nur arabisches Gekritzel, damit er selbst zensieren kann. Werden gut behandelt... Der amerikanische Botschafter in Sanaa schaltet sich ein, Harrys Zeitung druckt einen langen Bericht, das Lösegeld wird übergeben, medienwirksame Freilassung. Harry und Laura brechen die Reise – ohne langes Zögern – ab, fliegen zurück nach New York, sie fährt ihre Eltern in Boston besuchen. Schon ein halbes Jahr später steht ein Besuch bei den Tuareg in Algerien und Marokko an; die Zeitung will eine ausführliche Reportage, Harry träumt vom Aufstieg im Fernsehen. Ankunft auf dem touristischen Flughafen von Agadir an der marokkanischen Atlantikküste.

Doch wo bleibt bei all dem der Zusammenhang zu meinem Vorhaben, die Zeit zwischen dem Urlaub auf Kreta und der Reise nach Singapore zu verbinden und darüber zu schreiben? Sollte ich Harry und Laura nach Kambodscha schickten, wo sie die Roten Khmer besuchen? (Die spektakulären Aufnahmen von der Gerichtsverhandlung gegen Pol Pot im Busch waren aber schon gemacht, Harry wäre ein wenig zu spät.) Nach Vietnam? Harry konnte einen Artikel schreiben mit dem Titel „Coca Cola erreicht, was die USA niemals geschafft hätten!" Malaria in Malaysia, Laura kehrt geschwächt nach Boston zurück, Harry bleibt besorgt in Kuala Lumpur zurück und, um oft mit ihr telephonieren zu können, schließlich gab es im Hinterland kaum Telephone, schiebt er einen Artikel über die aufstrebende Metropole Kuala Lumpur ein. In Thailand –

Laura ist nach überstandener Krankheit zu ihm zurückgekehrt – kommen beide einer Hehlerbande auf die Spur. Berichte über Ko-Tropfen und Drogen, Prostitution und soziale Spannungen zwischen Arm und Reich in Bangkok. Laura will nicht länger über Elend recherchieren, zu Weihnachten keine Bohle in der Redaktion, sondern festliches Treiben auf der Orchard Road in Singapore, Harry auf der Suche nach einem abtrünnigen Politiker der Arbeiterpartei. Wo aber bleiben dann die orientalischen Sehnsüchte des Verfassers? Außen vor lassen kann und will ich sie auf keinen Fall. Vielleicht beides. Das erste Weihnachten nach überstandener Entführung im Jemen zu Hause in der New Yorker Redaktion, das zweite auf der pulsierenden Orchard Road in Singapore.

Nachdem ich diese Idee reifen ließ – schließlich war es etwas ganz anderes, als ich mir vorgenommen hatte – nahm ich Abschied von der kleinen Gül, deren Ziegen wie Luftblasen zerplatzten und die selbst erst einmal in die Bläue des Himmels aufstieg und irgendwo auf dem Karpaz oder nahe der Provinzstadt Batman niedersank. Aber, so dachte ich beiläufig, der Journalist Harry würde sie auf einer seiner Reisen durch die Türkei oder Nordzypern treffen und Laura würde von dem kleinen Mädchen ein Photo machen, wie es neben einem Stein kauerte und alte türkische Lieder sang, dabei an das blaue Meer dachte, das nur ein paar Kilometer entfernt war, und sie es dennoch kaum zu Gesicht bekam. Aber konnte ich Harry Brown überhaupt nach Nordzypern schicken? Er würde doch sicherlich sofort dort bleiben wollen. Er würde stundenlang am Hafen Girnes sitzen, in einem der vielen Cafés und sich fragen, warum er nicht schon früher hier her gekommen war. Er würde eines späten Nachmittags das Dorf Bellapais in den Ausläufern des Besparmak-Gebirges entdecken und sich in dem Dorfkaffeehaus vor der gotischen Abtei niederlassen. Unter dem Baum des Müßiggangs, der der Sage nach dem Menschen die Fähigkeit raubt, Arbeit zu verrichten, würde er einen Brief an seine

Redaktion schreiben und der Zauber der orientalischen Reisen wäre gebrochen, denn er würde fortan nur mehr ein einfaches und geordnetes Leben in dieser scheinbaren Idylle führen. So lasse ich ihn lieber einen Bogen um Nordzypern machen und streiche für ihn alle Flüge nach Lefkosha.

Ich saß vor einem Stapel Aufzeichnungen und Skizzen und grübelte wie aus all dem Wust eine anständige Geschichte werden konnte. Sandra, Sanne und Barbara lagen am Strand von Agia Pelagia, zu Hause erwarteten mich in ein paar Monaten die Reiseunterlagen nach Südostasien, und so träumte vor mich hin, von den weiten Felsmassiven des Sinais und der kleinen Gül, die Ziegen hütet. All das war nicht in einer Geschichte auf die Reihe zu kriegen, zumal ich den Journalisten Harry Brown nicht zugleich Realist und Phantast sein lassen konnte. Er sollte ein „harter Kerl" sein, wenn er die Wirren des afghanischen Bürgerkriegs durchschauen soll; er kann also kaum noch Zeit haben, stundenlang auf die untergehende Sonne zu starren. Die Hektik seiner Heimatstadt New York, die ihm so gefiel, würde ihn nicht zur Ruhe kommen lassen, die Wüste aber würde absolute Ruhe von ihm verlangen. Er mußte aber Amerikaner sein, ganz egal, ob zu Hause in New York in der Redaktion oder bei den Bauern am Fuße des Berg Ararat. Aber dieser Harry Brown *mußte* unweigerlich auch die andere Seite besitzen: Er *mußte* auch die Ruhe genießen können, das Gespür für die Einsamkeit der Wüste haben. Er *mußte* politische Denkmuster abstreifen und gegen traditionelles Denken einfacher Menschen eintauschen können. Er *mußte* es schaffen, den Zauber des Orients in seinen Reportagen zum Leben zu erwecken. Und wenn ihm all das nicht gelingen würde, mußte Laura Smith ihm helfen.

Wolken zogen auf, und der Nachmittag versprach angenehme Kühle. Ich wanderte wieder durch die Anlage des Capsis Beach Hotels und starrte auf die Gräser und Blumen, lauschte den Franzosen am Strand und blickte die Felsen hinab aufs Meer, das hier bewegter war als auf der anderen Seite der Bucht von Agia Pelagia.

Oberhalb des Genfer Sees hatten vor ein paar Tagen neue Zypern-Verhandlungen begonnen, doch erfuhr ich wegen der Nachrichtensperre nur von den Aussichten. Diese, so hatte selbst der zyperngriechische Präsident eingesehen, seien äußerst schlecht. Für mich bedeuteten diese gedämpften Aussichten, daß der Titel meines Buches „Zypern, die ungelöste Krise" auch nach dem Erscheinen in ein paar Wochen nicht veraltet sein würde. In den vergangenen Monaten hatte ich so manches Mal das Gefühl, der Konflikt könnte eine Wende nehmen und die Teilung überwunden werden. Gül wäre dann noch fremder geworden in dem Land, das nicht das Land ihrer Eltern war. Vielleicht wäre der Vater zurück in das Dorf bei Batman geschickt worden. Aber dann hätten die Griechen sicherlich die vielen Cafés in Girne bewundern können, wie Gül das vorgeschlagen hatte. Und dann hätten sie vielleicht auch in Salamis Betonsäulen konstruiert und Bilder an die Wände gemalt, als könnten es die wahren Mosaike der antiken Stätte sein. Dann hätte ich mich nicht mehr auf die oberste Stufe des Amphitheaters setzen und nach unten starren können. Auch wären dann die anderen nicht in antiken Gewändern über die Bühne gelaufen, auch die Sarden nicht, die auf ihrem Campingplatz saßen und Fertigsuppen über dem Gaskocher zubereiteten. Dann hätte ich vielleicht auch eine Viertelstunde warten müssen, um für Salamis eine Eintrittskarte kaufen zu können. Das Gymnasium wäre überfüllt mit deutschen Bierbäuchen, italienischen Sonnenhüten, japanischen Photoapparaten und französischen Reiseführern. Der Deutsche, der bei Magosa wohnt, würde dann nicht mehr fast jeden Tag nach Salamis laufen und mit dem Türken am Eingang eine Tasse türkischen Kaffee schlürfen, weil der Türke dann ein Grieche wäre und der keine Zeit mehr für den Kaffee hätte, schließlich durfte man die vielen Urlauber nicht warten lassen, sie alle hatten ein Recht darauf, sich die Ruinen anzusehen. Und trotz der großen Mittagshitze würden Reiseleiter ihre Gruppen von einer Säule zur nächsten jagen und beharrlich ihren Text aufsagen: Diese Säule hier, jene Statue dort...

Noch aber konnte ich mir sicher sein, daß Salamis Ruhe bewahren würde, denn der zyperntürkische Präsident war kein Freund der Vereinigung Zyperns. Rauf Denktasch lag nicht viel daran, die Situation auf der Insel großartig zu verändern. Und das war – aus meinen egoistischen Augen gesehen – gut so. Viele Griechen werden mich verfluchen, wenn ich so etwas schreibe. Aber daß Nordzypern heute nicht mehr ihres ist, sondern das der türkisch sprechenden Zyprioten – auch wenn die wegen der vielen türkischen Soldaten nicht ganz so zufrieden sind, wie es den Eindruck machen sollte – könnte späte Rache der Geschichte sein. Ich muß mich bremsen, sonst gerate ich zu sehr ins ungerechte Politisieren über den Zypern-Konflikt. Sicherlich wäre das Zypern-Problem auch für Harry Brown von Interesse, aber er hat sich hauptsächlich um die Dinge des Mittleren Ostens zu kümmern, Zypern läßt er Zypern sein, denn überließ er die Insel nicht sich selbst, mußte er sie zwangsweise auch bereisen und dann würde er in Bellapais im Dorfkaffeehaus unter dem Baum des Müßiggangs sitzen und sich fragen, wo denn der Konflikt bei all der Ruhe in diesem Dorf herrsche, und er würde nach langem Überlegen seiner Redaktion einen Brief schreiben, daß die Sage, wer einmal unter dem Baum des Müßiggangs in Bellapais gesessen habe, nie wieder arbeiten könne, wahrlich richtig sei. So aber sitzt er in einem Flugzeug, das sich auf dem Vorfeld des Frankfurter Flughafens langsam in Bewegung setzt. Die Anreise aus New York war angenehmer. In dieser Maschine war er nun der fast einzige Nichtiraner. Blond, hochgewachsen, blauäugig. Die Harald Tribune versteckte er im Handgepäck (obwohl das keinesfalls nötig gewesen wäre), neben ihm ein schwarzgekleideter Mann, ein paar wenige Frauen, tief verschleiert. Der Flug nach Teheran war der Beginn seiner ersten Reise. Laura Smith lasse ich verzichten, zu viel Strapazen würde die Tour in den Iran bedeuten. Sie, ebenfalls blond und blauäugig, hätte wohl Schwierigkeiten in der Hochburg des Islam bekommen, wenn ihr innerer Freiheitsdrang mit den traditionellen Vorstellungen der Iraner kollidiert wäre. Nicht, daß sie nicht akzeptieren wollte, daß iranische Frauen der Tradition und der Kultur wegen sich nun einmal verhüllten, aber sie wollte nicht, daß man von ihr Dinge verlangte, die ihrem Gefühl der Freiheit zuwider waren. Die Zeitung wollte von Harry einen Artikel über den Ramadan in den Gassen von Teheran. Mullahs und schwarz verschleierte Frauen – die ersten Bilder von diesem Land tauchten schon im Flugzeug auf. Draußen sah Harry Brown eine noch scheinbar heimische Silhouette: die Stadt Frankfurt verschwand allmählich unter der Wolkendecke. In fünf Stunden würde Harry in Teheran sein, der Metropole Persiens, von Europa und den USA zu einem iranischen Hexenkessel erklärt, ohne nachgesehen zu haben. Für ihn war das anders. Er urteilte erst, nachdem er den Iran besucht hatte. Kurz nach dem Abflug stellt sich der Sitznachbar vor. Diplomingenieur, zu Besuch bei einer Firma in Mainz, Lehrgang. Für Harry war dieser Mann der ideale Einstieg in das Leben aus tausendundeiner Nacht. Er war weltoffen und dennoch den islamischen Gepflogenheiten treu. Erzählt von seinen vier Kindern.

Ich schlage die Zeitung auf, die ich mir an einem Kiosk nahe dem Strand gekauft habe. Ein neunfacher Frauenmörder wurde in Teheran öffentlich hingerichtet. Zuvor hatten ihn die männlichen Angehörigen der Frauen noch mit zweihundertvierzehn Stockhieben gepeinigt. Vierzigtausend Augen verfolgten das Spektakel. Lassen wir doch Harry Brown unerkannt teilnehmen. In traditioneller Kleidung, den Bart wachsen gelassen, steht er mitten in der Menge, kämpft mit der Wut, die ihn überkommt, als er diese Demütigung sieht. Gleichzeitig versucht er sich immer wieder Verständnis für die Traditionen dieses Landes einzureden. Es war nunmal so üblich, auch in Saudi Arabien oder sonst wo auf der arabischen Halbinsel. Stockhiebe, Steinigungen, Folter und Blutrache, die es sogar in Europa noch gibt – zum Beispiel in ländlichen Gegenden Albaniens. Mich ärgert, daß dieser Idealist Harry Brown in dem Moment nicht auch über die Todesstrafe in den USA nachdenkt. Sie kommt ihm zu diesem Zeitpunkt gar nicht in den Sinn. Zwar fehlten bei amerikanischen Exekutionen die zwanzigtausend Augenpaare, die einen amerikanischen Todeskandidaten beäugten, und öffentlich würde dieser auch nicht niedergestreckt, doch im Grunde war beides das gleiche: staatliches Morden. Harry Brown also steht fassungslos auf einem der großen Plätze in Teheran und starrt auf dieses leblose Stück Mann, das gepeinigt nach den Stockhieben unter johlendem Beifall seinen letzten Weg antritt, gestützt von ein paar Soldaten. Wenige Augenblicke später – ich sollte Harry vielleicht wegsehen lassen, damit seine psychische Verfassung nicht zu leiden hatte – baumelte der Mann von einem Kran. Die Menschenmenge löst sich auf, Harry schleicht mit einem beklemmenden Gefühl zurück in sein Hotel, um einen Artikel darüber zu schreiben. Wahrscheinlich aber hat sich alles ganz anders zugetragen. Ich legte die Zeitung beseite, nachdem ich den Artikel herausgerissen und zu den Aufzeichnungen gelegt hatte. Dann versuchte ich mir vorzustellen, was dieser neunfache Mörder denken mochte, als er unter den Augen von zwanzigtausend Schaulustigen dem Tod ins Gesicht sah. Wahrscheinlich konnte er nicht mehr klar denken, nur die Erlösung durch den Tod nach den Stockhieben könnte ihm bewußt gewesen sein. Sicher sogar war für diesen Mann das Wegstoßen des Holzsockels unter seinen Füßen eine Erlösung, weil er dann die Blicke der zwanzigtausend Menschen nicht mehr sehen mußte, die ihn mit bitterer Wut in den Augen anstarrten und sich in diesem Augenblick nichts sehnlicher herbeiwünschten als sein zwangsweises Ableben. Er war ein Mörder, sogar ein grausamer. Aber Harry Brown mußte trotzdem Mitleid empfinden, denn nichts konnte schlimmer sein als solche Demütigung.

Sandra erzählte von einem schwarzen Hund, der sie vom Strand bis zu den Appartmentwohnungen verfolgt hatte. Dann schreckte sie laut auf: ein größeres Insekt schwirrte durch unser Zimmer fliegt. Hier auf Kreta, denke ich, würde sich Harry Brown langweilen, als Sommerkorrespondent seiner Zeitung vielleicht ein, zwei Artikel über die Urlaubssaison schreiben und sich über die vielen Menschen beklagen. Aber ihm würde etwas fehlen. Ihm würde – wie mir – der Ruf des Muezzins fehlen, der als Vorbote jeder orientalischen Tagträumerei die Menschen zum Gebet rief. Ganz egal ob in Skopje oder in Sanaa, der Muezzin war Vorbote der orientalischen Mystik, die mal fremder war, mal vertrauter. Auf Nordzypern war sie mir so vertraut, daß sich selbst Häuserecken und kleinste lanschaftliche Details zu Hause wieder als Bilder zusammentaten und mir somit das Gefühl bestätigten, dort meine zweite Heimat zu haben. Und immer wenn aus den Lautsprechern in Teheran der Ruf zum Gebet ertönte, und die Straßen sich schlagartig leerten, weil die Männer in den Moscheen verschwanden, durchfuhr Harry Brown ein Schauer. Unerklärlich fremd – trotz all seines Wissens – war ihm der Islam und dennoch vertrauter als seine eigene Religion. Das „Allah u akbar", eine Zauberformel, die er mißbrauchte – für seinen Traum von den Sagengestalten mit den langen Bärten, den duftenden Bazaren und der anklagenden Stimme einer verschleierten Sängerin. Es zersprang ihm – wie mir – das Herz in der Brust, wenn im Fernsehen Bilder von der endlosen Leere der jemenitischen Landschaft gezeigt wurden, dann eine Stadt aus Lehm in den Bergen auftauchte und ein Muezzin zu rufen begann. Sofort wurde in Harry ein Reisefieber geweckt, das er nur ab und zu befriedigen konnte. Und ich saß hier auf Kreta, wo alles diesem Zauber ein wenig ähnlicher ist als bei uns zu Hause in der Neubausiedlung, und mußte mit dem Roman eines deutschen Schriftstellers über einen deutschen Schriftsteller in der Türkei in die fernen und dennoch nahen Welten des Orients eintauchen. So lief ich ziellos durch das Capsis Beach Hotel und dachte mich nach Anamur, das sich verschlafen hinter der türkischen Südküste versteckte. So irrte ich ziellos durch Agia Pelagia, in der Hoffnung, irgendwo vielleicht ein Stück Nordzypern zu finden. Nur die kleinen Gärten, die verdorrten Felder waren ein wenig wie die zweite Heimat. Doch es fehlten die arabischen Knacklaute, es fehlte das Gewissen, eine direkte Straße führte mich in die Wüste. Ich vermengte also Nordzypern, eine Insel am Rande Europas mit der Wüste und war meines eigenen Tagtraums nicht mehr sicher, sollte er mich doch vor allem nach Singapore und Bangkok führen. Gül würde neben ihrem Stein kauern und den Traum andersherum träumen wollen. Sie würde sich in Harry Browns Mansardenwohnung träumen, in den großen Kaufhäusern an den Wühltischen stehen wollen, sich vom Flair New Yorks verzaubern lassen.

Ich werde Kreta wohl bald verlassen, früher als erwartet. Gestern bekamen wir Besuch von zwei Freunden, die drei Wochen lang die griechischen Inseln abklappern wollen. Reisen, nur ein wenig reisen. Zwei oder drei Tage gedachte ich mit ihnen auf Santorin zu bleiben. Lag das nicht ein Stückchen näher am Beginn des Orients, der türkischen Südküste? Konnte ich vielleicht von dort den Ruf des Muezzins hören, wenn ich mich nur anstrengte und kräftig lauschte? Zumindest versprach diese Reise ein wenig Abwechslung, und vielleicht könnte davon auch Harry profitieren, der noch immer verlassen durch die Straßen Teherans irrt, auf der Suche nach dem verlorenen Sinn für seine Reportage vom Ramadan in dieser Stadt. Er hatte also doch nicht verkraftet, was ich ihn am Tag zuvor mit ansehen habe lassen. Noch immer sah er beklommen diesen leblosen Körper an dem Kran hängen, so wie es in den Filmen zu sehen war. Doch, was Harry da zu sehen bekommen hatte, war kein Film über den amerikanischen Bürgerkrieg, sondern die Realität des ausgehenden zwanzigsten Jahrhunderts. Genauso war auch die Menschenmenge, die schrill pfiff nicht bloß ein Haufen bezahlter Statisten eines Films sondern demütigendes Beiwerk eines blutigen Szenarios. Harry irrte durch das schöne Botschafterviertel Teherans, als er plötzlich aus einem Keller Schreie hörte. Ein Mann schrie einen anderen an. Der ältere der beiden mochte der Stimme nach Mitte fünfzig gewesen sein. Das Haus war recht groß und lag in einem herrlichen Garten. Der andere, jünger, vielleicht der Sohn des älteren, schrie kräftig zurück. Arabische Knacklaute, Zischen wie Gift in den Mündern dieser beiden Männer. Ein Streit also zwischen Vater und Sohn. Harry blieb überrascht stehen, zu laut hatten die beiden aus dem Kelleraufgang gegiftet, als daß er hätte einfach weitergehen können. Die journalistische Neugierde in ihm war geweckt. Der Blick blieb erst einmal auf dem Haus haften. Die Flagge Qatars wehte im Garten. Harry, der im Laufe der Zeit als Arabienkorrespondent seiner Zeitung arabisch gelernt hatte, lauschte den Sprachfetzen aus dem Keller. „Vater, du bist Botschafter eines reichen Landes." „Aber ich habe Stolz und Ehre!" „Stolz und Ehre nützen dir nicht, wenn Herz und Feuer gegen alles rebellieren." „Das Schwert will all die Rebellion unterdrücken." „Das Schwert vernichtet außen, löscht aber innen nicht aus, solange irgendwo noch Feuer brennt!" Harry mochte diese Art der poetischen Ausdrucksform wie man sie nur in Arabien und Asien verwendet. Arabisch war eine Sprache voller Lyrik. Würde Harry in seiner New Yorker Zeitung so reden wie diese beiden Männer, seine Sekretärin würde ihn belächeln. Nur mit seiner Freundin Laura Smith sprach er ab und zu in dieser blumigen Sprache. Sie hatte Orientalistik studiert und war mit der Poesie der arabischen Sprache vertraut. Und dieses Funkeln in den Augen derer, die von Scheichs, Kalifen, türkischen Beys und Paschas erzählten, durfte niemals verlorengehen. So ließ ich Harry vor dem Haus des Botschafters von Qatar verweilen und dem Streit zwischen Vater und Sohn lauschen. Harry Brown genoß diese Sprache, genoß es, zu verstehen, was da gesprochen wurde. „Sie ist nicht aus unserer Welt", erklärte der Botschafter. „Vater, das ist doch ganz egal und außerdem, sie ist wie du und ich von Allah geschaffen", erwiderte der Sohn. Ärgerlich entfuhr es dem Vater: „Wie kannst du nur mein Sohn, sie ist eine Ungläubige!" „Und wenn schon, sie ist Mensch und hat Verstand!" „Sie ist eine Engländerin!" „Na und?" „Du wirst sie nicht mehr sehen!" „Ich werde mir von dir nichts mehr vorschreiben lassen." „Solange ich Botschafter unseres Kronprinzen hier in Teheran bin, und du mir als mein Sohn zur Seite stehst, wirst du dieses Mädchen nicht mehr sehen, auch wenn sie die Tochter des britischen Botschafters ist." „Ich werde, werde, werde, auch wenn mich Allah dafür entzweit." „Hätte ich dich doch nicht mitgenommen auf dieses Bankett." „Hättest du mich nicht mitgenommen auf dieses Bankett, hätte Allah sie mir anderswo vor Augen geführt." Harry hatte sich auf eine niedrige Steinmauer vor der Botschaft gesetzt. Er erfreute sich an dem Streit zwischen Vater und Sohn, schließlich war das ein Grund, eine Glosse für die Zeitung zu schreiben: Sohn des Botschafters von Qatar in Teheran unglücklich. Vater duldet britische Freundin nicht. Es war nicht der schreckliche Klatsch, den er aus den Boulevardzeitungen Englands her kannte, es war im Grunde ein sehr sozialkritisches Problem, das ihn ein wenig auch faszinierte. Der Streit schien beendet, der Vater verwies den Sohn des Raumes. Aus dem Keller kam ein junger Mann, vielleicht Mitte zwanzig, sein Vollbart war ordentlich gestutzt. Er trug einen arabischen Umhang und verhüllte seinen Kopf mit einem weißen Tuch, das er mit einem schwarzen Reifen verdeckt hielt. Am Handgelenk funkelte eine goldene Uhr, an den Händen trug er, zum Zeichen seines Reichtums, ein paar goldene Ketten. Neugierig blieb er vor Harry stehen, der auch seinerseits sich einige neugierige Blicke nicht verkneifen konnte. Und um Harry Brown nicht als neugierigen Strolch erscheinen zu lassen, lasse ich ihn sich sogleich vorstellen. Harry Brown, amerikanischer Journalist aus New York. Er habe das laute Streiten gehört, sei kurz stehengeblieben, dann länger verweilt. Der Botschaftersohn bat den Fremden, das Gespräch doch bitte gegenüber fortzusetzen, der Vater würde aus dem Keller lauschen und ihn später womöglich zur Rechenschaft ziehen. Mohammed Mahmud Ali Al Qatar stellte sich ebenfalls förmlich vor, bat Harry, ihn einfach Mohammed Mahmud zu nennen. Er lud Harry ein, ihn in seine Wohnung zu begleiten. Auch wenn es Probleme geben konnte, wollte er dem wissbegierigen Reporter aus den Vereinigten Staaten die ganze Geschichte erzählen, denn er war Amerikaner und damit fast ein Landsmann des Mädchens, das er auf dem Bankett des indischen Botschafters kennengelernt hatte. Zwei Bedienstete brachten Tee und süßes Gebäck, sprachen hinter vorgehaltener Hand von dem fremden Besucher im Hause des Botschaftersohnes. Sie machten aber nicht den Eindruck, als würde sie der Besuch eines Ungläubigen stören, ganz im Gegenteil. Und als Mohammed Mahmud Ali Al Qatar Harry als einen amerikanischen Reporter vorstellte, erschien das als eine kleine Sensation. Nur ein junges Dienstmädchen wagte es den Fremden zu grüßen. Sie kam von den Philippinen und sprach daher ein wenig englisch. Die anderen waren Araber. Ihre Neugier gegenüber Harry war zwar groß, aber ihr anerzogener Zweifel gegenüber jedem Amerikaner war größer. Den ganzen Nachmittag über blieb Harry Brown in dem Haus des Botschaftersohnes. Der erzählte von seinem Leben. Der Bruder seines Vaters war Scheich in Qatar, daher sein Vater Botschafter seines Landes. Mohammed Mahmud Ali Al Qatar wollte nicht in den Iran, er wollte damals in London studieren, brach sein Studium aber ab, als seine Mutter gestorben war. Er kehrte nach Qatar zurück und half dem Vater als persönlicher Sekretär. Sein Vater war zu jener Zeit für einige Jahre vom Posten in Teheran befreit und als Staatssekretär im Außenministerium Qatars tätig. Die Wasserpfeife erfüllte den Raum mit einem süßlichen Duft und Harry Brown liefen die Brillengläser an. Dann sei der Vater nach Teheran zurückgegangen und er als Botschaftersohn und Konsul mit ihm. Ein strenges Leben führe er in Teheran, nur die Bankette boten wirkliche Abwechslung – und fanden glücklicherweise in schöner Regelmäßigkeit statt. Sonst war er nur mit vielen anderen arabischen Botschaftsangehörigen zusammen, Kontakte zu den „Westlichen" sah sein allerdings Vater nicht gerne. Trotz seines Alters, Harry erfuhr jetzt, daß er zweiundzwanzig Jahre alt war, bestand eine große Abhängigkeit vom Vater. Der hätte ihn geächtet, wenn er wieder nach London gegangen wäre und dort sein Jurastudium fortgesetzt hätte. Trotz des Reichtums fühlte sich Mohammed Mahmud einsam, und dreimal fragte er den amerikanischen Journalisten, ob er das verstehen könne. Harry Brown wird verstehen können, denn er selbst fühlte sich oftmals in der Menschenmenge New Yorks einsamer und verlassener als in den Weiten der scheinbar leeren Wüste. Das würde er dem Sohn des Botschafters erzählen, von seiner Leidenschaft für den Orient, von seinen Reisen nach Afghanistan, nach Algerien und nach Saudi Arabien. Dann würde Mohammed Mahmud antworten, daß Harry ein mutiger Mensch sein mußte, a brave man, denn für einen Amerikaner waren das allesamt gefährliche Länder, und durch die Straßen Algiers mochte selbst er in diesen Tagen nicht bummeln. Das Mädchen aus den Philippinen brachte Wasser und bat den amerikanischen Fremden, den amerikanischen Präsidenten zu grüßen, wenn er wieder nach Hause kehrte. Harry und sein neuer arabischer Freund schmunzelten und Mohammed Mahmud Ali Al Qatar erklärte der sechzehn Jahre alten Flora, daß Harry zwar ein reicher Mann sei und viel wisse, doch den Präsidenten der Vereinigten Staaten von Amerika persönlich nie zu Gesicht bekäme. Mit einem „das stimmt doch?" ließ er sich das von Harry bestätigen. Flora verließ den Raum, enttäuscht, daß der amerikanische Präsident nicht ihre Grüße würde erwidern können, weil er sie gar nicht erhalten konnte.

Mohammed Mahmud sprach von dem Bankett vergangene Woche in der Residenz des indischen Botschafters, nur einige Straßenzüge entfernt. Er sprach von der Begegnung mit der englischen Botschaftertochter Catherine. Und dann plötzlich hüllte er sich in Schweigen. Das Gespräch wird mit dem Satz beendet: „Den Rest haben Sie vernommen, als ich mit meinem Vater darüber ... sprach." (Sprechen also nennt er das laute Gebrüll!) Harry Brown würde in diesem Moment am liebsten laut loslachen, verkniff sich jedoch aus Rücksicht auf seinen bedrückten Gastgeber jeden Kommentar, klopfte ihm auf die Schulter und empfand dann plötzlich echtes Mitleid mit dem stolzen Araber, der sich zutiefst erniedrigt gefühlt haben mußte, als sein Vater ihm den Kontakt zu dem Botschaftermädchen verboten hatte.

Von außen drang die eintönige Sirtaki-Musik in mein Zimmer und ich fragte mich, ob ich mit meinem Märchen um diesen Mohammed Mahmud Ali Al Qatar fortfahren sollte. Ich wollte doch nicht schon unbedingt zum Auftakt die Härten der orientalischen Traditionen ans Tageslicht bringen. Vielleicht würde in Wirklichkeit Mohammed Mahmud gelassen seinem Vater gehorchen, denn er würde genau wissen, daß eine Beziehung zwischen ihm und einer Engländerin Unglück über beide brächte. Aber auch Jordaniens König Hussein ist nicht mit einer Araberin sondern mit einer Ungläubigen verheiratet. Das macht mir Mut, das Märchen von Mohammed Mahmud weiterzuspinnen, und Harry den glücklichen Retter eines einsamen Botschaftersohnes spielen zu lassen, ehe er weiterreisen würde. Das eintönige *Pente, pente deka* verstummte nicht, seit nun mehr fast einer Woche durchdrang das griechische Volkslied jeden Abend unser Zimmer, erfüllte jede Taverne. Erst gestern, als wir mit unseren beiden Freunden, die ich bald nach Santorin begleiten werde, in einer Taverne saßen, beschwerte sich auch Florian über die Eintönigkeit der Musik. Und dennoch erweckte so mancher Laut die Hoffnung, ein arabischer Knacklaut, ein Zischen könnten folgen. Doch weder arabisch noch türkisch waren die Texte. In mir brodelte aber türkisch das ganze Repertoire osmanischer Musik. *Cesarettin var mi...* Doch ein lautes „dhen xero?", „ich weiß nicht" von draußen vertrieb die türkisch-arabischen Klänge aus dem geistigen Ohr und machte Griechenland in mir breit. Warum nur zog ich so ungerecht hart mit diesem Land zu Gericht? Die Menschen begegneten mir allesamt freundlich, und für die Ausfälle ihres Außenministers, Theodoros Pangalos konnten die Griechen doch nichts. Die Politiker waren mir fremd. Ich konnte doch ein Volk nicht über seine Politiker definieren. Und doch mochte ich das gewisse griechische Selbstverständnis nicht. Irgend etwas hinderte mich daran, hier frei zu sein. („Ich hoffe nichts, ich fürchte nichts, ich bin frei." Das sagte einst der griechische Poet Kazantzakis, der in Heraklion seine letzte Ruhestätte hat.) Vielleicht war daran ja die zweit Heimat Nordzypern schuld, die immer wieder eifersüchtig mahnte, nicht zu sehr mit den Griechen zu liebäugeln. Vielleicht waren Griechen und Türken doch so verschieden wie es immer erschien, auch wenn ich (und mit mir viele andere) immer predigten, sie seien sich in Wahrheit ähnlicher als sie zugeben wollten. Vielleicht war das Politikum einfach so zu erklären: Jeder gab Griechenland recht, wenn es um die Sticheleien zwischen Athen und Ankara ging. Die große Politik, die Menschen, die Denker und Dichter, die vielen Philhellenen in Europa. Nur wenige wagten, der Wiege der Demokratie lauthals zu widersprechen, wagten diese Glorifizierung zu durchbrechen. Ihnen begegnete Griechenland mit Ignoranz und vielmals leider auch mit Intoleranz. Für die meisten Griechen gab es einen bitteren

Grundsatz, der die beiden Nachbarländer nie wird zur Ruhe bringen können: Freund oder Türke. Nur wenige Denker machen hier eine Ausnahme, Kazantzakis oder Theodorakis zum Beispiel. Man muß diese Flammen der Vernunft unbedingt erwähnen, wenn man schon selbst nicht in der Lage ist, zu ihnen zu gehören. Ich hatte mich nunmal im Laufe der Zeit von der – objektiven? – Mitte aus fortbewegt und war allmählich im türkischen Teil Zyperns angelangt, eben beim griechischen Nichtfreund. So kam es, daß ich griechische Zeitungsberichte mit anderen Augen las als viele andere, die philhellenische Augen besaßen. Ich gestehe ein, gegenüber vielen Dingen, die in der Türkei geschehen, auf einem Auge blind zu sein, vermute aber immer nur Ehrlichkeit in den einfachen Menschen. Mit einer Politikergarde um Tansu Çiller konnte ich mich nicht anfreunden, aber auch ein Mann wie Mesut Yilmaz war kein größerer Hoffnungsträger. Und Zypern? Rauf Denktasch ist Zyperntürke, muß viel nach dem Willen Ankaras gestalten. Das macht mir Sorgen. Doch was war für die Zyperntürken besser als die Unabhängigkeit in einem nicht anerkannten Staat? Sie hätten auch in eine wirtschaftliche Abhängigkeit von den Griechen zurückkehren können. Schon wieder mußte ich mich zwingen, nicht weiter darüber nachzudenken, schließlich wäre dieses Thema ein sich im Kreis drehendes. Am Ende würde wieder die kleine Gül auftauchen und neugierig ihren Vater fragen, warum man denn die Griechen nicht hinter den Stacheldrahtzäunen hervor lassen konnte, damit sie sich die Cafés in Girne ansehen konnten. Und dann würde vielleicht dem Vater noch das Herz zerspringen, weil er sich immer noch als Fremder fühlte. Im heimischen Dorf bei Batman der, ‚der aus Zypern kam‘, auf Nordzypern der, der ‚türkischer Bauer‘ war. Nicht geliebt auf beiden Seiten des Meeres. Und ich wäre schuld daran, daß dieser Mann schlaflos durch die Nacht träumt, verraten und verkauft – von der Politik mißbraucht. Von griechischer wie türkischer Politik.

Wollte ich doch lieber zurückkehren zu den Liebesleiden des Mohammed Mahmud Ali Al Qatar, auch wenn ich damit vielen muslimen Familien Unrecht tat, denn schließlich war nicht alles so, wie man es bei uns in den Zeitungen zu lesen bekam – das hatte ich aus eigener Erfahrung gelernt. Ich wollte keine *Satanischen Verse* dichten, ich wollte durch den Orient reisen, wollte die Welt und die Zeit verbinden und etwas von diesen Reisen mitnehmen in mein Wohnviertel zu Hause, ehe ich mich mit Harry aufmachen würde, Singapore, Bangkok und Hongkong zu entdecken. Dann würde Harry Brown Mohammed Mahmud zu seiner Catherine geführt haben und Laura Smith zusammen mit Harry Brown die jementische Geiselnahme überstanden haben. Bis dahin aber dauerte es noch. Und es galt diese ungewisse Leere der Zwischenzeit zu füllen mit den Abenteuern des Reporters, die keine waren, sondern Kopfgeburten, um mit Grass zu sprechen.

Die Sonne stieg leuchtend am Himmel empor, und ich erkannte schon am Morgen den Mittag, der mit gellender Hitze einem das Atmen schwer machen würde, und ehe es in mir ganz Tag geworden war, rief schon die sternenklare Nacht mit ihrer Vielzahl von funkelnden Sternen, die in tiefster Ferne irgendwo draußen im All nur eine Frage aufwarfen: Woher nahmen ich, Harry Brown, der Orient, Griechen und Türken unsere Daseinsrechtigung? Ich wollte nicht weiter darüber philosophieren, schließlich würde ich an keiner Stelle meiner Gedanken eine Antwort finden, und die rote Sonne würde durch graue Nebel getrübt, denn ohne diese Antwort waren wir Menschen unzufrieden. Wir alle suchten nach der einen Antwort und mancher fand sie in einem Gott, mancher in einem Urknall und mancher verdrängte einfach die Frage, sondern akzeptierte, daß es eben so war: tausende von Sternen, fern draußen, ein Kreis, ein sich schließender Kreis, überall Kreise. Das Leben war voller Kreise.

Ich merkte, daß mir erneut die Augen zugefallen waren und raffte mich mühsam auf. Die Sirtaki-Musik war verstummt, auch das laute Gejammer zweier alter Frauen draußen auf der Straße hatte aufgehört. Ich ermahnte mich noch einmal wegen des mangelnden Respekts vor der griechischen Tradition. Jeglichem Unrecht auf Nordzypern versuchte ich grenzenloses Verständnis beizubringen, suchte plausible Erklärungen, wenn Entscheidungen unverständlich erschienen. In griechischen Aussagen sah ich nur die Verdrehung von Tatsachen. Aus meinem kleinen Kassettenspieler dringt *Merhaba dünya,* Erde sei gegrüßt. – Es war Zeit geworden, diesem Mohammed Mahmud Ali Al Qatar die Frau seines Herzens zu beschaffen.

Mit zittriger Schrift hatte er den Namen der Botschaftertochter auf den Umschlag geschrieben und den Brief Harry überreicht. Der verspricht ihm, sich rasch um die Angelegenheit zu kümmern, zumal Mohammed Mahmud vermutet, daß sein Vater ihn beobachten läßt. „Die Botschaft ist wie eine eiserne Festung unseres Landes hier im Iran und meine Wohnung ist die Außenstelle dieser Festung, umgeben von einem tiefen Graben." Mohammed Mahmud Ali Al Qatar wollte damit aussagen, jeder aus Qatar, der in Teheran lebte, kannte jeden aus Qatar der in Teheran lebte. Und wenn schon alles ein Netz bilden mußte, Harry war der tapfere Ritter, der durch Wüsten und Steppen eilen konnte – und er würde dem armen Araber zu seiner Herzensdame verhelfen. Er steckte den Brief mit den unsicheren lateinischen Buchstaben „Catherine" in seine Jackettasche und verließ das Haus. Neugierige Blicke der Hausangestellten verfolgten ihn, zum Teil voller Zweifel, zum Teil voller Erstaunen, endlich einen Amerikaner gesehen zu haben. Alleine Flora wartete an der Türe auf ihn, schüttelte ihm artig die Hand und gab ihm Gottes Segen mit auf den Weg. Sie war katholisch und fand sich in der muslimen Familie nicht gut zurecht. Wieder auf der Straße dröhnte ihm das Geknatter der Mopeds und Autos entgegen. Harry Brown wünschte, er könnte den Brief des Botschaftersohnes an Catherine lesen, doch würde es ihm lange Zeit ein sehr schlechtes Gewissen bereiten, wenn er das getan hätte – journalistische Neugierde hin, persönliche Schnüffelnase her. Wie leergefegt waren die Straßen. Das Geknatter war verzogen, kaum ein Auto mehr. Die Menschen waren in ihren Häusern und in den Moscheen, um dort das Abendgebet zu verrichten. Das laute „Allah u akbar" drang aus den Lautsprechern und erfüllte die leeren Straßen dieser Stadt erneut mit Mystik. Harry sah sich ein wenig scheu um. Ein paar Männer betrachteten ihn aus verstohlenen Augenwinkeln. Waren sie selbst nicht so streng gläubig oder hinderten sie andere Dinge am Abendgebet? Harry suchte nach der britischen Botschaft Teherans. Am nächsten Morgen also wollte er der Botschaftertocher einen Besuch abstatten.

Streng abgeschirmt hinter einem hohen Zaun lag eine wunderschöne Villa. Ein iranischer Polizist bewachte den Eingang, über dem thronend der Union Jack wehte. Harry blickte nach oben. Das war ein bißchen Heimkommen, auch wenn er eben Amerikaner war und nicht Brite. Kurz überkam ihn die Sehnsucht nach den gelben Taxis in New York, dem geschäftigen Treiben in seiner Heimatstadt, den glitzernden Kinoabenden mit Laura Smith und überhaupt. Der bewaffnete Polizist betrachtete ihn mürrisch. Amerikaner und Briten sind nunmal ungern gesehen in Teheran, und wenn sie in die Botschaft ihrer Heimat wollten, bedeutete dies oft nur Ärger für die Angestellten, denn allzu ungern setzten sie sich mit den Behörden des Mullahregimes auseinander. Nachdem man seinen Paß sorgfältig kontrolliert und er seinen Journalistenausweis vorgelegt hatte und erklärte, kein diplomatisches Problem mit iranischen Behörden zu haben, ließ man ihn zu einem Angestellten vor. Dort erzählte er von dem Bankett des indischen Botschafts, dem Botschaftersohnes Mohammed Mahmud Ali Al Qatar und dessen Begegnung mit der Tochter des Botschafters, Catherine. Der Mann hinter dem Schreibtisch lachte.

Hinter ihm hing ein Bild der Londoner Towerbridge an der Wand. Harry Brown lachte. Er sei aus New York, erklärte er dem Angestellten. Dieser meinte freudig, „Americans are always welcome here". Er bat Harry im Flur zu warten. Dort brachte man ihm etwas zu Trinken (es mußte wohl Coca Cola gewesen sein, um diesen Abschnitt der Geschichte noch ein wenig klischeehafter zu gestalten). Der Botschafter empfing Harry Brown erfreut im eigenen Büro. „Nicht alle Tage verirrt sich ein New Yorker in mein Büro." „Nicht alle Tage bringt dieser verirrte Amerikaner aus New York ein Schreiben an die Tochter des Botschafters", scherzte Harry und dachte an Laura, die jetzt in ihrer Bostoner Wohnung sein mußte und irgendwelche Familienserien zum Frühstück angesehen haben mußte, schließlich war es in den Vereinigten Staaten erst früh am Morgen. Dann erzählte er auch dem Botschafter die Geschichte des einsamen Sohnes des Botschafters von Qatar, Mohammed Mahmud Ali Al Qatar. Der Botschafter des Vereinigten Königreichs, ein älterer, rundlicher Mann mit einem freundlichen Gesicht, konnte sich ein Lachen nicht verkneifen und hustete dabei so, daß man den jahrelangen Tabakgenuß aus seiner Lunge rasseln hörte. Er drückte auf den Knopf seiner Gegensprechanlage. „Catherine, please!" Einige Augenblicke später stand das Mädchen im Arbeitszimmer ihres Vaters. Sie war, zu Harrys Erstaunen, erst sechzehn Jahre alt, groß gewachsen, hatte mittelblonde, kurze Haare und ein auffallend fröhliches Gesicht. Ihr Vater machte sie kurz mit Harry Brown bekannt und ließ diesen dann fortfahren. Harry würde sich schwertun, jetzt die gesamte Geschichte nochmals von vorne zu erzählen, ohne schmunzeln zu müssen. Immer wieder blickte er verstohlen in die grünen Augen der jungen Tochter des Botschafters, um dann wieder auf den Umschlag in seinen Händen zu starren. „... Und nun läßt das schöne Fräulein dem edlen Araber also keine Ruhe mehr." ergänzte der Botschafter bestätigend – und wieder rasselt es, als er zu lachen beginnt. Catherine wurde still und etwas beklemmt. Mohammed Mahmud Ali Al Qatar, der zweiundzwanzig Jahre alte Sohn des Botschafters von Qatar, der sie während des Banketts in der indischen diplomatischen Vertretung angestarrt hatte, der etwas unbeholfen einen Tanz mit ihr gewagt hatte, dieser Mohammed Mahmud, sollte von seinem Vater derart unter Druck gesetzt werden, wie dieser Harry Brown erzählte, daß er verzweifelte. Sie konnte das nicht glauben. Der Botschafter wurde wieder ernst und ermahnte seine Tochter, es dürfe daraus kein Politikum werden, zwar sei Qatar nicht der Iran, dennoch sei die Beziehung zwischen einem Botschaftersohn eines strengen islamischen Staates mit der Tochter des Botschafters des UK immer von politischer Brisanz. Catherine lachte und versicherte ihrem Vater hoch und heilig, niemals irgendwelche Gefühle für diesen stolzen Araber empfunden zu haben. In Harry Brown regte sich etwas. Das Funkeln aus den Augen der jungen Catherine war verschwunden, Spott über die Verzweiflung Mohammed Mahmuds wollte er stattdessen erkennen und empfand tiefes Mitgefühl für Mohammed Mahmud Ali Al Qatar, der nur ein paar Straßen entfernt auf die Nachricht des fremden Journalisten warten würde. „That's fine", „das ist gut so", fügte der Botschafter an und übernahm die weitere Konversation, während Catherine den Brief des jungen Mohammed Mahmuds in die Tasche ihrer Jeans steckte. „Sagen Sie dem Botschaftersohn Qatars, meiner Tochter tue es leid, wenn sie durch ihr Verhalten auf dem Bankett meines indischen Kollegen in ihm irgendwelche Hoffnungen aufgeflammt haben sollte. Und er möge doch seinem Vater Grüße bestellen."

Betrübt und zutiefst enttäuscht darüber, wie verletzend es für den stolzen Arabersohn, Abkömmling reicher Scheichs aus Qatar gewesen sein mußte, von einer so jungen Frau so erniedrigt zu werden, verließ Harry die Botschaft. Voller Unverständnis gegenüber der flippigen Art des Botschafters aus London suchte er das Haus Mohammed Mahmud Ali Al Qatars auf. Nur widerwillig ließen ihn die Wachhabenden passieren. Sie zischten auf persisch, daß schon wieder der Fremde störe und Harry gab zur Antwort, er komme als Freund und gehe auch als solcher. Flora begrüßte ihn stürmisch. „Sie schon wieder. Welch ein Glück, daß ich Sie noch einmal sehen darf. Wenn Sie auf die Philippinen kommen, gehen Sie nach Luzon, in die Straße hinter dem großen Markt und grüßen Sie meine Familie von mir." In Harry war alles wirr. Luzon, großer Markt, er würde nicht nach Luzon kommen, er würde nach Singapore müssen, weil das so bestimmt war, er würde im Jemen entführt werden, er würde in der Türkei in einem kleinen Dorf bei Batman der kleinen Gül begegnen, und seine Freundin würde ein Photo von dem Mädchen machen, das neben einem großen Stein kauerte und türkische Lieder sang, während es – wie damals auf Nordzypern – die Herde bewachte. Aber nach Luzon würde Harry Brown nicht kommen. Zwischen die Klänge der persischen Musik auf den Straßen Teherans und den türkischen Melodien in meinem Kopf mischte sich das *If it makes you happy*, das er am Morgen in der englischen Botschaft vernommen hatte und die Sirtaki-Musik, die von draußen in mein Zimmer dringt und mich daran hindert, Harry völlig zum alleinigen Helden der Geschichte werden zu lassen. Flora verschwand in der Küche und das Bild von ihr wurde verschwommen, ehe es vollkommen vor seinen Augen erschienen war. Mohammed Mahmud Ali Al Qatar kam ihm freudig entgegen und las sofort aus seinen Augen das Ergebnis der morgendlichen Unterhaltung mit der schönen Catherine. „Die Rebellion in meinem Herzen muß ein Ende finden, die Rebellion gegen die Vernunft und die offene Revolte gegen meinen Vater." Müde und schwerfällig ließ sich der junge Mann auf ein breites Sofa fallen, der Stolz aus seinen Augen war gewichen, Schwermut und Traurigkeit hatten ihn übermannt. Harry gab ihm die Adresse der New Yorker Redaktion und erklärte ihm, er würde sich immer über ein Lebenszeichen seiner Freunde freuen. „Du bist der erste Amerikaner, der wie ein Bruder ist." Mohammed Mahmud bezeugte Harry seine Freundschaft, begleitete ihn zur Tür und sah ihm noch eine Weile nach. Dann legte sich das Bild der jungen Catherine über die Gestalt des Journalisten und verjagte diesen aus den Straßen Teherans. Die grünen Augen des Mädchens, das fröhliche Gesicht, die Haare, es loderte wie ein Feuer weiter, brannte in ihm und vermengte sich mit neuer Wut gegenüber seinem Vater, dem er aber nicht mehr ärgerlich begegnen durfte. Unverständnis für das, was der britische Botschafter hatte ausrichten lassen. Konnte Catherine den Brief nicht wenigstens beantworten? Warum waren diese Europäer so anders? Ein Araber hätte niemals so erniedrigend gehandelt – und eine Araberfrau schon gar nicht. (Sie wäre wohl gar nicht gefragt worden, wie sie handeln würde.) Er war Mohammed Mahmud Ali Al Qatar, Sohn des Botschafters von Qatar in Teheran, Verwandter des Scheichs und Kronprinzen und er wollte dieses Mädchen zur Frau nehmen. Sicherlich wußte er, daß es in England andere Traditionen gab als in seiner arabischen Heimat, das hatte er in London gelernt, doch daß dieses Mädchen nicht einmal antworten wollte, verstand er nicht und empfand es als Erniedrigung. Dabei hatte Harry noch nicht einmal davon erzählt, daß der Botschafter lautstark lachen mußte, als er von Mohammed Mahmuds Leid erfahren hatte.

Ich saß auf einem Felsen aus Sandstein und silber glänzendem Schiefer. Unter mir bewegten sich die Wellen und brachen an den Felsen. Eintönig und mit stetiger Beharrlichkeit wiederholte das Wasser dieses Spiel. Immer wieder klatschten die Wellen an den Felsen, immer wieder schwappte die Gischt zurück. Kleine Wellen, die in die andere Richtung strebten und dazwischen Kreise, die entstanden, weil ich Schiefersteinchen ins Wasser fallen ließ. In der Ferne lag die kleine Insel Dìa, im Dunst nicht klar zu erkennen. Am hellblauen Himmel stand die Sonne hoch und brannte auf den Boden nieder. Der Sandstein war aufgeheizt und brannte, wenn man ihn mit der Handfläche berührte. Etwas tiefer, auf einem anderen Felsen, lagen ein paar Menschen und dösten in der prallen Mittagssonne. In der Ferne zog ein weißes Schiff weich am Horizont vorbei – und die weiße Möwe, die ruhig am Himmel entlangflog, konnte nicht besser in dieses Bild passen. So saß ich nur wenige Meter, aber doch eine Bucht entfernt des großen Touristenstrands von Agia Pelagia, auf meinem Felsen im Capsis Beach Hotel und starrte auf das Blau hinaus. Silbernes Glitzern, gelbes Glänzen, grünes Funkeln ergänzten die Schattierungen des Blau. Plätscherndes Wasser, das eintönig und beruhigend an den Felsen schlug.

Wir würden erst am Dienstag nach Santorin aufbrechen können. Florian war krank geworden. Die Hitze an diesem Tag war fast unerträglich groß, und ehe ich den langen Weg von unserer Unterkunft ins Capsis Beach Hotel zurückgelegt hatte, war mein Hemd völlig durchgeschwitzt. Auf dem Felsen hoch über dem Wasser, abseits des Lärms am Strand, tauchte die kleine Gül wieder auf. Aber sie war nicht mehr klein. Sie hatte auch keine schwarzen Haare mehr und ihre traurig braunen Augen waren auf einmal wunderschön blau und ihre Haare glänzten fast rötlich in der Mittagssonne. Sie eilte über das Wasser, hinüber nach Zypern, kauerte sich dort aber nicht neben einen großen Stein, der auf einem ausgedörrten Feld lag, um türkische Lieder zu singen, sondern saß in Bellapais auf einem wackligen Holzstuhl unter dem Baum des Müßiggangs und betrachtete die Dorfabtei. Plötzlich mischten sich Gül und Leila, die ich an einem anderen Ort einmal geschaffen hatte, und wurden eins. Gül bekam Angst, denn Leila verstand sie nicht und sie nicht Leila. Sie waren sich fremd. Ich starrte auf das Meer hinaus und der Blick wurde eins mit dem Anblick des Meeres zwischen Girne und der türkischen Südküste, die an ganz klaren Tagen am Horizont hervorblitzte. Ich verdrängte Leila wieder und ließ Gül zufrieden auf ihr Feld zu ihrer Herde zurückkehren. Ich gab ihr auch die schwarzen

Haare zurück und die traurigen Augen, auch wenn es mir schwerfiel, ließ sie die staubige Kleidung tragen, verbannte die schöne goldene Kette von ihrem Hals, die Leila getragen hatte und machte sie wieder zur Tochter eines einfachen türkischen Gastarbeiters auf Nordzypern. Und ich wußte, ich sollte auf diesem Felsen nicht an Harry Brown denken, denn der Amerikaner würde mir die Träumerei kaputtmachen. Er würde anfangen, durch wildes Gedränge zu schlendern, laute Musik aus krachenden Lautsprechern in sich aufzunehmen und den Duft der Gewürzhändler Teherans wahrzunehmen. So lasse ich ihn einen Moment in seinem Hotel ausruhen, schlafen und vom Meer träumen. Vom diesem Meer, von dem Meer, das das gleiche Wasser birgt wie das Meer zwischen der Küstenstadt Girne und der türkischen Südküste, die an klaren Tagen am Horizont hervorblitzt. Der südliche Taurus, wo es auch bis Mitte März noch Schneefall geben kann. Ich war einmal auf der anderen Seite. Dort hat man an klaren Wintertagen nicht den südlichen Taurus aufblitzen gesehen, sondern die nördliche Küste Zyperns. So herrlich das Meer jetzt unter mir glänzte und freudig an die Felsen klatschte, so räuberisch und angsteinflößend krachte es so manches andere Mal gegen die Küsten. Grau und schwarz, eins mit dem Himmel, dessen Wolken so tief über dem Horizont hängen können. Ich fand es faszinierend, wenn es auf dem Meer regnete. Gern hätte ich jetzt ein bißchen Frische verspürt, etwas von dem kühlen Wind wahrgenommen, der über das Meer bläst, wenn es zu regnen beginnt. Die Hitze dieser Sommertage fraß sich durch die Gräser und laugte sie aus. Das Wasser, das ich aus meiner Flasche auf mein Gesicht habe laufen lassen, tropfte auf den heißen Stein und zischte kurz auf. (Vermischt mit der Meersalzkruste erinnerte das an so manchen chemischen Versuch in der Schule.) Das weiße Schiff war hinter der nächsten Bucht verschwunden. Ein neues war aufgetaucht, fuhr Richtung Norden. Immer weiter und weiter, bis es vielleicht irgendwann an der türkischen

Ägäis ankommen würde. *Merhaba Dünya*, Erde sei gegrüßt. Die Melodie hatte sich festgesetzt. Immer wieder sang dieser türkische Chor von neuem. Und um so häufiger er zu seinem *Merhaba Dünya* ansetzte, um so kräftiger leuchteten die Bilder von Girne auf. Der Hafen, die stolze Burg im Osten, die Lagerhäuser und die vielen Cafés, die Gül den Griechen auf der anderen Seite des Stacheldrahts zeigen wollte. Dann Bellapais, das Dorf in den Berghängen, wo das Kaffeehaus vor der Abtei Schatten spendete. Und die alten Männer spielen Tavla, an die Hauswand gelehnt. Die Abtei glänzt in der Abendsonne. Ein Flugzeug dröhnt über das Meer. Nein, es ist nicht die Abendmaschine nach Istanbul. Es ist mittags und von Heraklion aus gibt es keinen Flug nach Istanbul. Freund oder Türke. Beides.

Sollte ich nun detailliert die wunderschönen Gassen Girnes beschreiben? Die Gasse hinter der Moschee zum Beispiel. Oder die Straße zwischen der Moschee und der Hauptstraße, die Straße, die zur Festung hinunterführt. Die Küstenstraße, die nach Çatalköy und Ozanköy führt. Die vielen anderen Straßen. Die Palme am Wegesrand, die ich immer *die* Palme genannt habe. Aber wenn ich anfinge, davon zu erzählen, müßte Harry lange schlafen, und ich würde das Gefühl nicht mehr los, den Platz hier auf dem Felsen gegen den vor der Abtei in Bellapais eintauschen zu wollen. (Dieses Gefühl werde ich ohnehin schon die ganze Zeit nicht mehr los.) Und so ziellos ich durch die phantasievollen Straßen Teherans hetzte, so wirr wie ich die Zeiten meiner Reisen spielen ließ, so deutlich und klar waren mir auf der anderen Seite die Bilder Nordzyperns. Und dann, während ich so dachte, tauchte Leila wieder auf. Sie sprach mit ihrer Stimme von den Gärten Bellapais', von dem Spiel der Sonne auf der Terrasse des Restaurants in Edremit, dem kleinen Dorf in den Bergen, sie fragte, wann ich sie dorthin mitnehmen würde und ich entgegnete, daß es ganz allein an ihr liege, wann das sein konnte. Das Flugzeug war verschwunden und die Ruhe zurückgekehrt. Ruhe, auch wenn die Zikaden in den Bäumen ihr Konzert fortführten, auch wenn das Wasser an die Felsen krachte und die wenigen Menschen unterhalb meines Felsens laut auflachten. Aber es war alles viel überschaubarer als am Strand von Agia Pelagia, den ich zu hassen anfing, obgleich ich ihn doch ohnehin mied und mit ihm kaum etwas zu tun hatte.

Mohammed Mahmud Ali Al Qatar stand in dem Hotelzimmer in der Teheraner Innenstadt. Er ließ sich von Flora begleiten, hatte die neugierigen Begleiter, die sein Vater mitgesandt hatte, abgewimmelt, sie in seinem Haus gelassen. Harry Brown war erstaunt über den plötzlichen Besuch und bat den Gast zu sich ins Zimmer. „Mit so einem raschen Wiedersehen hatte ich nicht gerechnet." „Mein Freund und Bruder, wo die Macht Allahs sich einen Weg bahnt, bricht die Erde auf und legt eben und gerade eine Straße durch die Berge." Harry verstand nicht sofort, was Mohammed Mahmud ihm damit erklären wollte, ließ ihn aber fortfahren. „Die Rebellion gegen meinen Vater war vorüber, das Feuer erloschen, als mit einem Male die Glut zu lodern neu begann, und ein Feuerstein entfachte das Feuer." Harry verstand und fügte neugierig wie es einem Journalisten gebührt – um mehr zu erfahren – hinzu: „Was? Wie? Wann? Wo?" „Nur langsam, mein Freund und Bruder. Allah hat bestimmt, daß sie doch ein Mensch besonderer Art ist. Er hat ihr nicht nur Größe und Schönheit geschenkt, sondern auch Vernunft und Verstand." Harry verstand langsam. Er brachte seinem arabischen Freund etwas zu trinken und bat Flora, sich doch endlich zu setzen. Sie nahm anstatt auf dem Sofa auf dem Teppichboden Platz, war das so gewohnt, lehnte auch ab, als Harry ihr von dem Gebäck anbot. Es war schon ungewöhnlich genug, daß Mohammed Mahmud Ali Al Qatar sich von einem jungen Mädchen begleiten lassen durfte. Er mahnte das Dienstmädchen, zu nehmen, wenn ihr angeboten wurde. „Als Iranerin hätte sie mich nicht einmal alleine hier her begleiten dürfen." Er starrte ein wenig vor sich hin, ehe er zu erzählen begann. Catherine hatte dem Sohn des Botschafters doch noch geantwortet. Sie hatte ihm erklärt, sie hätte um Worte gerungen, sie hatte eingestanden und sie hatte Vowürfe erkennen wollen, sie aber zurückgewiesen, sie hatte ihm zu verstehen gegeben – und Mohammed Mahmud Ali Al Qatar, der stolze Arabersohn, der Nachkomme großer Scheichs, konnte verstehen und einsehen. Und so kehrte der Stolz in ihn zurück. Er sah nicht länger eine Erniedrigung. Er war nicht länger gedemütigt, die Schwermut war aus seinen Augen gewichen. Stolz stand er im Zimmer des Amerikaners und dankte nochmals aufrichtig für Harrys Dienste, die er ihm erwiesen hatte. Er würde Catherine wiedersehen können und er würde nicht sofort an die Erniedrigung, diese schmerzhafte Ehrverletzung erinnert werden. Sein Leben in London hatte ihm geholfen, solch europäische Dinge zu verstehen. „Wenn Dich Deine Reise auf den Wegen durch unsere Länder eines Tages in das Land meiner Väter trägt, scheue nicht, den Namen meines Vaters und den meinigen zu nennen. Sprich offen aus, Du bist ein guter Freund und ein Bruder von Mohammed Mahmud Ali Al Qatar, der wie sein Vater ein Nachfahre der großen Scheichs ist, und man wird Dir mit besonderer Freundschaft begegnen und Dich nicht beäugen, weil Du einen amerikanischen Paß hast, denn was ist schon ein Paß? Ein Stück Papier. Bei uns zählen noch immer die Worte der Männer, deren Freundschaft und die Ehrlichkeit, nicht die Stempel."

Die Fahrt nach Santorin haben wir nochmal einen Tag aufgeschoben. Florian ist noch immer krank. Das Ende des Kretaurlaubs ist abzusehen. Und die Erwartungen, die Vorstellungen davon hatten sich kaum bestätigt. Zwar kannte ich die Insel, das Dorf und die Menschen, doch war es ganz anders, als ich mir zu Hause gedacht hatte. Würden wir nicht am Mittwoch auf die Vulkaninsel nördlich von Kreta fahren können, müßte ich auch noch die letzten beiden Tage auf Kreta bleiben, schließlich mußte ich auch wieder nach Hause kommen. Zypern war weit weg, und zu Hause, wenn es wieder regnen würde, war es noch weiter weg. Dafür konnten mich dort Bilder und sonstige Erinnerungen in die zweite Heimat tragen. Und ich war mir sicher, daß die Tage bis zur Rückkunft überschaubar waren. Dann würde ich in Ercan aus dem Flugzeug steigen, der warme Abendwind würde mir wieder sanft ins Gesicht wehen und mich willkommen heißen. Dann würde ich mit einem freundlichen *Hos Bulduk* den Willkommensgruß der Insel erwidern und zusehen, wie der Grenzbeamte mir den Stempel in den Paß drückte. (... zählen noch immer die Worte der Männer, deren Freundschaft und die Ehrlichkeit, nicht die Stempel.) Dann würde ich in das Taxi steigen und dem Fahrer sagen: „Dome Hotel, Girne." Er würde das Radio anschalten, und aus dem *Merhaba Dünya* würde ein *Merhaba Kibris*, Zypern sei gegrüßt. Dunkel und finster würden die Berge des Besparmak links und rechts der Straße liegen und nur ein paar Ortsschilder verraten, wo wir gerade sein würden. Ich würde jedem anderen freudig zeigen, wo wir waren, was es zu sehen gab und dies und jenes erzählen. Doch wer war jeder andere? Sicher, ich hatte Vorstellungen und Wünsche, doch in Erfüllung gehen würden sie nicht. Aber die Hauptsache war, daß ich nach Nordzypern komme. Nach einer halben Stunde Fahrt würde der Blick frei auf das Meer, das zu dieser Abendstunde kaum mehr vom Horizont zu unterscheiden ist. Die Lichter Girnes würden die Stadt hell erleuchten, und die ersten bekannten Häuser würden auftauchen. Der Blick streift umher: Geschäfte, Häuser, die Männer und Frauen vor den Häusern, Autos, Schilder, Musik, der Geruch nach Essen, das Dome Hotel. So würde ich wiederkehren – nächstes Jahr. Bis dahin aber hatte Harry Brown seine Reisen überstanden, feiert zusammen mit seiner Freundin Laura Smith in der New Yorker Redaktion mit Bohle Weihnachten und das Jahr darauf – zwei

Harry-Brown-Jahre für ein richtiges Jahr – auf der Orchard Road in Singapore. Und ich durfte nicht vergessen, ihn auch nach Istanbul zu schicken, in diese unbeschreibliche Stadt. Die Entführung im Jemen und die Begegnung mit Gül am Stadtrand von Batman. Aber wenn ich nächstes Frühjahr nach Nordzypern unterwegs wäre, hätte er seine Abenteuer und Reisen bestanden und ich mußte ihn wie eine Seifenblase zerplatzen lassen. So war das mit Figuren, die man erfindet, um in einer Geschichte dienlich zu sein. Harry Brown würde dann auf diesen Seiten gefangen sein, dort Mohammed Mahmud Ali Al Qatar immer wieder aufs neue treffen, immer wieder von neuem durch die Straßen von Teheran streifen und immer wieder die gleichen Reisen unternehmen. Die Flucht nach Pakistan nach den Gesprächen mit den rivalisierenden Kriegsgegnern in Afghanistan, das zerschossene Kabul. Ich würde dann in Bellapais sitzen und auf die Abtei hinausschauen, auf die Küste hinabblicken und mich nicht mehr fragen, ob es einen ‚Tag der Tage' geben konnte. Ich würde es wissen. *Son defa*, ein letztes Mal, würde ich an Harry Brown denken und schmunzeln. Vielleicht, so könnte ich mir dann denken, solltest du ja einmal auf den Karpaz fahren, nach Iskele und durch die Felder wandern, vielleicht triffst du ja ein kleines Mädchen, das neben einem Stein sitzt und Lieder singt, um sich die Zeit zu vertreiben, während es auf die Herde aufpaßt. Doch ich würde Gül nicht finden. Aber die Straßen und Gassen dort in Iskele (vielleicht auch die Baustelle an der ihr Vater nicht arbeitete), die Fischlokale in Bogaz, die Ruinen von Salamis, wo Sanne, Sandra und Barbara und die Camper aus Sardinien in antiken Gewändern über die Bühne gleiten würden und der Deutsche, der am Kassenhäuschen eine Tasse Mokka trinkt, Beifall klatschen würde. Alles ist ein Kreis, alles voller Kreise. Dann würde ich abends die Gasse hinter der Moschee in Girne hinauf schlendern und im Garten des *Set Italiyan* sitzen und den Zikaden lauschen, die Tag ein Tag aus ihr gleiches Klagelied anstimm-

70

ten. Vielleicht würde ich mit dem Rad die Straße nach Çatalköy fahren, links den kleinen Feldweg suchen und am *Dyana Plaji* vor mich hindösen und auf das Meer hinausstarren. Möglicherweise taucht dort dann wieder Leila aus dem Meer auf – wie schon einmal. Und ich würde einen Zettel aus der Jackentasche holen und anfangen zu dichten, ohne daß ein echtes Gedicht entstünde. Wogen flogen an die Küste. Wind und Felsen. Niemals vergessen. An der Küste entlang fliegen. Und wenn ich abends in Girne in einem der zahlreichen Cafés sitzen würde, zusammen mit denen, die sich von mir Nordzypern zeigen ließen, würde der Muezzin zum Gebet rufen und ich wüßte, daß ich zu Hause war.

Harry Brown hatte unzählige Male versucht, eine Verbindung in die USA zu bekommen, aber immer war besetzt. Und der Perser an der Rezeption, ein freundlicher Mann, aufgeschlossen und sehr hilfsbereit, vertröstete ihn. Noch einen letzten Versuch wollte er nach zwanzig Minuten wagen und hatte Erfolg. Er erklärte dem Kollegen zu Hause in New York, daß er nicht länger in Teheran bleiben und warten wolle, bis der Ramadan beginnen würde, um dann die in Auftrag gegebene Reportage darüber zu schreiben. Er erzählte dem Kollegen die Leidensgeschichte des Mohammed Mahmud Ali Al Qatar und von Catherine und versprach den Artikel darüber sofort zu faxen. Der Redaktionschef war einverstanden, daß Harry den Iran verlassen wollte und bat ihn, stattdessen in Istanbul einen Polizeidirektor zu interviewen, das Ticket sei bereits bei der Fluggesellschaft hinterlegt worden, er müsse sich nur mehr den Tag eintragen lassen. Und so verließ Harry Brown schon am folgenden Tag Teheran, blickte vom Flugzeug aus nach unten und sah die beigefarbene Landschaft an sich vorüberziehen, die Berge, die Dörfer, die Wege und Straßen, dachte zurück an die Begegnung mit dem Botschafter des Vereinigten Königreichs, schmunzelte, als er an das Rasseln in der Lunge dachte, wenn der Botschafter lachte. Dachte an die grün funkelnden Augen der jungen Catherine und den wiedergewonnenen Stolz des Sohnes des Botschafters von Qatar. Bald würde er sich wohler fühlen, denn so orientalisch manche Straßenecken Istanbuls auch sein mochten, die Geschichte dieser Stadt war immer auch eine europäische. Die lange Zeit im Iran hatte in ihm doch die Sehnsucht nach Europa und den USA geweckt. Außerdem hatten ihn manche Blicke von Iranern irritiert.

Auf dem Atatürk Flughafen herrschte wie immer geschäftiges Treiben – und ich bin wieder ein bißchen zu Hause, kannte Winkel und Warteräume, wußte davon zu erzählen und ich erzählte es Harry Brown, der soeben aus dem Flugzeug gestiegen war. Mit einer markanten, kreischenden Stimme empfing ihn eine junge Frau, die plärrend zum nächsten Ausgang deutete und wild in ihr Sprechfunkgerät gestikulierte. Harry Brown befand sich in der Mitte einer Ansammlung türkischer Geschäftsleute, die auf Geschäftsreise in Teheran gewesen sein mußte. Er war der einzige Amerikaner in dem Flugzeug gewesen. Klack, klack. Mit diesem Stempel war er in die Türkei eingereist, war zu Gast im Land Kemal Atatürks, zu Gast an der Metropole am Bosporus, war wieder in dem Land, das er schon viele Male zuvor besucht hatte. Die Sonne begann sich zu senken, als er den Flughafen verließ. Und es ist kein Zufall, daß genau in dem Moment, da er vor die riesige Ankunftshalle trat, ein Flugzeug der Cyprus Turkish Airlines über den Himmel donnerte, Zypern entgegen. Ich lasse Harry Brown nach oben blicken. Doch er würde dieses Zypern so schnell nicht besuchen, denn er durfte nicht unter dem Baum des Müßiggangs sitzen. Denn der Brief, den er dort an die Redaktion in New York geschrieben hätte, wäre die letzte Arbeit gewesen, die er verrichtet hätte. „Und die Sage ist wahr, daß wer einmal unter diesem Baum gesessen hat, nicht mehr fähig ist, richtig zu arbeiten. Darum liebe Kollegen...“ Aus dem Autoradio des Taxifahrers klingen türkische Laute, wild überholt der Fahrer auf der Autobahn in die Innenstadt. Sein Hotel lag unweit des Stadtteils Sultan-Ahmet. Wo sonst konnte es gelegen haben, wenn nicht nahe der Hagia Sophia und der blauen Sultan-Ahmet Moschee, da wo Istanbul am herrlichsten war, in den Gärten der beiden Moscheen (, die auch für Terroristen die beste Möglichkeit waren, Bombenanschläge zu inszenieren, leider.) Und hatte nicht der Held aus dem deutsch-türkischen Roman, den ich neulich gelesen habe, auch in Sultanahmet gewohnt? In einem Studentenhotel. Und war das nicht das Studentenhotel, das ich selbst gut kannte? An die Wände geschmiert: Galatasaray, Besiktas, Fenerbahce. Türkische Fußballkultur. Und wenn er nur fest genug roch, würde er den Geruch des Fischs wahrnehmen, denn das Meer lag neben der Straße. Wenn Harry Brown nichts zu tun hätte, würde ich ihn ein paar Tage in Sultan-Ahmet Urlaub machen lassen, damit er nach all den Jahren, in denen er nicht in Istanbul gewesen ist, wiederentdecken konnte, was beinahe aus seinem Gedächnis verbannt wurde. Im Hotel angekommen packte er seinen Koffer aus, riß das Fenster auf und ließ sich auf das Bett fallen – wie das die Figur in dem einen Roman auch gemacht hatte. Von draußen drang türkische Musik in sein Zimmer. Und es mußte das *Merhaba Dünya* gewesen sein, das er da hörte. Vielleicht auch ein paar der Lieder, die die kleine Gül auf ihrem Stein sang. Nebenbei auch das *If it makes you happy* aus der englischen Botschaft. Er rief in New York an, wollte genaue Anweisungen, bat um Adresse und Name des zu interviewenden Polizeichefs. Doch zu Harrys Erstaunen, bat ihn der Chefredakteur noch einige Tage zu warten, bis er mit der Reportage beginnen sollte, denn man habe Laura Smith – im übrigen Photographin für die gleiche Zeitung – nach Istanbul geschickt. „Ist Dir doch recht, Harry?" fragte der Chef ironisch nach. (Der Unterton verriet alles.) Der Polizeidirektor befindet sich zur selben Zeit in Ankara, so daß Harry zu warten hatte, bis er mit der Arbeit beginnen konnte. So konnte ich ihn doch noch in den ersten Tagen durch die Bazare schicken, konnte ihn also doch noch Sultan-Ahmet wiederentdecken lassen. Am nächsten Morgen fuhr er mit dem Taxi zum Flughafen, um Laura abzuholen. Sie hatten sich recht lange nicht gesehen... Mittags waren sie im Restaurant ihres Hotels essen. Der Garten lag ein paar Schritte unterhalb des Trottoirs in einem tiefen Grün. Ein Brunnen plätscherte friedlich, und die Demonstranten, die in einer entfernten Seitengasse für mehr Rechte der Arbeiter kämpften, wären kaum aufgefallen, hätte Harry Brown nicht ein Gespür für derartige Ereignisse gehabt – aber heute fühlte er sich von den monotonen Parolen nicht angezogen. Der Kellner, etwa Mitte vierzig, schlank, graues Haar, schaffte Salat, kalte und warme Vorspeisen heran, tischte Hühnchen und Lammkoteletts auf, ehe er nach dem Essen frisches Obst und türkischen Kaffee servierte. Und dann saßen Harry und Laura auf der Terrasse ihres Zimmers und blickten auf die Häuser gegenüber. Es waren alte Patrizierhäuser, neu hergerichtet und vermietet an reiche Türken.

Die Nachmittagshitze war erträglich und der Abend versprach die ersehnte Kühle. Florian war noch immer krank, und sein Kranksein gefährdete mein Mitkommen nach Santorin. Freitag um fünf Uhr nachmittags geht unsere Maschine zurück nach München. Dann würde ich nicht mehr auf einem engen Sitz hocken und krampfhaft überlegen, was ich schreiben wollte. Ich würde nicht mehr versuchen, Sandra eine Brille weit vorne auf die Nase zu setzen, um sie so zur alternativen Studienrätin zu machen. Ich würde es nicht mehr wagen, einen Gedanken daran zu verschwenden, wie Barbara in die Rolle der Rentnerin passen könnte – oder Sanne in die der Stewardeß, denn schließlich hatte ich jetzt meine Figur und ihr Drumherum, ich hatte Harry Brown, der in diesem Moment mit seiner Freundin Laura Smith auf der Terrasse seines Hotelzimmers sitzen würde und so Istanbul betrachtete. Ich werde mir auch nicht mehr über Belgrad Gedanken machen, wie ich die Zeit zwischen Kreta und Singapore mit einer Geschichte füllen würde, denn Harry würde sich schon etwas einfallen lassen. Harry und Laura würden im Jemen, auf dem Weg von Aden nach Sanaa oder umgekehrt, entführt werden, er würde in Afghanistan eine Reportage schreiben – unter lebensgefährlichen Umständen – und würde zusammen mit Laura in der Nähe von Batman die kleine Gül treffen, weil ich ihn nicht nach Zypern kommen lassen konnte. (Wie gut, daß all das schon feststand.) Aus meinem kleinen Kassettenspieler dröhnt es wieder und wieder: *Merhaba Dünya,* Erde sei gegrüßt. In Iskele mußte jetzt die Sonne mit gleicher Gewalt vom Himmel brennen und den Vätern der kleinen Güls das Arbeiten schwer machen. An den Stränden rings um die Küstenstadt Girne würden sich ein paar Urlauber in der Sonne aalen. Deutsche, Briten, Österreicher, Türken. Nicht viele, ein paar, die in den Ferienanlagen rund um Karaoglanoglu und Lapta wohnen. Für das „Landungsmuseum" in der Bucht von Karaoglanoglu würde sich niemand interessieren, denn wer bestaunt schon gerne alte, ausgediente Panzer? Der Museumswärter steht also wohl alleine vor dem Haufen Blech, das im Krieg 1974 Dienst getan hatte. Und Harry würde eines Tages, wenn er alt genug geworden war, wenn er Weihnachten in Singapore und das andere Mal in der New Yorker Redaktion gefeiert hatte, nach Bellapais fahren, sich dort ins Dorfkaffeehaus setzen und die Geschichte vom Baum des Müßiggangs hören. Dann würde er dort sitzen und lange den Baum betrachten, würde genüßlich an seinem türkischen Kaffee schlürfen, vielleicht etwas melancholisch auf das blaue Meer hinausschauen, in der Hoffnung, am fernen Horizont die türkische Südküste und das Taurusgebirge aufblitzen zu sehen. Dann würde er öfter nach Bellapais fahren, Tag für Tag. Und eines Tages würde er den Brief an die New Yorker Redaktion schreiben. „Und die Sage ist wahr, daß wer einmal unter diesem Baum gesessen hat, nicht mehr fähig ist, richtig zu arbeiten. Darum liebe Kollegen..." Zur gleichen

Zeit würde ich in Ercan ankommen, das Flugzeug verlassen und mit einem freudigen *Hos bulduk* das Willkommen der Insel erwidern. Der Wind würde mir die Wärme ins Gesicht blasen und der Kreis würde sich schließen. Dann brauchte ich Harry Brown nicht mehr. Er könnte sich dann erholen und ausruhen, er könnte sein Leben in Bellapais unter dem Baum des Müßiggangs genießen. Noch aber kann ich ihn nicht auf die Insel lassen, noch muß er in Istanbul einen Polizeidirektor interviewen und mir helfen, Südostasien zu entdecken.

Am frühen Abend streifen Harry und Laura durch die Gassen Sultan-Ahmets. Die Straßenhändler laufen auf sie zu. Alman? Deutsch? Nein. Amerikan? Evet, ja. „Cheap carpets!" Immer wieder billige Teppiche, Harry war diese Seite des Reisens nicht mehr gewöhnt, seit er als Journalist andere Pfade erkundete. „Güzel bir kiz", meinte der ältere Herr mit der Lederjacke und zwinkerte Harry zu. „Ein schönes Mädchen." Laura grinste. „Güzel bir kiz mi?", lachte sie. Aber der Händler war trotz des Lachens nicht zufrieden, denn weder das Kompliment, noch das Versprechen, Apfeltee für die beiden als Begrüßung bereitstehen zu haben, lockte Harry Brown und sein „güzel bir kiz" in den Laden – in den Dschungel eines Verkaufsraumes. Kurz verweilten sie vor dem Studentenhotel neben der Hagia Sophia, an einer neu gepflasterten Straße, die steil nach oben führte. Harry dachte daran, daß das genau die Unterkunft gewesen sein mußte, die die Hauptfigur des Romans, den er gerade gelesen hatte, bezogen hatte. Ich ließ Harry Brown auf das Studentenhotel blicken, weil es mir selbst wieder in den Sinn kam, als ich in diesem Roman davon gelesen hatte. Ich war zuvor scheinbar achtlos an diesem Haus vorübergegangen, all die Male, die ich in Istanbul war. Am späten Abend – die Menschen tanzten ausgelassen in Cafés, und amerikanisch-britische Rocksongs verzerrten sich durch türkische Klänge – ließen sich die beiden in einem Café nieder, betrachteten die vielen Männer und Frauen. Harry verglich rasch mit Teheran. Diese Ausgelassenheit, diese Leichtigkeit, jene Unbeschwertheit, die Freiheit. Für ihn war Istanbul wie das Paradies, schließlich hatte er in Teheran oftmals hinter sich geblickt, wer dort ging. Dieses mystische „Allah u akbar" konnte auch finster sein, dachter er sich, als der Kellner die Campari Orange servierte, und Laura auf die Schultern klopfte: „Ein bißchen verträumt, Dein Reporter". (Sie haben sich zuvor eine Weile unterhalten, das Lokal war nicht stark besucht.)

Am nächsten Morgen waren sie früh aufgestanden, hatten auf das Frühstück verzichtet und schlenderten durch die Straßen Sultan-Ahmets. Der Muezzin rief zum ersten Morgengebet und langsam füllten sich die Gassen mit Leben. Die Menschen gingen in ihre Büros und Geschäfte. In der Türkei gibt es so viele Selbständige wie nirgendwo sonst in Europa. Laura und Harry setzten sich eine Weile in die Gärten zwischen den beiden großen Moscheen und ließen das erwachende Leben des frühen Morgens auf sich wirken. Die blaue Moschee war nur im Inneren richtig blau. Von außen war sie zwar ein monumentales Gebäude, doch wirkte das islamische Gotteshaus ein wenig grau und farblos. Die Hagia Sophia, die früher einmal eine Basilika war, und immer noch ein wichtiges Heiligtum der Christen in Istanbul ist, leuchtet rot in der aufgehenden Morgensonne. Die Rosen in den Gärten glänzten, und die Photographin Laura Smith machte ein paar Photos. Ein Junge lief eilig durch die Gartenanlage (man mochte gar nicht glauben, daß an so einem friedlichen Ort schon so mancher Terrorist eine Bombe legte, um das Friedvolle hier zu durchbrechen), sprach laut vor sich hin. „Ach nein, ach nein." Dabei schüttelte er immer wieder den Kopf. Doch sah er trotz des wehmütigen „Ach nein, ach nein" eigentlich ganz fröhlich aus. Ehe beide länger in sein Gesicht sehen konnten, war der kleine Junge schon in dem Vorhof der Moschee verschwunden. Er trug eine schwarze Filzhose, ein kariertes Hemd und brüchige, schwarze Schuhe. Harry hätte sich gerne mit ihm unterhalten.

Die einfachsten Menschen interessierten den Journalisten in ihm immer am meisten – viel mehr als die gestellten Antworten der Politiker konnte er sich an Interviews mit der einfachen Bevölkerung erfreuen. Aber der kleine Junge, der in dieser Geschichte nicht einmal eine Nebenrolle bekommen konnte, so rasch lief er durch die Szenerie, war einfach zu schnell, als daß Harry ihn hätte in ein Gespräch verwickeln können. Aber wegen seines „Ach nein, ach nein", ist er den beiden immerhin aufgefallen, was ihn schon zu einem kleinen Teil dieser Geschichte macht.

Es würde nicht mehr lange dauern, bis die ersten Touristengruppen kämen und die Reiseleiter zu erzählen beginnen. „Bu camii", „diese Moschee". Rasselnd ließ ein Mann die Gitter vor seinem Geschäft gegenüber hochschnellen. Harry fuhr um, als der Lärm einsetzte. „It would be the best time to buy a carpet", „es ist die beste Zeit, sich einen Teppich zu kaufen", lachte der Mann. Warum, wollte Laura Smith wissen. „Day′s first business, day′s best business!", „des Tages erstes Geschäft, des Tages bestes Geschäft." „Çay istiyor musunuz?", „einen Tee gefällig?" fragte er nach. Er war weder einer der öligen Verkäufer, die mit aller Gewalt und durch allerlei Zungenfertigkeit zum Kauf animieren wollten (so wie deutsche Staubsaugervertreter ihre orientalischen Kollegen meist erfolglos nachahmten), noch war er einer der penetranten Kerle, die einem das Zeug auch nach mehrmaligem Ablehnen noch unter die Nase hielten (so wie deutsche Staubsaugervertreter das gelegentlich auch zu tun pflegen.) Er sah ungewöhnlich akademisch aus, trug eine Brille auf der Nase und wischte sich nach getaner Arbeit – das Gitter war nun nach oben geschnellt – den Schweiß von der Stirn. Dann streifte er sich kurz über den Schnauzbart und wiederholte: „Wollt ihr nun einen Tee, oder nicht?" Er war schon etwas älter. Er war noch einer derjenigen, die wußten, daß man das Geschäft erst dann beeinflussen durfte, wenn der Kunde von sich aus Interesse gezeigt hatte. Altes Handelsgesetz aus längst vergangenen Tagen. Sicher durfte man nachhelfen, daß der Kunde Interesse zeigte, aber nicht so aufdringlich, wie das sooft der Fall war. Das Feilschen um den Preis kommt erst dann, wenn der Kunde zeigt, daß er haben will, was ihm angeboten wird, dann aber muß richtig gefeilscht werden. Harry Brown und Laura Smith verließen ihre Bank im Garten zwischen den beiden Moscheen und gingen hinüber in den kleinen Laden des älteren Mannes. „Günayidin", „guten Morgen". Er bat sie, Platz zu nehmen. Und schon streiften Harrys Blicke durch den dunklen Verkaufsraum, der durch das gedämpfte Licht nicht ausreichend erhellt wurde. Alte Orientteppiche, Perser, Berberteppiche aus Nordafrika, Silberschmuck aus den fernen Gebieten Ostanatoliens – alles kein Kitsch für die Touristen. Eine uralte Holztruhe in der Ecke, darauf ein paar Teegläser. Der Mann war im Nebenraum verschwunden. „Ich bin Ahmet Küçük." „Und wer sind Sie?" Das sind Harry Brown und Laura Smith, amerikanischer Journalist und seine Freundin, Photographin. Sie machen zusammen eine Reportage über einen Polizeidirektor, der aber im Moment noch in Ankara ist, und daher verbringen sie diesen Tag in Sultan-Ahmet, ohne festes Ziel. Mit einer kupfernen Teekanne, aus der Ahmet Alaadin hervorzaubern hätte können, kehrte er aus dem Nebenraum zurück, nahm sich die Gläser von der Truhe und füllte sie. Pfefferminztee, kein Apfeltee wie sonst so oft. Der Geruch von frischer Minze durchströmte den ganzen Raum und der pappsüße Tee war ein willkommener Morgengruß. Ahmet wollte etwas über New York erfahren, Harry über Istanbul. Ahmet erzählte von den politischen Wirren der letzten Wochen in der Türkei. Das Militär war mit der Regierung nicht mehr zufrieden. Harry hatte davon freilich gehört, wußte als Orientexperte darüber Bescheid, doch interessierte ihn die Ansicht des türkischen Teppichladenbesitzers, der hier in Sultan-Ahmet einen ganz anderen Horizont haben mußte als er. Doch Ahmet Küçük war nicht der einfache Teppichladenbesitzer. Er hatte vor langer Zeit, wie er selbst sagte, à Paris, Mathematik studiert, sei nach dem Krieg um Zypern wieder nach Istanbul zurückgekehrt und habe seitdem den Laden. „Ich war einer der wenigen, die immer gesagt haben, Griechen sind Griechen und das müssen wir akzeptieren. Wir müssen verstehen, daß sie andere Vorstellungen haben. Nur so können wir verlangen, daß die Griechen auch uns Türken so anerkennen wie wir sind. Innige Freundschaft verlangt doch niemand, aber gegenseitigen Respekt wird man sich doch wohl entgegenbringen können." Er war letztes Jahr mit seinen beiden Söhnen und deren Familien drei Tage in Athen. „Wenn wir nicht wissen, wie es in Griechenland aussieht, dürfen wir uns doch auch nicht über alles beschweren." Und als die Regierung dem Militär zu viele Dinge anordnete, die das laizistische Erbe des Kemalismus in Frage stellte, brachten die Generäle sie zu Fall. „Sicher auch nicht ganz so demokratisch." Ahmet sah die Dinge mit den Augen eines weisen Mannes. „Dreiundsiebzig", antwortete er auf die unhöfliche Frage nach seinem Alter. Für dieses Alter hatte er sich erstaunlich gut gehalten. Solche Romanfiguren müssen sich immer für ihr Alter erstaunlich gut gehalten haben, weil sie schließlich die Hoffnung des Autoren verkörpern sollen, später auch einmal zu denjenigen Personen zu zählen, die sich für ihr Alter erstaunlich gut gehalten haben. Jedenfalls streift sich der alte Teppichhändler wieder durch den Schnauzbart und lacht ein wenig verschmitzt, ehe er seine Darstellung über die türkische Politik fortsetzt. Und Tansu Çiller, meine Güte, was habe er von ihr geschwärmt. Die erste Frau in der Türkei, die es zur Ministerpräsidentin gebracht hatte. Das gab es selbst in Deutschland nicht. Doch wie hatte er sich in ihr getäuscht. Korruption wirft man ihr vor, eine heimliche Verbindung zur türkischen Mafia und um der Macht Willen ging sie das Bündnis mit dem Islamistenführer Necmettin Erbakan ein. Schon länger halte er nicht mehr viel von ihr. Ahmet war aber auch nicht Anhänger der gemäßigten Mutterlandspartei von Mesut Yilmaz, aber „seine" Partei des Sozialisten Deniz Baykal hatte keine Chancen, ganz groß zu werden. „Baykal wäre mit Sicherheit nicht der falsche Mann." Warum man international auf Bülent Ecevit so schimpfte, konnte Ahmet aber ebenfalls nicht verstehen. Sicher, das mit Zypern, aber warum regt man sich darüber nach so vielen Jahren noch so auf? Laura sah Harry auffordernd an. Sie war nicht sehr mit politischen Dingen beschäftigt und doch interessiert. Harry klärte sie also über die politische Lage in der Türkei auf. „Ecevit hat 1974 die türkischen Truppen nach Zypern geschickt. Mehr oder weniger im Alleingang." Ahmet unterbrach ihn. „Nicht im Alleingang. Darauf legen wir sehr viel Wert. Er hatte zuvor mit den Engländern gesprochen, doch die haben sich aus der Verantwortung gestohlen." Dann lachte er und meinte: „Und letztendlich waren wir dann doch alleine dort und sind das bis heute geblieben. Wir stehen mit unserer Position international ziemlich alleine da." Harry lachte. „Ecevit, mein lieber amerikanischer Freund, ist jetzt unter der Regierung Yilmaz wieder Vizepremier und kehrt anläßlich des Jahrestages der türkischen Militäroperation nach Zypern zurück." Laura nickte. Ahmet sprach von radikalisierenden Koranschulen, der neuen Schulpflicht, den Problemen im kurdischen Südosten Anatoliens, den Schwierigkeiten mit Europa und dem Zwischen-den-Stühlen-Sitzen: Die Türkei ist ein islamischer Staat und hat dennoch gute Beziehungen zu Europa. Das Problem aber ist, daß unter der islamistischen Regierung Erbakan die Bedeutung der Religion derart verändert wurde, daß daran viel zerbrechen konnte. Ahmet verfügte über erstaunlichen Weitblick und sah die Innenpolitik seines Landes fast ebenso distanziert wie Harry Brown. Ahmet betrachtete Lauras teuere Kamera, die an der Stuhllehne baumelte. „Und Sie machen wohl die Photos zu den Berichten ihres Mannes." Ja, aber er ist nicht ihr Mann. Ob sie denn nicht auch einmal einen alten Mann in seinem Teppichladen photographieren wolle? Laura grinste und freute sich über das Angebot. So machte sie vier oder fünf Aufnahmen von ihm und versprach, die fertigen Abzüge in den nächsten Tagen vorbeizubringen. Ein nochmaliges Auffüllen ihrer Teegläser lehnten Harry und Laura ab, der süße Tee hatte ihnen schon den Mund verklebt. Aus einer Schachtel in der Truhe fischte Ahmet zwei blaue Glasaugen. Diese kleinen weißen Perlen mit den blauen Tupfen bewahren einen vor dem bösen Blick, und Allah verspricht Schutz, demjenigen, der diese Augen bei sich trägt. Harry kannte diese Glücksbringer und nahm das Geschenk freudig entgegen. Ahmet bedankte sich für die nette Unterhaltung und ließ wissen, daß er sich freuen würde, wenn die beiden nochmal in seinem Teppichladen vorbeischauen würden. Dann stand er auf, etwas behäbig, die dreiundsiebzig Jahre mußten doch an den Kräften gezehrt haben, trug die kupfern glänzende Teekanne, aus der er Alaadin hätte hervorrufen können, in den Nebenraum und blieb dort. Als Harry und Laura wieder auf die Straße traten, war es bereits heiß geworden und unzählige Menschen füllten den Platz zwischen den beiden Moscheen. Harry dachte an Mohammed Mahmud Ali Al Qatar, den Sohn des Botschafters von Qatar, der in seiner Wohnung in Teheran unglücklich allzu viele Gedanken an die junge Catherine verschwenden würde und sich sicherlich noch immer zurück nach London sehnte. Was waren das für Welten Unterschiede zwischen Teheran und Istanbul! Und doch glichen sich die beiden Städte auch irgendwie. Zwischendurch fielen Harry immer wieder die verschleierten Frauen auf, die auch in Istanbul das Bild der Stadt prägten. Vorschrift war das Tragen des Tschadors hier jedoch nicht. Im Gegenteil, der Schleier ist in der Türkei an öffentlichen Stellen verboten, seit Kemal Atatürk Religion und Staat strikt voneinander trennte.

Ich würde am Freitag nach München zurückkehren, ohne Santorin gesehen zu haben, denn Florian muß noch mindestens bis Donnerstag in Agia Pelagia bleiben. Trotz der Mittagshitze wanderte ich durch die grüne Anlage des Capsis Beach Hotels und setzte mich wieder auf die Felsen am Meer. Das war heute nicht tief blau, sondern aufgewühlt und türkis, funkelte silbern und die weiße Gischt krachte an die Felsen. Aber das Meer wütete nicht, es war kein Sturm. Der Wind fegte zwar über das Wasser, doch die Tropfen, die sich wie Regen in der Luft verloren, waren nicht unangenehm. Sie machten die drückende Mittagshitze erträglicher und nahmen der Sonne scheinbar ein wenig ihrer Kraft. Ein kleiner Junge stieg trotz des Wellengangs ins Wasser und kehrte nach ein paar Minuten wieder zurück. Er hatte sich das Knie an einem der Felsen blutig geschlagen und schrie nach seiner Mama, doch weit und breit war niemand, der dem kleinen hätte helfen können. Ich fragte kurz nach, ob es denn so schlimm sei. Weinend lief er davon. Ich hatte das Kind wohl verschreckt.

Der Wind pfiff um die Felsen herum, die vor Kreta gelegene Insel Dìa war kaum wahrzunehmen. Obwohl bis Freitag noch ein paar Tage hin waren, begann ein leises Abschiednehmen. Wann ich wieder zurückkommen würde, wußte ich nicht. Aber ich wußte, daß mir das Capsis Beach auch nicht richtig fehlen würde, solange ich nicht hier bin. Ich würde nicht das Verlangen haben, hinzufahren, einfach so, für ein paar Stunden nur. Mit Nordzypern war das anders. Ich war müde und wollte nicht länger darüber nachdenken, zumal ich das schon sooft getan hatte. Ich wollte aufhören, an Zypern zu denken, ehe ich im Halbschlaf auf den kretischen Felsen wieder durch die Gassen Girnes schlenderte und vielleicht in Bellapais Platz nahm – unter dem Baum des Müßiggangs womöglich. Stattdessen fragte ich mich, ob Kreta schon immer das war, was es jetzt ist. Oder besser: Was wäre Kreta ohne die Urlaubermassen? Was wäre der Süden Zyperns ohne die Urlaubermassen? Und was würde aus dem Norden Zyperns mit Urlaubermassen? Der überfüllte Strand von Agia Pelagia projezierte sich auf die Buchten an der zypriotischen Nordküste und mit einem Mal wußte ich, daß es ein Glück war, purer Zufall, daß Girne noch nicht war wie die westkretische Stadt Rethymnon oder der Badeort Chersonissos oder Paphos und Ayia Napa auf Südzypern. Die Stille auf den Felsen wurde nur durch die Brandung gestört, durch das Spritzen des schäumenden Wassers gegen die Felsen und durch das eintönige Klagelied der Zikaden, die mich ständig mahnten, nicht zu vergessen, daß dieses Lied überall rund ums Mittelmeer ihr Lied war.

Der Garten des kleinen *Valley View* Restaurants, wo die Katzen durch die Gräser streifen, sich unter den Tischen niederlassen und bei den Gästen um Abfälle bettelten, dieser Garten war der Garten der zypriotischen Zikaden. Unterhalb dieses Gartens befand sich ein kleines Tal, ein paar Bäume, vielerlei Sträucher. Und auf jedem Baum saßen die Zikaden und pfiffen ihr Lied in den Himmel, der Mittagssonne entgegen. Und ich saß an einem der Tische, roch den Duft des frischen Brotes, wartete auf die vielen Tellerchen, die zur obligaten Vorspeisenpalette gehörten – der Duft von Knoblauch, Zwiebeln, Tomaten, gegrilltem Huhn und Lamm war nicht zu leugnen. Ich unterhielt mich ein wenig mit Kamil, dem kurdischen Kellner, der ein paar Monate jünger war als ich und im Sommer im *Valley View* aushalf. Aus einem Radio im Inneren des flachen Hauses drangen Melodien des zyperntürkischen Senders ‚Radio Bayrak‘. Und mit „Reklam" kündigte sich die Werbung für allerlei nützliche und weniger nützliche Dinge an. Da saß ich an einem der Tische, die im Garten so einladend aussahen, blickte nach gegenüber, wo eine beige Schottergrube ausgehoben war, ein paar Gräser, dahinter thronte der Fünffingerberg. Über die Straße zwischen dem Gartenlokal und der Schottergrube donnerten ein paar Autos. So hörte ich den Zikaden zu und erwartete das duftende Brot, den sahnigen Joghurt und die scharfe Knoblauchpaste mit Zwiebeln und Paprika. Doch Kamil kam nicht aus dem Inneren des Hauses, aus dem ‚Radio Bayrak‘ zu vernehmen war. Stattdessen saßen plötzlich ein paar Franzosen neben mir auf dem Felsen und riefen sich gegenseitig zu: „C´est très pittoresque ici.“, „Schön hier.“ Und aus meinem kleinen Kassettenspieler drang wieder das *Cesarettin var mi aksa*, das mich nach Nordzypern zurücktrug. Aber ich wußte, daß diese Melodie nicht die Melodie der kleinen Gül sein konnte. Sie singt vom einfachen Leben auf dem Land. *Cesarettin var mi* war ein Lied junger Studenten, die auf den beiden Privatuniversitäten von Girne studierten und abends die Straßen der Stadt unsicher machten mit ihren schnittigen Autos. Ich stieg vom Felsen hinauf zu dem Weg, der quer durch das Capsis Beach Hotel führte und durchquerte die ganze Anlage. Ganz im Westen dieses unüberschaubaren Areals hatte sich der Besitzer einen eigenen Zoo einrichten lassen. Da liefen die Schweine durch die Parkanlage, quäkten die Hühner, stolperten die Küken über den Rasen, hoppelten Hasen im Grün umher und ließ ein Esel sich von nichts aus der Ruhe bringen. Selbst Schwäne, ein Pelikan und ein Vogelstrauß waren Bewohner dieses ungewöhnlichen Luxushotels. Wollte der Hoteleigentümer damit den Garten Eden darstellen, eine friedvolles Neben- und Miteinander von Menschen, Tieren und Pflanzen? Man konnte das Gefühl haben. Und nachdem ich all den Glanz wieder verlassen hatte, wollte ich gar nicht mehr über die schäbig staubige Straße in unsere Pension am Dorfrand hinauflaufen. Irgendwann würde ich wieder ins Capsis zurückkehren, dann aber als Gast und nicht als eindringender Zuschauer. Ich würde wieder dazugehören und mir keine Gedanken machen, ob mir der Wärter am Eingang irgendwelche Fragen stellen würde. Das Capsis war der ‚zypriotischste‘ Platz auf ganz Kreta. Und so reiste ich wieder im Kreis umher, drehte mich zwischen Nordzypern, dem Jetzt auf Kreta, dem Dann in Hongkong hin und her, ließ die Straßen des marokkanischen Marrakech aufblitzen, sah das Meer von tausend Buchten aus, betrachtete die endlose Sahara vor mir oder roch den Duft des Meeres an der zypriotischen Südküste bei Larnaka.. Dessen Moschee würde ich so schnell nicht mehr besteigen können. Ich hatte einen Einreisestempel der Türkischen Republik Nordzypern im Paß und war damit unerwünscht im griechischen Süden. Ich hatte mir also bis zum Ablauf des Passes die Türe zugestoßen. Doch ich behielt den Blick vom schönen Minarett der Moschee von Larnaka über die Altstadt in Erinnerung. Die alten türkischen und englischen Häuser, das Gebirge in weiter Ferne. Und wenn der Tag klar war, konnte man die riesige Flagge sehen, die die Türken im Norden in den Felsen gemalt hatten. Ich konnte nie verstehen, daß das, was doch eigentlich ferner lag als der Mond, nur ein paar Kilometer entfernt war. So sah man an der Südküste in der Bucht von Larnaka die Flugzeuge, die im türkischzypriotischen Ercan gestartet waren. Und wenn ich in Nordzypern ankam und das Wetter eine gute Sicht ermöglichte, blickte man im Süden auf die Hafenstadt Larnaka, dessen Moschee ich mir gerade vorstellte. Doch das „Allah u akbar" war seit vielen Jahren verstummt. War es das, was fehlte, Larnaka zu einem Stückchen Orient zu machen.

Noch ein letztes Mal kehrte ich am Tag darauf auf den Felsen zurück und blickte weit hinaus aufs Meer. Es war das letzte Mal, daß ich in diesem Urlaub auf das Meer hinausblicken würde. Noch einmal kehrten die Bilder zurück und brannten sich ein. In ein paar Tagen würde das alles Vergangenheit sein. Ich würde auf Sizilien auf einem Felsen sitzen und auf das Meer hinaus schauen. Harry würde dann (endlich) im Jemen festsitzen, und Laura könnte zusammen mit ihm das erste Abenteuer bestehen. Die kleine Gül aus dem Dorf nahe Iskele oder aus der Ortschaft vor den Toren Batman, je nach Sichtweise eben (mal Zypern, mal die Türkei), würde mich sicher gerne nach Sizilien begleiten.

Die Sonne brannte über den engen Gassen Teherans. Draußen in den Vororten, wo die Häuser der Reichen standen, machte sich der Morgen breit und die Menschen kamen auf die

Straßen. Die Stimme des Muezzins rauschte aus dem Lautsprecher und erinnerte an das Gebet. Es war der erste Tag des Ramadan, und so war alles ein wenig anders, als all die anderen Tage. Mohammed Mahmud Ali Al Qatar hatte nichts gegessen und lief mit knurrendem Magen durch seine Wohnung im Botschaftsviertel der Stadt. Flora verstand nicht, warum sie den ganzen Tag über nichts essen und trinken durfte, schließlich war ihr der Islam irgendwie fremd. Sie wollte zurück nach Luzon. Gegen Mittag machte sich Mohammed Mahmud auf den Weg in die Botschaft, um dort einigen Arbeiten nachzugehen. Zusammen mit seinem Vater wollte er das Bankett der Botschafter Qatars, Bahreins und Kuwaits vorbereiten, das im Laufe des Ramadan stattfinden sollte. Der Vater ließ ihn allerdings wissen, daß dazu nur islamische Botschafter und Konsule geladen würden. „Deine Hoffnung, auch ein englisches Botschafterkind könnte geladen werden, ist unbegründeter als die Erscheinung Deiner längst verstorbenen Mutter!"

Er reichte seinem Sohn einen Brief. Neugierig sah Mohammed Mahmud auf die Briefmarken und den Absender, der in arabischen verfaßt war. „Von einem Freund und Bruder." Türkische Briefmarken, Istanbul, den soundsovielten. Lieber Freund, ich habe meine Arbeit in Istanbul aufgenommen und fühle mich sehr wohl. Die Recherchen machen mir viel Freude, denn der Polizeidirektor, über den ich einen Artikel schreiben soll, ist äußerst aufgeschlossen und sehr freundlich. Heute hat er mich zusammen mit meiner ... dann war ein Wort durchgestrichen worden ... Frau auf seinen Sommersitz außerhalb der Stadt eingeladen. Seine Frau hat uns ausgezeichnet bekocht. Er spricht gerne mit uns über seine Arbeit und das, was er im Laufe der Jahre alles geleistet hat. Ich hoffe, Dir, lieber Freund, geht es gut. Genieße die langen Feste in den Nächten des Ramadan – und ... wieder waren Worte ausgestrichen worden, doch Mohammed Mahmud konnte mit viel Mühe erkennen, was hier versucht wurde, auszulöschen ... grüße Catherine von mir, wenn Du ihr begegnen solltest. Lebe wohl, überbringe meine Grüße an Teheran und schreibe mir auch einmal in meine Redaktion nach New York. Harry Brown.

Die Zeitung wirbelte in der Luft herum, und ich hatte Mühe sie festzuhalten. Dieser Felsen war der denkbar ungeeignetste Platz, Zeitung zu lesen. Ich schlug die vierte Seite auf und fand ein kurzes Portrait des zyperntürkischen Präsidenten Rauf Denktasch. Kaum ist man nicht zu Hause, wo man alles aus erster Hand erfährt, schreiben sich die Journalisten über Zypern die Finger wund. Innerhalb einer Woche waren vier Artikel über Zypern aufgetaucht. Das war normalerweise in etwa die Zahl an Artikeln, die ich in einem Vierteljahr aus der Zeitung ausschnitt, um sie ins Archiv zu geben. Ich las aufmerksam, was der Istanbulkorrespondent der Zeitung über Rauf Denktasch schrieb. Er sei ein eitler Politiker, an dem kein Weg vorbeiführt – zum Leidwesen der einen, zum Wohle der anderen. Damit war ich zufrieden, der Artikel war erfreulicherweise nicht einseitig. Denktasch würde jetzt in seiner Residenz im Norden Nikosias sitzen und den Tagesgeschäften nachgehen. Schon einige Male hatte ich den schwarzen BMW mit dem roten Nummernschild „001" durch die Straßen Girnes fahren sehen. Und einmal habe ich mit ihm zusammen im Flugzeug sehen. Das aber ist schon eine Weile her. Es blies mir die Zeitung aus der Hand und ich mußte mich anstrengen, sie wieder einzufangen, ehe sie in hohem Bogen ins Meer getrieben wäre. Dann hätte sie die schäumende Gischt aufgefangen oder sie wäre vom Wind weit auf das offene Meer hinausgetragen worden. Und wenn eine Zeitung nicht so anfällig wäre, wenn sie mit Wasser in Berührung kommt, hätten Wind und Wasser das kurze Portrait von Rauf Denktasch und die Fußballergebnisse und den Wetterbericht als stumme Zeugen des Tages in die Ferne getragen. So aber stopfte ich das zerknitterte Papier in den Rucksack und machte mich ein letztes Mal auf den Weg durch das Capsis Beach Hotel. Noch einmal spazierte ich an den Hängebauchschweinen im Freiluftzoo vorbei, die zusammen mit den Hühnern, den Enten und Schwänen auf der großen Wiese lagen und von der Mittagssonne bestrahlt wurden.

Harry Brown war am frühen Morgen mit dem Polizeidirektor Ismet Cem in das große Gefängnis gefahren. Dort hatten sie ein paar Besuche gemacht. Dann hatte Harry Fragen gestellt und Ismet hatte gelacht und geantwortet: „Junger Mann, haben Sie nicht bald eine ganze Kassette voll auf ihrem Diktiergerät?" „Ja, schon," antwortete Harry, „aber es gibt noch viele Kassetten mehr." Auf dem Weg zurück in die Innenstadt sprachen sie über Diyarbakir, wo Ismet früher einmal Dienst tat. Draußen wechselten sich freies Land, über Nacht errichtete Gecekondus, Hochhäuser und Stadtrandviertel ab. Dazwischen ein paar neu errichtete Moscheen, die alle silbern oder grau funkelten. Das Meer lag während der ganzen Fahrt auf der linken Seite, so daß Harry, der auf dem Beifahrersitz saß, Mühe hatte, die kleinen Boote auf der Meeresenge zwischen Asien und Europa wahrzunehmen. Er lauschte den Erzählungen Ismets, dessen Geschichten selbst wie Märchen aus tausendundeiner Nacht klangen. „Und deshalb", schloß er, „war meine Frau auch so froh, als wir nach acht harten Jahren nach Istanbul zurückkehren konnten." Am Abend schickte Harry den ersten Teil seiner Reportage per Fax an die Redaktion in New York. Einer seiner Kollegen rief ihn daraufhin an, man habe ein Fax für ihn bekommen, auf dem es nur heiße: „Und scheue Dich nicht, den Namen Mohammed Mahmud Ali Al Qatar, Sohn des Botschafters von Qatar, Abkömmling der Scheichs von Qatar, in den Mund zu nehmen, wenn Du eines Tages in das Land meiner Väter kommst. Man wird Dir freundlich gesinnt sein!" Der Kollege las das Fax vor, und Harry erzählte ihm die Geschichte von dem Botschaftersohn aus Teheran.

Unter mir zog die Küste vorbei. Die Sicht war klar und die Häuser Heraklions lagen unter uns. Rasch aber sah ich nur noch Meer. Sandra, braun gebrannt, staunte über die ärmlichen Häuser da unten. Sanne und Barbara sahen auf der anderen Seite nach unten. In ein paar Stunden werden wir in München ankommen. Im Gepäck habe ich Harry Brown und Laura Smith und die kleine Gül, Mohammed Mahmud Ali Al Qatar und den Polizeidirektor Ismet Cem.

Und bald schon werde ich auf Sizilien sein und Gül setze ich auch dort neben den Stein auf dem lehmigen Feld und lasse sie die Lieder ihrer Heimat singen, um mich zu begleiten, auf dem Weg zwischen Kreta und Singapore, der nur über Nordzypern führen konnte. Und ich wartete auf das frische Brot im Garten des *Valley View* Restaurants und sah Leila am Strand entlanggehen. Fern rauschte arabische Musik und das laute Dröhnen der Sirtaki-Musik wurde vom schrillen Pfeifen der Tempelmusik in Bangkok übertönt. Und als ich wieder aufwachte, hatte mir die Stewardeß auf das Tischchen vor mir ein Tablett mit dem typischen Flugzeugessen gestellt. Ich roch den „Duft" der lapprigen Semmel und begann ein paar Bissen zu essen.

***

Der Flug nach Catania sollte eineindreiviertel Stunden dauern, und ich brauchte nicht einmal nach einer Figur zu suchen, die mich nach Sizilien begleiten sollte, denn Harry Brown, der noch immer in Istanbul war, würde schon darauf erpicht sein, ein (neues) Abenteuer zu bestehen. Und ihm stand die Entführung im Jemen bevor, ohne daß er selbst schon davon gewußt hätte. Nachdem ich zusammen mit zwei von den Sardinien-Urlaubern und Sanne und Sandra zwei Tage in Salzburg gewesen bin, um die jugendliche Freiheit zu genießen, war es an der Zeit gewesen, den Eltern in den Urlaub nachzufliegen, die schon seit einer Woche auf Sizilien waren.

Und der Flughafen der fünfhunderttausend Einwohner zählenden Stadt Catania war das Ärgste, was mir an Flughafen je passiert war. Ja selbst mein heiß geliebter Airport in Ercan auf Nordzypern, so klein er auch war, erschien modern und großzügig verglichen mit diesem. In die Ankunftshalle drängten die Menschen wie Ameisen in ihrem Bau. Vier Maschinen kamen fast zur gleichen Zeit an. Über vierhundert Menschen. Das verkraftet dieser Flughafen nicht. Stuttgart, München, Brüssel, Mailand. Alle standen um die zwei Gepäckbänder, die Italiener drängelten und die Deutschen fluchten. Die Koffer ließen lange auf sich warten, und so recht wollte da bei vielen keine Urlaubsstimmung aufkommen. Ich nahm's relativ gelassen, nur die stickige Hitze im Gebäude machte mir zu schaffen. Als es mir dann doch noch geglückt war, mit samt dem Koffer aus dem schwülen Gebäude zu fliehen, fielen ein paar Regentropfen. Ich dachte mir: „Was für ein Start in den Urlaub, es fängt an zu regnen. – Diese Insel wird aufatmen."

Lady Diana, Prinzessin von Wales, die ehemalige Schwiegertochter der Königin von England, die Geliebte des ägyptischen Multimillionärs Dodi Al-Fayed, die „Prinzessin der Herzen", die „Retterin der Armen", Di ist also tot. Die ganze Welt wirkte etwas gelähmt und auch die kleine Stadt Taormina an der Ostküste Siziliens sprach ausschließlich von dem Autounfall der beliebten Prinzessin. Ihr Begleiter, Sohn des Harrod's-Besitzers, Dody Al-Fayed, er war sofort tot, um ihr Leben kämpften die Ärzte noch ein paar Stunden. Die Bilder der Beerdigung gingen um die ganze Welt. Als ich wenige Stunden vor meiner Abreise mit dem Packen beschäftigt war, sah ich beiläufig die Trauerfeier im Fernsehen. Elf der neunundzwanzig Programme, die wir empfangen konnten, übertrugen synchron dasselbe. Einerseits gab ich dem Glimmer-Girl eine gehörige Mitschuld an ihrem Tod, denn ihr Fahrer hatte wohl mit einskommasiebenfünf Promille den Mercedes durch Paris gejagt und das mit einhundertsechszig Stundenkilometern nicht gerade langsam. Auf der Flucht vor den nervenden Photographen seien sie gewesen, heißt es im Fernsehen. Andererseits war die Anteilnahme der Menschen weltweit doch irgendwie bewegend. Ganz Großbritannien schwieg. Ganz Großbritannien trug schwarz. Und selbst die Queen beugte sich dem Druck der Bevölkerung und ließ am Buckingham Palace die Flagge auf Halbmast wehen. Die Zeitungen waren voll von Di. Di hier, Di da. Daß am Tag vor ihrer Beerdigung auch die Friedensnobelpreisträgerin Mutter Teresa verstorben ist, hatte kaum jemanden sichtlich berührt, denn alle waren hauptsächlich damit beschäftigt, Lady Diana zu würdigen, ihr soziales Engagement zu loben, ihren unermüdlichen Einsatz für die Kinder herauszustreichen, das Königshaus zu kritisieren, die Photographen zu verurteilen und trotzdem Bildzeitung zu lesen. Diese Tage, so traurig sie gewesen sein mögen – vor allem jedoch, weil in Algiers wieder viele Menschen bei einem Massaker getötet wurden, vor allem jedoch, weil der Nahostfriedensprozeß durch ein Attentat in Jerusalem empfindlich gestört war, vor allem jedoch, weil in der Osttürkei dreiundreißig Menschen starben, als zwei Busse aufeinanderprallten – , sie waren auch voller Heuchelei. Ich hatte mehrmals versucht, Sandra und Sanne zu erklären, daß es vielleicht doch wichtiger sei, Lady Dianas Weg fortzusetzen, und um die Landminenopfer zu trauern, die vielen Kinder, die Tag für Tag in den Entwicklungsländern verhungerten, die kleinen Kinder, die in der Ukraine an Leukämie erkrankten, als dieser einen Frau in fast vergötternder Art nachzutrauern.

Meine Eltern hatten neben dem Hoteleingang auf mich gewartet. es war bereits dunkel, und ich hatte von Sizilien nicht viel gesehen. Die Bambushäuschen, die in einem wirren Garten standen, sahen jedoch nicht aus wie eine italienische Hotelanlage sondern muteten vielmehr afrikanisch oder malayisch an. Ich hätte mir diese Art Hotelboungalows auch in Kenia oder am Strand von Langkawi vorstellen können. Das obere Taormina erreicht man mit einer Seilbahn. Enge, verschlungene Gassen, ein paar Häuserecken, sonst aber vermißte ich das

Südländische. Salzburg mutete nicht viel anders an, auch wenn die Straßen dort breiter waren. Zugegeben, die Palmen und das Zirpen der Zikaden waren Anzeichen der mediterranen Umgebung und auch das Plätschern des Wassers unten am Meer, doch irgendwie fehlte das Ausgedörrte, die Weite eines kargen Hinterlandes und die Stille der Nacht. Und schon wieder begann dieser unbeugsame Vergleich. Schon wieder die Straßen Istanbuls, die Weiten der Sahara, schon wieder die Gassen Girnes und schon wieder wußte ich, daß Taormina nicht konkurrieren konnte, es im Gegensatz zu Singapore aber versuchen hätte können.

Italienisch war in meinen Augen keine sonderlich schöne Sprache. Viele liebten es. Viele waren davon begeistert. Ich boykottierte diese Sprache, bevorzugte englisch, auch wenn man mich gelegentlich schief ansah. Englisch war immer noch besser als deutsch, denn würde ich deutsch sprechen, überall in Italien hieße es: „Deutschland! Wir sprechen deutsch!" Ich mochte nicht als Landsmann meiner Landsmänner erkannt werden, so dümmlich es auch war, denn schließlich war nicht jeder Deutscher über einen Kamm zu scheren. (So predigte ich das immer, wenn man es bei uns gegenüber Fremden tat!)

Harry Brown und Laura Smith hatten den Atatürk Flughafen früh morgens verlassen und waren nach Sanaa geflogen. Dort sollte Harry für seine Zeitung ein Dorf in den Bergen besuchen, in dem die traditionellen jemenitischen Krummsäbel hergestellt werden. Das Dorf befand sich in den Bergen zwischen der Hauptstadt Sanaa und dem wirtschaftlichen Zentrum Aden. Danach wollte Harry Urlaub machen. Er wollte ein paar Tage in den Oman fahren, ehe er einen Abstecher nach Qatar machen wollte, um sich die Heimat seines Freundes Mohammed Mahmud anzusehen. Die Maschine der Turkish Airlines steuerte sicher über Istanbul hinweg Richtung Südosten. Laura dachte zurück an den überdachten Bazar, die engen Gassen, die prachtvollen Patrizierhäuser in Sultan-

Ahmet. Sie sah noch einmal die Schiffe den Bosporus passieren, ließ die Männer in den Kaffeehäusern ihren Mokka schlürfen und über Politik reden. Mesut Yilmaz, neuer türkischer Premier. Würde er es besser machen als sein Vogänger Erbakan? Der Kurdenkonflikt. Laura dachte an die verschleierten Frauen. Harry neben ihr hatte ein Buch des türkischen Schriftstellers Yasar Kemal ausgepackt und zu lesen begonnen. Yasar Kemal. Wer war eigentlich Yasar Kemal? Wer war dieser Mann, der 1997 den Friedenspreis des deutschen Buchhandels bekommen hatte? Man nannte ihn ‚Chronist seines Landes'. Yasar Kemal war Türke kurdischer Abstammung. Yasar Kemal war aber scheinbar seinem eigenen Land fremd. Er prangert so manchen Mißstand in der heutigen Türkei offen an. Dafür saß er in Haft. Er ging nach Schweden. Das war nicht seine Heimat. Er kehrte zurück. Es war auch dort nicht mehr seine Heimat. Er rechnete es dem neuen Premier Yilmaz hoch an, daß der ihn besuchte. Yasar Kemal fand sein literarisches Zuhause in der Çukurova-Ebene. Er war der einzige Junge in seinem Dorf, der Lesen und Schreiben gelernt hatte. Dann zog er durch die Dörfer seiner Ebene und sang die alten Lieder (die heute vielleicht nur noch die kleine Gül kennt?), die er überall auf den Feldern aufgeschnappt hatte. 1955 wurde er mit ‚Mehmed, mein Falke' berühmt. Es folgten zwei weitere Romane der Mehmed-Triologie. Yasar Kemal sprach selbst einmal davon, daß er Günter Grass sehr schätze. Das und die große Verbundenheit zu einem Stück Land machten mir den türkischen Schriftsteller, der mein Großvater hätte sein können, so vertraut. ‚Gelbe Hitze' hieß Kemals Erzählband, den Harry Brown auf dem Flug nach Sanaa las, den ich auf dem Flug nach Catania zu lesen beginne. Laura Smith verknipste ein paar Bilder, denn blau glänzte unter dem Flugzeug der Van-See in der Tiefe, sogar verschneite Berge. Das Flugzeug nahm Kurs Richtung Süden und überflog Zypern in gehörigem Abstand. Politische Gründe. Ein türkisches Flugzeug durfte scheinbar den griechischzypriotischen Luftraum nicht überfliegen. Trotzdem: Ein Blick auf die Karpaz-Halbinsel sei Laura Smith vergönnt. Harry blickt kurz auf, sieht nach unten und meint: Eines Tages werden auch wir nach Zypern kommen. Schließlich werde ich ihn am Ende der Zeit zwischen Kreta und Singapore nach Nordzypern schicken. Er wird Laura in die Augen schauen und dann den, für die Redaktion so endgültigen Brief schreiben. Laura holt einen Reiseführer aus dem Handgepäck und beginnt zu lesen: ‚Yemen for Tough', ‚Der Jemen für Hartgesottene.' Stammestradition, Lehmstädte, gellende Hitze, staubige Pisten und natürlich Krummdolche.

Ich hatte gerade ein Interview im *Spiegel* gelesen. Angeblich ging die größte Gefahr für das politische System der Bundesrepublik Deutschland von radikalen Islamisten aus. Sie streben nach einem Gottesstaat nach iranischem Vorbild. Waren diese Menschen in ihrem Gastland den Gastgebern gegenüber intolerant? War es ihre Erziehung? Irgend ein Grund mußte diese Männer dazu bewegen, Gesetze ihrer Gastländer nicht anzuerkennen und sich dagegen aufzulehnen. Sie sahen die Rechte und Pflichten ihrer Religion als die einzig wahren. So sehr ich die Rufe des Muezzins auch liebte, so sehr ich auch die Gastfreundschaft der Muslime schätze, so hoch ich ihre Kultur achte, so wenig wäre ich bereit, meine westlich erworbene Freiheit durch ihre Gottesstaatlichkeit aufs Spiel zu setzen. Der Terror in vielen Ländern ist nicht mit gutem Gewissen anzusehen, denn der Westen hat sicher eine gehörige Mitschuld daran, daß der islamische Fundamentalismus derart aufblühen kann. Ist die Freiheit des Islam Freiheit genug? Das mag sagen, wer das islamische Staatsprinzip lebt und glücklich damit ist. Freiheit ist immer die Freiheit der Andersdenkenden, sagte Rosa Luxemburg und sie hat damit jeden gemeint. Man muß – egal welche Religion auch immer – den anderen ihre Freiräume lassen. Und vor allem muß sich die Religion aus politischen Fragen ganz raushalten. Das gilt für den Islam, gilt aber ebenso vor allem auch für die katholische Kirche in Deutschland, Österreich, Polen, das gilt für die serbisch-orthodoxe Kirche in Serbien und für die griechisch Orthodoxen. Diskussionen über den Papst mied ich, denn ich stand jedem politischen Einfluß der Kirche skeptisch gegenüber. Und zudem: Ein Kirchenoberhaupt, das die Unfehlbarkeit für sich beansprucht, paßt nicht mehr ins Bild des ausgehenden zwanzigsten Jahrhunderts. Im Islam ist das nicht viel anders, nur daß der Kampf um Macht dort mit Blutvergießen besiegelt wird und nicht mit dem moralischen Appell, auf Empfängnisverhütung zu verzichten, endet.

Die Küste war in Wolken gehüllt und ein paar Regentropfen fielen vom bedeckten Himmel. Sizilien machte seinem Ruf, eine Sonneninsel zu sein, keine Ehre. Der Doppelstockbus quälte sich durch die engen Gassen des unteren Taormina. Links und rechts der Straße waren die engen Häuser, wackelig in die Höhe gebaut. Hupend und wirr schlängelten sich die Mofas durch die Straßen, überholten den Bus links und rechts. Unsere Fähre verließ den Hafen bei Messina um neun Uhr. Es herrschte geschäftiges Treiben und wildes Hupen. Die Autos hatten Mühe, sich durch die Menschenmengen zu drängen, die am Eingang der großen Fähre standen. Einzig das Frachtschiff, das unter nigerianischer Flagge fuhr, ließ Fernweh und Exotik aufkommen. Sonst war hier alles eher wie aus der Werbung: typisch europäisch-italienisch. Die liparischen Inseln, Stromboli davon die bekannteste, lagen etwa zwei Fährstunden entfernt. Auf Lipari, der Hauptinsel, zehntausend Einwohner, in einer halben Stunde umrundet, gab es nicht viel zu sehen, außer einem fernen Felsen, der aus dem Meer ragte und aussah wie die „Kappe" vom Papst, wie die Reiseleiterin sowohl auf deutsch, als auch auf englisch und italienisch erklärte. Das erinnerte mich wieder an die islamisch-katholischen Gedanken, die ich ein paar Stunden zuvor im Bus hatte.

Eine weitaus kleinere Fähre brachte unsere Reisegruppe – es war eine dieser deutsch-deutschen Reisegruppen, die man daran erkennt, daß die Männer kurze Hosen tragen, die aussehen, als wären es lange, die man unauffällig vor dem Urlaub gekürzt hatte, dazu Sandalen und Socken; man erkannte sie daran, daß sie Photokameras um den Bauch baumeln lassen (lassen Japaner auch, die haben aber selten Bierbäuche!); man erkannte sie daran, daß die Frauen weite Blusen trugen, man aber ihre weißen, aufgequollenen Beine sehen mußten; man bemerkte sie von weitem, wenn sie laut lachend durch die Straßen zogen, dem Reiseleiter hinterher, der den Regenschirm als Zeichen der Gruppenidentität in die Luft reckte – nach Vulcano. Den ganzen Nachmittag zur freien Verfügung. Ich merkte rasch, daß es von Vorteil gewesen wäre, nicht mehr mit den Eltern zu urlauben. Das merkte man spätestens immer dann, wenn man es doch wieder tat. Manches Mal erinnerten sie mich dann doch an die deutschen Reisegrüppler, wie sie so unbeholfen der Dame hinterherliefen, auf der Suche nach einem Restaurant, wo es Kaffee und Kuchen oder etwas „leckeres" zu essen gibt. Vulcano bot außer Hitze auch Schlamm, Heilschlamm und Schwefel. Es stank, so daß mir auch das Essen vermiest wurde. Es stank nach dem gelben Schwefel, der aus den Ritzen der Steine drang. Aber es waren keine richtigen Schwefelquellen, die sich gelb und glänzend über viele Meter erstreckten. Die gab es zum Beispiel in Indonesien. Ich fragte mich, ob die Bewohner dieser Insel den Gestank überhaupt noch wahrnahmen, vermutete aber, daß dies nicht der Fall sein konnte, denn sonst würde man es hier nicht lange aushalten.

Viele aus der Reisegruppe sprangen in den Schlamm als würde er eine Wirkung besitzen, die dem eines mystischen Jungbrunnens glich. Wie Nilpferde in Afrika und die Hängebauchschweine im Capsis Beach Hotel auf Kreta suhlten sie sich im Schlamm, in der Hoffnung, danach vielleicht ein paar Falten weniger zu haben, ein wenig länger vom Rheuma in Ruhe gelassen zu werden. Doch der Spuk war rasch vorbei, die

Fähre verließ Vulcano um vier Uhr nachmittags. Zwei Stunden später waren wir wieder in Messina. Prächtiges Sizilien. Ohne viel Reiz in meinen Augen. Ohne, daß eine Freude am Fremden und Zuentdeckenden aufkommen wollte. (Ohne daß Erinnerungen an Nordzypern geweckt wurden.) Hier wollte ich Harry nicht herführen. Er würde sich wahrscheinlich nur langweilen (wenn er nicht in Palermo auf der Jagd nach Mafiosi war). Er säße in den Bambushütten, die ich mir eben eher am Strand von Langkawi vorstellen konnte. Die Freundlichkeit der Italiener war – im Gegensatz zu den Griechen – nicht recht groß. Aber warum erwarten wir Deutsche immer Gastfreundschaft? Wir selbst sind doch in allen Bereichen eine Art Paradebeispiel der Ungastlichkeit. Ich hätte mich ärgern können, daß ich mich so hochnäsig über andere hatte auslassen können, ohne an die eigenen Landsleute zu Hause zu denken, die Ausländer in Bussen überfielen, die Menschen in Abschiebehaft steckten und sich trotzdem guten Gewissens christlich nennen. Aber wer weiß, wahrscheinlich war ich ein weitaus unangenehmerer Zeitgenosse als diese Leute, die von Fremden den absoluten Willen zur Integration verlangen, ohne selbst ein ehrliches Integrationsangebot zu machen.

Ich sah mir die Photos an, die Michael auf der Party gemacht hatte, die ich anläßlich des Erscheinen meines ersten Romans gab. (Wer hätte im Juli gedacht, daß es Ende August dann doch noch nicht auf dem Markt sein sollte und ich mich bis zur Frankfurter Buchmesse gedulden mußte?) Sanne war außerordentlich photogen – vor allem, seit sie ihre Frisur gewechselt hatte. Draußen klatschten die Wellen an die Kiesel und die Sonne brannte heiß vom Himmel herab. Nur eine halbe Flugstunde entfernt, die tunesische Küste. (Ein tunesischer Asteriologe hatte angeblich den Tod von Lady Diana schon im Dezember vorausgesagt, ob man das nun glauben wollte oder nicht.) Dort drüben ist Wüste, dachte ich mir, als ich auf das Meer hinausstarrte. Dort drüben gibt es Dromedare und rufende Muezzine. Donnernd öffnete sich die Luke der Fähre, die Autos hupten, die Menschen drängelten. Und Gül saß schwitzend auf dem staubigen Boden neben dem Stein, sang ihre türkischen Lieder und träumte vom Ende der Ferien. Wer sollte sie befreien? Wann sollte ich sie befreien?

Ich hatte ein paar Tage nicht geschrieben. Das merkte man. Fast hatte ich vergessen, daß da noch ein kleines Mädchen war, das mal Gül, mal Leila war, das da immerzu auf dem Feld neben einem Stein kauern mußte und Ziegen hütete. Es war nicht länger möglich, diese kleine Gül, diese gedankliche Seifenblase, noch länger dort sitzen zu lassen, um Ziegen zu hüten. Sie durfte nicht länger nach dem Unterschied zwischen Nordzypern und Batman forschen, war es doch in Wahrheit nur mein verzweifeltes Suchen nach genau diesem Unterschied, den es gab, den es nirgends gibt. Auch Harry: Harry hetzte durch die arabische Welt, weil ich ihn ausnützte und dort hinschickte. Wenn ich sage, Harry wird im Jemen entführt, klingelt in Sultan-Ahmet in seinem Hotelzimmer das Telephon und er wird von seiner Redaktion aus nach Sanaa geschickt. Das ist wie bei Grass, der in seinen „Kopfgeburten" seine Dörte, seinen Harms auch da und dort hinschickt. Es macht Freude, als Schriftsteller die Möglichkeit zu haben, Dinge zerplatzen zu lassen, die es gar nicht gibt, schöne Mädchen aus dem Meer aufsteigen zu lassen, die in Wahrheit an einem ganz anderen Ort der Erde saßen. Irgendeiner dieser Schriftsteller hat einmal gemeint, es gäbe keinen glücklichen Schriftsteller, der nicht auch politisch denken würde. Das kann ich irgendwie bestätigen. Es ist die Kombination aus Lust am Reisen und Verstehen von außenpolitischen Handlungsweisen, die mich Harry durch die Welt schicken lassen. Karl May war nie dort gewesen, wovon er schrieb. Glücklich der, der sehen und erleben kann, was er beschreibt. Das ist leichter und sicherer. Die dröhnende Eisenbahn direkt hinter meinem Bambushäuschen macht mich ganz unruhig. Ich wollte meine Sachen packen und auf den Felsen im Capsis Beach Hotel gehen, mich hinsetzen, der Brandung zuhören und die Gedanken einfach nur durch die Welt streifen lassen. Doch obgleich die Felsen nur zwei Wochen entfernt lagen, ich war auf Sizilien! Das war etwas ganz anderes. Nur die Zikaden sangen – überall – ihre gleichen Klagelieder. (Das schrieb ich wohl schon.)

Die Boeing setzte sanft auf der Landebahn auf. Der Jemen empfing Harry und Laura mit sengender Hitze. Es wehte ein heißer Südwind, und die Sicht wurde durch aufgewirbelten Staub getrübt. Das Ankunftsgebäude war nicht sonderlich groß. Es dauerte drei Stunden, bis Harry und Laura den Zoll passiert hatten und mit samt ihrem Gepäck vor dem Gebäude standen. Viele Taxis warteten auf die Ankommenden, um sie in die Innenstadt von Sanaa zu bringen. Sanaa war zweigeteilt: das moderne Sanaa und das traditionelle. Das traditionelle Sanaa befindet sich auf der Unesco-Liste des zu schützenden Kulturerbes. Die alten Lehmhäuser jedoch waren nur allzu oft dem Verfall ausgesetzt und sich selbst überlassen. Viele Familien zogen es vor, in den Neubausiedlungen eine Mietwohnung zu beziehen. Nur mehr wenige Männer beherrschten noch das Handwerk des Lehmziegeltrocknens.

Laura Smith war zum ersten Mal im Jemen. Sie kannte die Karibik, hatte Harry nach Istanbul begleitet, war mit den Großstädten Europas vertraut, Berlin, Paris, Wien, Prag, München. Moskau erschien ihr in einem Dornröschenschlaf. Tokio war ein Technikparadies der Zukunft, beängstigend groß. Und was wird sie zu Singapore und Hongkong sagen? Doch der Jemen machte ihr im ersten Moment Angst. Harry lachte darüber, stellte aber selbst einen großen Unterschied zu Persien fest. Trotz des religiösen Lebens dort, war man weniger traditionell und technisch versierter als im Jemen. Im Iran verfolgte man eigene, vielleicht neo-islamische Ideen, während im Jemen die traditionellen Auffassungen von Moral und Anstand das Bild prägten. Die Männer trugen den Krummdolch wie eh und je. Für den New Yorker Journalisten und seine Bostoner Freundin, die Photographin, mochte das alles wie auf einem Maskenball wirken, doch das Tragen der weiten traditionellen Kleider war Zeichen des Stolzes dieser Männer. Stammeszugehörigkeit und Rang wurden durch Symbole wie den Krummdolch dargestellt.

Harry und Laura fuhren in den modernen Teil der Stadt, denn dort fand man die besseren Hotels. Und Harry mußte zudem dringend telephonieren, der Redaktion von der glücklichen Ankunft berichten und Informationen über das Dorf einholen, über das er schreiben sollte. In der Stadt herrschte geschäftiges Treiben. Männer schrien laut durcheinander. Es roch nach den Düften des Orients, und die Frauen waren verschleiert wie im Iran. Nur waren ihre Tücher nicht unbedingt immer aus schwarzem Stoff gefertigt. Manche trugen wertvolle beigefarbene Schleier und seidene Gewänder. Harry erinnerte das an Reisen nach Marokko und Tunesien, wo die Frauen oft solche bunten Seidenschleier trugen. Dort waren es die Schleier der Berberinnen. Im Jemen gibt es keine Berber. Der Taxifahrer drehte die Musik leiser. Sie krachte fern im Hintergrund vieler Gedanken. Draußen waren Schriftbänder an den Wänden aufgehängt. Zwischen einem „Allah u akbar" und den Wahlkampfparolen des Präsidentschaftskanidaten, Werbung. Harry wollte nicht fragen, wen der Taxifahrer wählen werde. Er erzählte Laura von der einzigen Anwaltskanzlei auf der gesamten arabischen Halbinsel, die von Frauen geführt wird. Er sprach von den Problemen und Schwierigkeiten dieser Frauen. Und Laura ergänzte durch eine Frage: Sitzen im jemenitischen Parlament nicht auch einige Frauen? Der Taxifahrer sah Harry mürrisch an. „American?" wollte er wissen. Er verstand recht gut englisch, und rückte sogleich das westliche Bild von den geplagten Rechtsanwältinnen gerade, denn als arabischer Mann konnte er die Sichtweise des Amerikaners, der zudem noch ein Schreiber für eine Zeitung war (wie er den Gesprächen im hinteren Teil des Autos hatte entnehmen können), nicht akzeptieren. Harry nickte, sah nach draußen, nahm die schönen Lehmhäuser war. (Noch am selben Tag war er in Istanbul gewesen – Reiseunglaube.) Istanbul und Sanaa waren nur schwer zu vergleichen, auch wenn Istanbul bereits der Anfang des Orients war. Aber alles Orientalische wirkte am Bosporus so aufgeräumt und europäisch, daß man wahrlich nirgends fürchten mußte, einen Kulturschock zu erleiden. Der Jemen war fremder, orientalischer. Laura klammerte sich ein wenig an das, was heimatliche Sicherheit zu bieten schien. So war sie durchaus froh, daß es in ihrem Hotel Coca Cola gab. Anfängergehabe? Reisen kann man lernen, sogar das Loslassen von allem Gewohnten und Vertrauten. Leben, das einfache und bloße Leben ist überall auf der Welt dasselbe. Herzschlag bleibt Herzschlag, Liebe Liebe und Hunger wird überall Hunger sein. Wer das erkennt, kann von der Gewohnheit Abschied nehmen und sich überall zu Hause fühlen, Weltenbummler werden und auf Coca Cola als Sicherheit verzichten.

Dunst und Wolken vermengten sich mit dem heißen Wasserdampf. Gelegentlich schossen Gesteinsbrocken meterhoch in die Höhe, um dann tosend auf die anderen Steine niederzugehen. Die Landschaft auf dreitausend Metern über See wirkte unwirklich und war nicht gerade einladend. Der Ätna. Ein Vulkan – und der erste mehr oder weniger aktive, den ich sah. Die ausgetrocknete Lava bedeckte viele Kilometer weit das Land. Braun war das Land. Braunes Land. Mit stinkenden Allradbussen brachte man die Touristen auf die höchste Ebene, etwa auf zweitausendachthundertfünfzig Meter. Die restlichen hundertfünfzig Höhenmeter mußten wir zu Fuß zurücklegen. Und wäre ich mir nicht ganz sicher gewesen, daß ich mich auf Sizilien befand, am Fuße des Kraters dieses überall bekannten

Vulkans: Ätna, ich hätte glauben wollen, ich wäre in Lateinamerika gewesen. Weit über der Vegetationsgrenze dröhnten
hier Busse, die auch durch die Anden hätten dröhnen können.
Die dichte Wolkendecke, die Stimmung – alles deutete irgendwie auf Chile oder Bolivien hin, doch ohne Zweifel, es
war Italien. Und spätestens als der Italiener neben mir in sein
tragbares Telephon plärrte: „Pronto", wußte ich, daß ich sicher
in Italien war. 1983 verzeichnete man den letzten großen Aus-
bruch des Ätnas. Aber eine neuerliche – wer weiß wie große –
Erruption kündigte sich bereits an. In den vergangenen zwei
Monaten, erklärte unser Bergführer, sei heiße Magma ein paar
hundert Meter in die Tiefe gelaufen.

Auf dem Rückweg nach Taormina schlief ich. Und im
Halbschlaf vermengten sich die Bilder der draußen vorbeizie-
henden Landschaft mit den Häuserfassaden des Hafens von
Girne. Ich saß auf einmal in einem der Kaffeehäuser dort. Die
Menschen sprachen wieder türkisch (, konnte ich das Italienische doch nun einmal nicht so gut leiden.) Ich schlürfte einen
arabischen Mokka und sah auf das Meer hinaus. Der Fischer
Boote lagen in der Hafenmole vor Anker. Ein Mann schrie laut
einem anderen. Über den Mauern der Hafenfestung schwebten
ein paar Möwen. Die paar Menschen, die um diese Zeit am
Hafen entlang kamen, hatten es nicht eilig. Ein Junge radelte
vorbei. Er umkreiste den Hafen bereits das dritte Mal (als warte
er auf seine Angebete, die nicht kommen wollte.) Ich wandte
mich dem anderen Ende des Hafenrunds zu und erkannte eine
Gestalt. Sie war vertraut und dennoch war ich mir nicht sicher,
ob ich nun irrte oder nicht. Sie winkte von der Festung herab.
Ich sah ihr Gesicht in der nahen Ferne. Ein freundliches Lächeln blieb kalt. Ihr langes Haar bewegte sich sanft im Wind.
Die blauen Augen durchschnitten die ohnehin klare Luft mit
wildem Funkeln und doch so teilnahmslos. Und als sie den
Weg herunterkam, wollte ich aufspringen und sie fröhlich
begrüßen. Doch anstatt Leilas blaue Augen sehen zu können,

rief der Reiseleiter durch den Bus: „Wir halten jetzt am Busbahnhof von Taormina." Ich war eingeschlafen. Und ich ärgerte mich, daß ich nicht wenigstens zuende träumen durfte. Es war immer wieder derselbe Traum, der mich verfolgte. Ein Traum, endlich einmal mit Leila am Hafen von Girne zu sitzen, mit ihr die Stille des Abends in Bellapais zu genießen. Und doch wollte dieser Traum nicht Wahrheit werden, sooft ich ihn auch träumte. Immer riß mich etwas zurück in die Realität. War es die Tatsache, daß Leila eine geschaffene Figur war, war es der Wecker oder der Reiseleiter. „Wir halten jetzt am Busbahnhof von Taormina."

Bereits am nächsten Morgen hatten Harry und Laura die Hauptstadt des Jemen wieder verlassen. So gerne sie sich die alten Lehmhäuser Sanaas auch noch angesehen hätten, ihr Fahrer wartete um halb acht vor der Halle des Hotels. Die Fahrt sollte über das Hügelland und die Berge in den Süden führen. Die wüstenhafte Landschaft sollte am Ende dieser Fahrt dem Anblick des Meeres weichen. Aden war die größte Küstenstadt des Jemen und zugleich das wirtschaftliche Zentrum des Landes. Aden war die moderne Metropole dieses Märchenlandes aus tausendundeiner Nacht. Der Jeep raste über die Sandpisten hinweg. Donnernd klang arabische Musik aus dem verstaubten Autoradio. Mühsam verständigten sich Fahrer und Harry. Er erzählte von seinem Freund Mohammed Mahmud Ali Al Qatar. Der Fahrer sprach von seinen Söhnen, von denen einer in Sanaa studierte. Auf halber Strecke schlug Harry vor, die breite Piste zu verlassen und die intressanteren Nebenpisten, die auf der Karte verzeichnet waren, einzuschlagen. Zwar hatte der Fahrer Einwände, Räuberbanden hatten in letzter Zeit diese Gegend des Jemen unsicher gemacht, doch wolle er dem Wunsch seines amerikanischen Gastes entsprechen, verließ die breite Piste – und von da an zog der Wagen eine meterhohe Staubwolke hinter sich her. Am späten Nachmittag machten sie Halt und schlugen in der Wüste ihre Zelte auf. Ihr „Quartier" war das bißchen Schatten, welches es ein verdorrter Strauch spendete. Wasser gab es weit und breit nicht. Aber schon am nächsten Tag würden sie gegen Abend Aden erreichen, so daß die Kanister, die auf der Ladefläche des Jeeps waren, allemal ausreichen würden. Gekonnt entfachte der Fahrer ein kleines Feuer. Die Zweige dafür hatte er im Auto gehabt. Er wäre nicht auf die Idee gekommen, den schattenspendenden Busch seiner wenigen Zweige zu berauben, das verstand sich von selbst für die Menschen in der Wüste. Auf solche Gedanken wären nur Harry und wir gekommen.

Draußen war es unerträglich heiß – und die Regenwolken der vergangenen Tage schienen eine unwirkliche Erscheinung gewesen zu sein. Die hundertundnochwas Stufen hinauf zur Hauptstraße waren lang und es kam mir wie die halbe Ewigkeit vor, sie zu erklimmen. Taormina.

Einhundertfünfzigtausend Jugendliche waren in Deutschland ohne Lehrstelle – die Hauptschlagzeile in der *Süddeutschen Zeitung*, die an einem Kiosk hing. War so etwas nicht sozialer Sprengstoff? Auf Sizilien waren gut fünfundzwanzig Prozent der Menschen ohne Arbeit. Die Arbeitslosenzahl in Deutschland stieg kontinuierlich an. In Sachsen-Anhalt waren es bereits zwanzig Prozent. Und auch in Bayern war die Quote mit siebenkommairgendetwas Prozent eigentlich hoch, auch wenn kein Bundesland weniger Erwerbslose zu beklagen hatte. Ich saß am Strand von Malazzo und dachte über dieses Grundübel unserer Wirtschaft(spolitik) nach. Der ehemalige Bundespräsident Richard von Weizsäcker hatte schon recht, wenn er die Parteien und deren Machtpolitik kritisierte. Nur weil die Deutschen durchschnittlich immer älter wurden, durfte man doch die Jugendpolitik nicht einschränken. Aber richtig: die Alten geben ihre Stimme ab – und daher sind die wahlberechtigten Alten wichtiger als die zum Teil nicht wahlberechtigten Jugendlichen. Und wenn die freie Wirtschaft sich beklagt, daß die Betriebe eben nicht ausbilden können, weil das so viel koste – und man wolle schließlich keine Arbeitsplätze gefährden – ließ man sie gewähren. Die hundertfünfzigtausend Jugendlichen ohne Lehrstelle sitzen jetzt auf der Straße, wissen nicht wohin mit ihrer Zeit. Sozialer Sprengstoff, durchdacht am Strand von Malazzo.

Ich selbst war zu wohlhabend, als daß ich dieses Sozialgefälle mit Neid auffassen würde, ich sah es aus den kühlen Augen eines Nichtbetroffenen, der versucht, zu verstehen, wie man sich fühlt, wenn man in so einer Situation ist.

Gestern noch die Bucht des Capsis Beach Hotels in Agia Pelagia, heute Taormina auf Sizilien, morgen die Buchten Lanzarotes, in ein paar Monaten die Flaniermeilen Singapores und in weiter Ferne die zweite Heimat Nordzypern. Wo sollte da Klassenhaß oder so etwas ähnliches aufkommen? Mitgefühl für die sozialen Randgruppen kannte ich freilich, aber ich betrachtete es aus sichtlich scheußlicher Distanz und ruhte mich auf meinem Mitgefühl aus. Was hätte ich auch tun sollen, um anderen zu helfen? Auf das Reisen im Kreis verzichten? Ich begnügte mich mit der Wahrnehmung der Armut – auch in Deutschland – und erkannte glücklich an, nicht dazu gehören zu müssen.

Isola Bella, schöne Insel, heißt das Stückchen Felsen draußen vor der Bucht. Und wenn man die Augen zukniff, konnte man sich vorstellen, gleich hinter der Halbinsel, die nur im Winter, wenn das Meer bewegter ist, eine richtige Insel ist, wäre die Bucht des Capsis Beach Hotels, wo man sich auf die Felsen legen konnte. Doch ich sollte nicht wieder den Fehler machen und vergleichen. Die Menschen nehme ich von diesem Ort, das Essen von jenem, die Wüste Tunesiens, die Küste aus Kreta, die Sprache aus Nordzypern, die Preise aus der Türkei, dies und jenes aus Ägypten, ein paar Erinnerungen aus Marokko, die Nähe zum Heimatort rauben wir Österreich – und schon haben wir das selbstgeschaffene Paradies. Glücklich würde ich dort womöglich niemals. Und man wird es auch nicht, wenn man ständig vergleicht. Und vergleichen kann nur der, der viel gesehen hat. Wer nur sein Zuhause kennt, braucht nicht zu vergleichen. Wer also viel reist ist anfälliger, zu vergleichen, aber er kann auch lernen, es zu unterlassen. (Ich lerne noch.) Ich werde Sizilien nicht ändern, auch wenn mich so manches an dieser Insel stört. Ich muß sie nehmen wie sie ist und das ist gut so. So wie ich auch die Teilung meiner zweiten Heimat Zypern hinnehme. Die kleine Gül kennt nur Iskele. Vielleicht erinnert sie sich durch die Erinnerung ihres Vaters noch an das Dorf bei Batman, wohin sie zurück muß, um eines Tages einen fremden Reporter aus Amerika zu treffen, dessen Freundin ein Photo von ihr macht. Gül kann sich nicht vorstellen, daß es Menschen gibt, die Wehmut in den Augen erkennen lassen, wenn sie Freunde zum Flughafen bringen. Für Gül ist der Flughafen eine unverständliche Einrichtung. Sie würde nicht so ganz verstehen, was man da tut. Daß man fliegt, um andere Städte und Länder einfach so zu entdecken, kann sie sich nicht vorstellen. Ich sitze in meinem Bungalow und philosophiere über mein Reisen. Fernweh. Rastlosigkeit. War ich auf Kreta, wollte ich Sizilien kennenlernen. Bin ich nun auf Sizilien, drängt es mich weiter. Bis am Ende des Jahres die große Fahrt nach Singapore, Bangkok und Hongkong auf dem Programm steht, werde ich noch unzählige Male im Kopf im Kreis gereist sein. Und dann werde ich wohl wieder vergleichen. Mit was? Harry Brown wird bis dahin noch zwei Weihnachten feiern. Eines in der Redaktion, eines auf der Orchard Road. Zusammen mit mir wird er durch die Straßen Singapores schlendern. Und wenn ich dann im Frühjahr nach Nordzypern zurückkehre, dort das *Merhaba Dünya* aus allen Lautsprechern höre, dann wird er mitkommen und seine letzte berufliche Reise tun.

Als der Fahrer am nächsten Morgen erwachte, vernahm er Stimmen vor seinem Zelt. Ein paar Araber, es waren sieben an der Zahl, hatten sich vor dem Wagen und den zwei Zelten niedergelassen. Der Blick streifte umher und das erste, was der Fahrer wahrnahm, waren die vier zerstochenen Reifen seines Wagens. Das nächste, das ihm auffiel, waren die Waffen, die die Männer trugen. Er erkannte blitzschnell die Gefahr und fragte kleinlaut auf arabisch, was sie denn um Allahs Willen von ihm und seinen Begleitern wollten. Er sei doch bloß der Fahrer von Fremden. Und genau das war es: die Fremden wollten sie haben. Und dann wollte man Geld von der Regierung. Er widersetzte sich, sagte, er könne, die beiden nicht einfach so hergeben. Sie seien hilflos. Und dann trat einer der sieben bärtigen Männer hervor und sprach ruhig aber beängstigend bestimmt: „Und mit Dir zusammen sind sie noch hilfloser. Also wecke sie auf. Sage ihnen, was wir wollen und verschwinde." Er jedoch wollte wissen, wohin er denn gehen solle. Das werde man ihm schon noch sagen. Mit dem Gewehr deutete ein anderer auf die Zeltöffnung. Laura Smith weckte Harry. Sie habe Stimmen vernommen. Harry, ruhig und gelassen, wie es ein Journalist, der diese Arbeit tat, sein mußte, entgegnete, der Fahrer werde das Autoradio angestellt haben. Doch in diesem Moment öffnete sich von außen das Zelt. Laura zog sich im Schlafsack zusammen und erschrak, als plötzlich der Lauf eines Gewehres im Zelt aufblitzte. (Wie Harry und Laura genau reagieren sollen, kann ich nicht schreiben, schließlich habe ich nicht miterlebt, wie man reagiert, wenn man in seinem Zelt liegt und die Plane sich langsam öffnet und ein Gewehrlauf sich ins Zelt schiebt.) Beide waren jedenfalls sehr verängstigt. Harry muß etwas abgebrütet sagen: „Hätten wir doch nur nicht auf der Route über die kleinen Pisten bestehen sollen." Draußen brüllt ein anderer: „Von jetzt an nur mehr in arabisch, damit das klar ist! Und wenn Du arabisch nicht verstehst, jagen wir Dir die englischen Silben alle einzeln aus dem Kopf."

In Taormina herrschte abends eine ganz sonderbare

Stimmung. Es war nicht das typische Sizilien – so jedenfalls fühlte ich es. Es war nicht dieses Italien, das ich kannte. Und doch war es auch nicht mitteleuropäisch. In dem Café, in dem vor vielen vielen Jahren Goethe schon gesessen haben soll, spielt ein Mann Walzer. Goethe soll an diesem Ort gewesen sein und ausgerufen haben: „Das ist alles wunderbar." *Café Wunderbar*, daher der Name also. Auch die Preise waren wunderbar – jedenfalls für den Besitzer. Für einen normalen Eisbecher und zwei Campari Orange berappen wir dreiundreißig Mark. Für einfache sizilianische Verhältnisse Wucher. Dafür aber konnte man an diesem Platz die vielen Menschen wunderbar beobachten: Alte, Junge, Kleine, Große, Schicke, Häßliche... Sie schlenderten zu Hauf die Gassen entlang, lauschten ein Weilchen der Walzermusik, ehe sie weiter gingen und an der nächsten Straßenkreuzung den nordafrikanischen Trommlern ihr Gehör schenkten. Ich dachte schon wieder an die Rückreise. Diese Woche auf der süditalienischen Insel war doch sehr schnell vergangen. Und irgendwie war ich der Insel nicht nahegekommen. Sizilien war für mich kein Ort, der mich zum raschen Wiederkehren animierte. Es fehlten der Sand und der Staub. Und es fehlte, zweifelsohne, der Muezzin. Es war einfach nicht ein Stück Nordzypern, das es nicht nur dort, sondern auch vielerorts auf dieser Welt für mich gab: So war die tunesische Wüste ein Stück Nordzypern, der kretische Felsen und so weiter und so fort.

So schön blau der Himmel auch war, so silbern das Meer auch glänzte, die Menschen hier waren hektisch, vielleicht hektischer als bei uns. Manchmal fühlte ich zu Hause in München mehr südländische Gelassenheit als hier in Taormina. Leider waren viele Sizilianer auch nicht sonderlich freundlich, was meine Reisestimmung ein wenig trübte – waren es doch die Menschen, die das Land ausmachten, das man als fremder Gast bereiste. Nur die Eisenbahn wäre ein Grund, wiederzukehren. Nicht die, die gleich hinter meiner Hütte jede Viertelstunde für Krach sorgte, sondern die, die am Fuße des Ätnas durch die herrliche Landschaft fährt. Es war eine der letzten Schmalspurbahnen Europas. Auf Madagaskar gab es noch welche, aber das lag ja (bekanntlich) nicht in Europa.

Die Einfahrt zur sogenannten blauen Grotte stank nach den Abgasen der Motorboote, schließlich wollte jeder Tourist dieses Blau erleben. Und es mußte ein umwerfendes Naturerlebnis sein, glaubte man den Fischern, die den Urlaubern Fahrten in die Grotte anboten. So besonders toll war es dann allerdings nicht. Eine Grotte in einer Bucht, ein paar Meter tief. Das Licht fiel durch eine Öffnung und ließ das Wasser an manchen Stellen türkisfarben aufleuchten. Das war mein letzter Eindruck von dieser Insel.

Harry und Laura saßen zusammengekauert an ihren Jeep gelehnt und starrten ohne Ziel und Sinn auf den Lauf des Gewehres, der weiter auf sie zeigte. Zweihunderttausend Dollar war die Forderung der sieben Männer. Ihr Fahrer war in einem anderen Jeep davongebracht worden. Sie waren alleine. Würde er Hilfe holen können? Harry fragte auf arabisch einen der Entführer, wem er das Lösegeld denn entlocken wolle. Der aber kontert ruhig und streng, daß es schon irgend jemanden auf dieser Welt geben werde, der ihn, den kleinen Amerikaner vor ihm im Sand, vermissen werde. Und derjenige werde auch zahlen.

Der Fahrer wachte nahe einer Siedlung auf. Er blickte erstaunt um sich, rieb sich den Kopf. Er schmerzte. Dann erinnerte er sich an alles, was geschehen war, und lief in die Siedlung. Er ließ sofort die Behörden alarmieren und die suchten ohne zu zögern sofort nach der Stelle, an der man Harry Brown und seine Begleiterin gefangen hielt. Das dauerte noch zwei Tage, denn dem Fahrer fehlte das letzte Stück der Fahrt. Er konnte sich nicht mehr daran erinnern. Sie hatten ihn ohnmächtig geschlagen vor der Siedlung, vor der er erwachte. In der Ferne konnte man schon das Lager der Entführer und ihrer

Geiseln sehen, als dem Fahrer die Strecke wieder in den Sinn kam. Er schrie laut auf: „Da, das ist es!"

\*\*\*

Reisefreie Zeit.

Auch die muß es geben. Ich sollte also die Geschichte von Harry und Laura zuende erzählen. Sie leiden noch immer in den Fängen der jemenitischen Räuber. Doch was bringt es, die Geschichte zuende zu erzählen, weiß doch ohnehin ein jeder, daß beide die Entführung überstehen und in New York Weihnachten feiern werden? Der amerikanische Botschafter wird sich einschalten, der Druck auf die Geiselnehmer wird zu groß, sie geben auf. Daraus mache ich keine spannende Geschichte mehr. (Spannung erzeugen war ohnehin nie mein Ding.) Ich lasse Harry und Laura also im Flugzeug nach Boston sitzen. Ihre Eltern warten auf die beiden, schließlich wollen sie die Tochter und deren Lebensgefährten begrüßen - nach dem überwundenen Schock.

In Südostasien brennen die Wälder. Nein, nein, in Indonesien brennt der Regenwald. Dort wird gerodet, jedes Jahr, doch in diesem Jahr war alles trockener als all die Jahre zuvor. Das Land war ausgedörrt und verbrannt. Die Bauern rodeten, um für sich und ihre Familien ein Auskommen zu sichern. Ihnen sollte man im Grunde nicht die Schuld zuschieben. Welcher dieser Bauern, die Jahr für Jahr von einem Feld zum nächsten ziehen, sich die Anbaufläche freiroden - welch idyllische Vorstellung von den Dschungelbauern auf Sumatra - konnte sich vorstellen, daß er seinen ganzen Kontinent unter einer Dunstglocke ersticken lassen würde - selbst Flugzeuge zum Absturz bringen konnte. Ich sah im Fernsehen Bilder von der Stadt, die ich bald selbst besuchen würde. Singapore sah düster aus. Ein Nebelschleier lag über den Häuserdächern. Die obersten Stockwerke der Wolkenkratzer waren unter der

111

Smogwolke verschwunden. Die Menschen liefen mit Atemmasken durch die Straßen. Wäre ich Sensationsjournalist geworden, ich hätte meine helle Freude an dieser Umweltkatastrophe gehabt. So aber war ich eher erschüttert, daß in Kuala Lumpur bereits Menschen den Rauchschwaden zum Opfer gefallen waren. Und auch Singapore war machtlos. Der Zwergstaat am Rande der Straße von Malakka, ein winziges „Imperium" mit den höchsten Umweltauflagen ganz Asiens, eine Stadt, in der Kaugummikauen auf der Straße verboten ist, erstickt im Smog, verursacht durch die in Armut lebenden Bauern aus dem Nachbarstaat. Ironie der Geschichte. Die einen haben viel. Und die Bewohner Singapores haben viel, wie mir scheint. Die anderen haben nichts. Und die Bauern auf Sumatra haben wohl viel zu wenig, um das Überleben zu garantieren. Und jetzt haben sie alle zusammen viel zu viel von dem giftigen Rauch. Im Grunde ist diese Art der Ironie an dieser Stelle nicht angebracht, will ich doch selbst in wenigen Monaten nach Singapore fliegen. Und bequem wie man ist – ich schließe mich da keineswegs aus – nimmt man für sich in Anspruch, es möge doch zu diesem Zeitpunkt bitte wieder klare Luft geben. Welcher Urlauber keucht schon gerne und atmet giftiges Zeug ein? Man spricht davon, daß die Luftverpestungen in Südostasien nach der Katastrophe von Tschernobyl die schlimmste Umweltkatastrophe seit eh und je sei. Und trotzdem fühlen wir uns in Europa kaum betroffen. Woran das wohl liegt? Wohl in erster Linie daran, daß Sumatra so furchterregend fremd ist, daß man gar nicht einsehen will, daß diese Insel noch zu unserer Erde zählt. Wie soll man einem niederbayerischen Rübenbauern, der Jahr für Jahr seine Felder bestellt, erzählen, daß es am anderen Ende der Welt Menschen gibt, die fast das gleiche tun wie er, und dennoch ganz anders und unter Bedingungen die nur seine Vorväter gekannt haben? Außerdem betreffen uns die Rauchschwaden Sumatras nicht selbst – abgesehen davon, daß vielleicht der ein oder andere eine Reise in diesen Teil der

Erde plant. Die Teilchenwolke von Tschernobyl, noch viel unbegreiflicher, weil sie nicht erkennbar war und nicht stank, zog in unsere Breiten. Wir waren direkt betroffen. Würde uns jetzt die Luft zum Atmen wegbleiben, wir würden auch ganz anders reagieren. Da bin ich sicher.

Das triste und graue Wetter macht die Wehmut nicht leichter, die mich überfällt, denke ich an die sonnigen Sommertage zurück. Und auch die Gedanken an Nordzypern durchziehen diese Tage mit wehmütiger Schwere und ein wenig Düsternis obgrund ihrer Unerreichbarkeit. Wieder leisteten sich Kampfflugzeuge der Griechen und Türken über der Insel Scheingefechte. Gül wird es nicht weiter stören. Sie wird noch immer auf dem Stein sitzen und Lieder pfeifen. Und irgendwann wird jemand kommen und fragen: „Was macht die Kleine da die ganze Zeit neben diesem großen Stein?" Ja, dann kreisen die Gedanken der Kleinen: Wer bin ich? Wohin gehört dieses Zypern jetzt eigentlich? Geteilt zwischen Griechen und Türken, die Türken im eigenen Land von den anderen Türken, zu denen sie sich zählte, zur Minderheit gemacht. Sie denkt vielleicht auch an Batman, die Stadt ihres Vaters. Und ich denke an die engen Gassen Girnes. Diesem Gedanken folgt der Blick aus dem Fenster. Der aber gibt nichts weiter preis als schwere Regentropfen und Kälte. Zeit, das Land wieder zu verlassen. Doch noch dauert es seine Zeit. Seit ich mich erinnern kann, ist es so üblich, daß ich im Herbst eine Woche mit meinen Eltern nach Zypern reiste, um dem griechischen Teil der Insel einen Besuch abzustatten. Ich selbst drängte dabei immer auf den eintägigen Ausflug in den türkischen Norden, auf den Besuch in der zweiten Heimat. Dieses Jahr, auch wenn ich den Süden Zyperns nicht vermisse – ich vermisse ihn ja doch ! – macht sich ein bißchen Wehmut breit, Zypern das erste Mal um diese Jahreszeit nicht zu sehen. Der Blick von der Moschee in Larnaka an der Südostküste über die Altstadt, er war ein unvergeßlicher und so wollte ich doch diesen Blick im Grunde auch dieses Jahr wieder auffrischen. Flugpläne und politische Dinge hielten uns aber ab. Ein paar Stempel im Paß zudem. Ein paar Sätze auf bedrucktem Papier. Sie wären für die Behörden am Flughafen in Larnaka Grund genug, mich mit dem nächsten Flugzeug nach München zurückzuschicken. Und dieses Risiko wollte niemand eingehen.

\*\*\*

Lanzarote. Wie wird einem orientalischen Reisejournalisten wie Harry Brown Lanzarote gefallen? Er wird zu der Zeit, da ich auf dieser kanarischen Insel bin, in New York sein und zusammen mit den Kollegen in der Redaktion mit Bohle Weihnachten feiern und sich dann womöglich auf den Weg machen, in Marokko einige Hafenarbeiter zu interviewen, um dann später sein Abenteuer in Afghanistan zu bestehen. Und nachdem er mich nach Singapore, Hongkong und Bangkok begleitet hat, nehme ich ihn mit nach Nordzypern, wo der noch junge Reporter in ‚Rente' gehen darf. Trotz seines Alters: Er soll Ruhe haben von den vielen Reisen, kann ja für die englischsprachige Zeitung auf Nordzypern schreiben. Ich denke an Catherine, die Botschaftertochter, und lasse wieder und wieder das philippinische Mädchen wie eine Seifenblase zerplatzen und damit kehren die Stunden auf Kreta ins Gedächtnis zurück. Auch die Gedanken, als ich noch jemanden zu finden versuchte, der als Figur für diese Geschichte – die keine Geschichte, keine Erzählung ist – tauglich war, der sich als nützlich erweisen konnte, als Wegbegleiter auf den Reisen, die noch immer nur im Kreise führten. Kreta, Zypern, Zypern, Singapore, Zypern. Und Harry war diese Figur. Harry, der Orientspezialist. Und seine Freundin. Ich habe eine Welt konstruiert, die der des Günter Grass in seinen Kopfgeburten ein wenig gleichen sollte, wo er seine Dörte und seinen Harm nach Südostasien geschickt

114

hat. Doch der kritische Hintergrund ist anders. Ich schreibe doch nur aus der Träumerei heraus. Grass wird morgen siebzig. Damit einjeder weiß, wann ich diese Zeilen verfaßt habe: Grass wird morgen siebzig! Im ARD zeigen sie die Rättin. Die Blechtrommelverfilmung fand ich gelungener. Weiter und weiter nichts als Regentropfen draußen vor dem Fenster. Anstatt mein längst auf drei Dutzend Standardsätze verkommenes Spanisch für die Reise nach Lanzarote aufzufrischen, habe ich mich abgemüht, mir endlich die arabischen Buchstaben anzueignen. Mühevolle Kleinarbeit. Erfolge. Jedes „a" und jedes „z" ein Kraftakt. Dafür dann am Ende als Ergebnis ein exotisch anmutender Schriftzug, der förmlich nach Gewürzmärkten riecht und doch leer ist, schließlich fehlt draußen die Sonne. Wo sind die Menschen auf den Straßen, deren Kaftane im Wind wehen? Lange ist es her, daß mich Mohammed, ein Marokkaner – wir haben ihn vor ein paar Jahren auf den Sanddünen außerhalb Agadirs kennengelernt – eines Abends anrief. Er sprach französisch mit mir. Er erzählte mir damals, daß er jetzt Arbeit im Landesinneren hatte. In seinen ersten Briefen schilderte er das Leid der Menschen, und ich weiß, wie falsch ich läge, würde ich den Orient *nur* schön machen. Mohammed Mahmud Ali Al Qatar sitzt auf dem niedrigen Sofa in seiner Residenzwohnung in Teheran. In seinem Kopf ziehen die Bilder Londons vorbei wie in einem Film. Es blitzt die Sonne durch die Wolkendecke, und die roten Doppelstockbusse lassen ihre Bremsen quietschen. Davon hat die kleine Gül noch nie etwas gehört. Sie singt das Lied von der hohen Sonne. Sie denkt an ihren Vater, der noch immer in Iskele auf der Baustelle schwitzt. Lanzarote wird für Harry erholsam. Er wird Bohle trinken und ein paar marokkanische Hafenarbeiter interviewen. Die Botschaftertochter wird zur gleichen Zeit in der englischen Botschaft im Iran unter einem Plastikbäumchen *Silent Night, Holy Night* singen, und ihr Vater wird sie mahnen, doch an die Tradition zu denken, wenn sie das Drumherum an den englischen Weihnachtsfeiern stört.

Nach einer fröhlichen Geburtstagsfeier und wenig Schlaf brachen wir auf, um wieder auf Reisen zu gehen. Harry Brown war auch mit im Gepäck, schließlich mußte der jetzt endlich das lang angekündigte Weihnachtsfest feiern. Seit neun Jahren war das nun das erste Allerheiligen, das ich nicht auf Zypern verbrachte. Ein deutscher „Ferienflieger". Wir sitzen angeschnallt in den engen Sitzen – es ist immer wieder dasselbe Motiv: Ich sitze eng zusammengekauert in einem Flugzeug und überlege, wie ich die kommenden Stunden zubringen will. Wie schon dreizehn Mal zuvor in diesem Jahr rollte die Maschine zur Startbahn, ich darin, mit dem immer gleichen Gefühl des Unverständnisses, warum solche Blechvögel fliegen können. Über Harry Brown entscheide ich. Sein Schicksal habe ich fest in der Hand. Ebenso das der kleinen Gül auf dem trockenen Ackerboden Nordzyperns. Aber wer hat mein Schicksal in der Hand, wenn ich mit so einem Blechvogel fliege? Ein religiöser Kleinkrieg hadert in mir, doch letztlich siegt auch in dieser Situation der atheistische Glaubenslose. Ich bin mit meinen Zweifeln gerade noch einmal davongekommen. Aber anstatt Schub zu geben, um über die Startbahn zu eilen, folgt eine recht scharfe Kurve und die Durchsage des Kapitäns: Probleme am Bremssystem, rollen mal eben schnell auf die Parkposition zurück. Alles kein Problem. Besser so, als in Lanzarote über die Landebahn hinauszuschießen. Wir sitzen eine halbe Stunde im geparkten Flugzeug. Es ist heiß, eng und unangenehm. Wir erfahren nichts neues. Harry Brown nimmt es gelassen. Das kleine türkische Mädchen hat vom Fliegen keine Ahnung und Leila äußert sich zu solchen Dingen nicht. Der Pilot meldet sich: Alles klar, Bremssystem wieder fit, dafür jetzt Probleme mit der Kraftstoffpumpe. Enttanken. Warten im Bus. Anstatt des Direktflugs nach Arrecife schlägt der Kapitän einen Tankstopp in Sevilla vor. Die Passagiere stöhnen. Aber reparieren kann man die Kraftstoffanzeige nicht von heut' auf morgen. Der Vogel muß mit einem Flügeltank weniger auskommen. Nur die Hälfte an Kerosin. Gül singt Lieder. Mohammed Mahmud Ali Al Qatar sitzt in seiner Residenz und träumt den vergangenen Tagen hinterher. Wir müssen also zum Betanken aussteigen. Der Vorgang findet ohne Passagiere statt. So stehen wir in den Bussen und warten und warten. Nach einer halben Stunde dürfen wir zurück in das Terminal. Ich will heim in mein Bett. Hatte die Nacht zuvor ja kaum geschlafen. Harry Brown trifft in der Redaktion ein. Überall hängen die Wattebauschen an den Zweigen. Weihnachtsstimmung. Laura stellt die Schüssel mit den Weihnachtskeksen auf den Tisch. Die Kollegen plaudern, feiern die glückliche Befreiung und Wiederkehr der beiden Entführten aus dem Jemen.

Wir bekommen Essensgutscheine. Es handelt sich also um eine längere Angelegenheit. Ich wollte doch eigentlich von der Felsenlandschaft der kanarischen Insel schreiben. Und jetzt sitze ich um fünf Uhr nachmittags noch immer am Münchner Flughafen. Die Pizza schmeckt nach Pappe, der Salat ist essigsauer und mein Magen übt den rebellischen Aufstand. Ich bekomme fast nichts runter. Harry schon, er verschlingt die Lachsbrote, den Weihnachtskuchen und die Plätzchen. Er erzählt von den wildromantischen Landschaften des Jemen. Er kann nicht mehr aufhören (und verwundert damit all seine Kollegen: entführt und dann immer noch voller Begeisterung), als er ins Schwärmen gerät über die rauschenden Nächte in Aden und die duftenden Märkte in Sanaa. Ich will schlafen. Gül ist auch müde vom vielen Singen. Ich habe die Nacht zuvor nur drei Stunden geschlafen. Und heute sitze ich schon den ganzen Tag am Flughafen. Lanzarote ist eine Vulkaninsel. Doch wo liegt diese Insel? Weit draußen im Atlantik. Und diese weite Strecke schaffte unser Flugzeug einfach nicht – jedenfalls nicht mit dem halben Tank. Niederbayerische und oberpfälzer Urlauber reden dummes Zeug. Wir sitzen wieder in unserer Boeing. Aber unser Weg führt uns nicht in Richtung Süden auf die Kanaren, sondern in den Westen: Frankfurt heißt unser Ziel. Irgendwo befand sich zur selben Zeit ein Flugzeug in der Luft, das aus Mauritius kam und nach Frankfurt unterwegs war. Dieses Flugzeug sollte uns dann am Abend nach Lanzarote bringen. Also gut, dachte ich mir, auf nach Frankfurt. Der Blechvogel stieg in die Luft empor und es war als wäre nichts Sonderbares daran – technisch gesehen war es das auch nicht. Nach fünfunddreißig Minuten landen wir in Frankfurt. Wieder heißt es warten. Harry Brown erzählt von seiner baldigen Reise nach Afghanistan. Gefährlich und spannend. Mitten in der Nacht kommen wir in Lanzarote an.

Diese Insel ist geprägt von einem Namen: César Manrique. Architekt, Bildhauer, Designer, Politiker und sonst: schlicht Künstler. Vor ein paar Jahren starb dieses von der Inselbevölkerung hoch gelobte Genie direkt vor seinem Haus bei einem Verkehrsunfall. Dreiundsiebzig Jahre wurde Manrique (nur) alt.

Die Wärme mitten in der Nacht ist belebend – nur die Hemden kleben den ganzen Tag über unangenehm an der Haut. Zu Hause aber war es um diese Zeit schon wieder bitter kalt gewesen.

Harry Brown, seine Freundin und die anderen Kollegen fangen an zu singen, als die Stimmung ihren Höhepunkt erreicht. Geschenke werden verteilt, die besten Wünsche für die Zukunft ausgesprochen. Für sie ist Weihnachten wahrscheinlich die einzige Möglichkeit zusammen etwas zu feiern – mit allen Kollegen. Und das sicher auch nur deshalb, weil das Weihnachtenfeiern in der Redaktion mit allen Korrespondenten und Journalisten Tradition hat. Das ganze Jahr über waren viele von ihnen auf Achse und ständig unterwegs. Vor allem er, Harry, reiste dauernd durch die Welt des Orients. Woher sollte sein Chef, Lorenzo di Umberto, ein Amerikaner italienischer Abstammung, die Eltern aus Rom, der Vater ebenfalls Journalist, Mitbegründer der Zeitung, die Mutter Tochter des italienischen Botschafters in Kolumbien, woher sollte dieser Lorenzo di Umberto denn auch wissen, daß sein Nah- und Mittelostexperte seinen Job bald kündigen würde – wegen der Schönheit eines Gartens im türkischzypriotischen Dorf Bellapais?

Die Hotelzimmer waren groß und übersichtlich. Nachdem es spät geworden war – in Deutschland noch eine Stunde später wegen der Zeitverschiebung – und nachdem die Uhren wegen der Winterzeit zusätzlich eine Stunde zurückgestellt wurden, wollte ich mich nicht selbst um zwei Stunden Schlaf betrügen. Ich schickte Gül also nach Hause. Ihre Mutter hatte sicher schon das Essen fertig, der Vater war aus Iskele heimgekehrt und saß erschöpft am Tisch. Der Bruder – er war älter als Gül – ging in Gazimagusa auf eine Art Berufsschule. Zusammen mit Gül versorgte er noch schnell die Schafe im Stall. Die Shrimps im Zimmer ließ ich ebenso unangetastet wie den Sekt. Nobel dieses Hotel, dachte ich bei mir, ehe mich der Schlaf von der Last des Denkens befreite. Erst am Morgen hatte ich so recht verstanden, was Puerto del Carmen bedeutete. Wir streiften durch den Ort und des Grauens Vorstellung wurde hier zu des Grauens bitterer Wahrheit. Dieser Ort war, trotz aller Versuche des Naturliebhabers César Manrique, ihn ursprünglich zu erhalten (– ja wie war dieses Puerto del Carmen wohl, als hier noch keine Touristen hausten?), gestorben. Er hatte alles verloren. Er war tot weil er so voll Leben pulsierte. Es war ein auswechselbarer Ort, einer von vielen. Wo waren die Einheimischen? Wo war Lanzarote? Ich beklagte die Verschandelung durch die Urlauber und ärgerte mich, ein Stückchen bei dieser Verschandelung mitgeholfen zu haben. Aber kann man eine Leiche noch töten? Ist sie nicht unwiderruflich tot? Ja, doch Leichen kann man schänden. Und was ich hier in Puerto del Carmen in diesen Betonkastenhotels erlebte war nichts weiter als Totenschändung.

Die Palmen im Hotelgarten waren mit Lichterketten

verziert. Die deutschen Rentner standen um sechs Uhr abends Schlange, um pünktlich zum Abendessen zu kommen. Die Kellner rannten hektisch hin und her. Die mediterrane Gelassenheit war völlig verloren gegangen. Klatsch, die Semmel auf den Teller. Klatsch, die Suppe in den Teller. Ich bin jung und war vielleicht ein wenig voreingenommen. Ich haßte die Besuche in Altenheimen als meine Urgroßmutter noch am Leben war. Altenheime waren grauenvoll. Die Menschen dort waren lebende Mahnmale eines schleichenden Todes. Die Urgroßmutter war vor elf Jahren gestorben. Dieses schöne Hotel (innen war es schön, außen glich es einem Amtsgebäude, dem jeglicher Charme fehlte) war ein Altenheim. Ironisch gesprochen: Ich drückte den Altersdurchschnitt erheblich. Nicht daß ich etwas gegen ältere Menschen gehabt hätte. Sie waren schwerfällig und umständlich. Und an ihnen konnte ich erkennen, wie schwerfällig und umständlich meine eigenen Eltern geworden waren.

Die Hitze brannte von einer glühenden Sonne herab. Ich setzte mich an den felsigen Strand, drückte den Kopfhörer fest an die Ohren, um nicht länger die Laute der Frau aus Bochum hören zu müssen, die sich mit der anderen aus Wanne-Eikel über die kleinen und großen Wehwehchen des Alters unterhielt. Ich schloß die Augen und ließ einfach für einige Augenblicke die vergangenen Tage an mir vorbeiziehen. Bald würde ich Singapore und Hongkong sehen. War ich dort auch mit schwerfälligen, bewegungslosen Menschen unterwegs? Gar diese Sorte Mensch, die einen zwang, Scham zu verspüren, die gleiche Nationalität zu besitzen? Mit welcher Arroganz waren viele meiner Landsleute beseelt? „Wir haben nicht umsonst zwei Weltkriege verloren." „Diese Spanier, ich erwarte ja nicht viel von ihnen, aber dies und jenes." Hat die überhaupt in diesem Ort außer dem Kellner schon mal einen Spanier gesehen? Wir sind doch nur Gäste in diesem Land. Die Menschen hier haben ihre Insel doch ohnehin schon an uns geopfert. – Oh nein, das war ein Fehler: Sie haben sie nicht an uns, aber an unser Geld geopfert. Wir müssen doch nicht noch weiter draufhauen.

Günter Grass hat die Laudatio für Yasar Kemal gehalten. Und er war offen. Er war Grass. Und er bekam das spüren. Der deutsche Oberabrechner mit allem Linken fletschte seine Pastorszähne. Es gibt in Deutschland viele Politiker, die ihr Handwerk so verrichten, daß ihnen Anerkennung zu zollen war, für Einsatz, manchen Mut und ihren Willen, Veränderungen zu schaffen. Einige von ihnen aber hätte ich gerne nicht nur auf die Oppositionsbank verbannt, damit sie lernen konnten, was Einsamkeit bedeutet. Die Angst vor dem Erfrieren in Alaska beispielsweise hätte ihnen vielleicht so manches ihrer Arroganz geraubt. Ungeliebt und scheinbar aussortiert war Grass nach seiner Laudatio. Die damalige Regierung hatte ihn scharf angegriffen, allen voran Pastor Peter Hintze. Derartige politische Attacken gegen Literaten sollten hellhörig machen, einfach nur hellhörig. Ungerechtfertigte Meinungsangriffe auf Literaten hat es zu anderen Zeiten gegeben und man hat es damals auf die Spitze getrieben, nur sind nicht alle hellhörig geworden. *Merhaba Dünya,* Welt sei gegrüßt, egal ob Bergbauer oder Ziegenhirt, ob Schwarzer oder Weißer.

Spanisch ist eine schöne Sprache, das wußte ich bereits. Doch wer hier auf Lanzarote sprach schon spanisch? Hier war alles deutsch und englisch und niederländisch. Ich floh. Ich flog über den Atlantik. Mein Vater auf der Strandliege neben mir las in meinem Roman die Stelle über die Armut in den Slums der arabischen Städte. Es war eine peinliche Situation, vollgefressen, satt und reich auf einer Strandliege, eine Buchstelle über bittere Armut zu lesen. Er las, woran ich gerade dachte. Er war in Gedanken auch über dem Atlantik. Da war die marokkanische Küste. Da war arabische Musik. Da waren sie noch nicht wie Horden eingefallen – die Deutschen. Und da waren die Winkel und Gassen, die weiten Ebenen und engen Schluchten, die keiner der deutschen „Bierdümpfler" je zu

Gesicht bekommen hat. Man macht im Leben die Augen immer zu, wenn es unangenehm wird. Aber sie gehen immer irgendwann auch wieder auf. Dann, wenn es zu spät ist? Schlafe gut, kleine Gül, träume von den Wolken, die Dir Deine Großmutter aus der Türkei herüber schickt! Ich will die Augen offen lassen. Doch noch muß ich sie geschlossen halten, um Bochum und Wanne-Eikel zu vergessen. Ich wollte zurück nach Marrakech. Erst am Tag zuvor waren wir über diese mystische Stadt geflogen. In der Nacht über die Königsstadt. Der Platz der Gaukler, Jema el Fna. Die unerträgliche Hitze, die Weite des Lands auf den Dachterrassen der Häuser. Das pfeifende Lied der Schlangenbeschwörer.

Dromedare – mitten auf der Vulkaninsel Lanzarote. Tausend Urlauber, fünfhundert Tiere. Zwei Urlauber, ein Dromedar. Einer links, einer rechts. Dann geht es im Dromedarengleichschritt eine Aschendüne hinauf und wieder hinunter. Das Spektakel ist wahrlich ekelerregend. Die Araber arbeiten hier für wenig Geld. Sie sind mit den Dromedaren aus Marokko gekommen. Die Karawanentreiber der Sahara reiten nur sehr selten, sie gehen meist neben ihren Tieren her. Den Deutschen an diesem Platz fehlt es an Fingerspitzengefühl: Sie rauchen, trampeln und lärmen. Ich mag diese Art meiner Landsleute nicht. Ich mag nicht ihren Profitgeist, ihre oftmalige Kleinkariertheit, ihre Umständlichkeit, ihre blinde und einäugige Detailbesessenheit, ihren unergründlichen Sinn für deutschen Humor. Ich kann ihre Art nicht leiden, die Dinge immer zentimetergenau zu planen. Und doch plane auch ich. Ich kann es nicht leiden, wie sie ihre Überheblichkeit gegenüber Entwicklungsländern und vermeitlich weniger technisierten Ländern spüren lassen. Aber ich kann den Deutschen nicht übel nehmen, was sie nicht anders gelernt, erfahren haben. Vielleicht kann der Tourismus hier doch ein Stück weit für Abhilfe schaffen, auch wenn ich das im Moment bezweifeln will.

Die Art, mit der Puerto del Carmen germanisiert wurde, ist jedenfalls unangenehm. Aber ich war nie an den Urlauberstränden von Mallorca. Ich weiß nicht, wie grauenvoll es dort ist. Ich will doch endlich auch von den Schönheiten dieser Insel schreiben, von den endlosen Lavalandschaften und schönen Steinformationen. Und doch endet mein Vorhaben mit dem Gang ans abendliche Buffet. Sie drängen, sie schieben, sie schaufeln, sie schmatzen. Als wäre Deutschland ein ausgehungertes Land! Mir vergeht der Appetit. Daß die Deutschen immer von allem zuviel haben müssen. Bis daß der Teller überquillt. Bernd Protzner von der CSU sprach damals von Ausländern, die in Deutschland „herumlungern" und die er systematisch kontrollieren will. Ich sehe die Deutschen, die Abend für Abend die Gassen von Puerto del Carmen belagern, singend, grölend, saufend. Armes Land. Ich spule die Kassette zurück. *Merhaba Dünya,* Guten Morgen, Erde. Wir Deutschen kommen! Wir sehen uns Deine Schönheiten an. Wir sehen sie kaputt. Da eine neue Straße zu einer Burg. Da ein neuer Ferienpalast einer einer Bucht. Der Tourist ist die große Gefahr des einundzwanzigsten Jahrhunderts. Und ich schämte mich, schon wieder ein Stückchen mitgemacht zu haben. Es ist wie in *Schöne Neue Welt.* Einer will anders, kann aber letztendlich doch nicht. Ich erkenne, klage, ändere dann aber doch nicht. Nur hundert Seemeilen im Osten liegt die marokkanische Küste. Ist dort noch alles anders, besser, natürlicher, freier? Nur auf Zypern kann ich für mich im Verborgenen erkennen und anders handeln.

Gül schläft. Sie wird mir Moment auch gar nicht die Gassen Girnes zeigen wollen. Aber eines Tages, wenn sie älter ist, wenn sich ihre Lieder geändert haben – wenn ihre Lieder mehr Poesie besitzen, wird sie dann Fremden die Gassen Girnes zeigen und sagen: „Macht mir nur ja nicht diese Stadt kaputt." Und dann kehrt sie wieder zurück auf die Felder ihrer Kindheit und dichtet sich die Liedtexte selbst: „Ich hüte die Ziegen / ich sehe das Land / weite Felder / Ackerboden, alles verbrannt. /

Ich sehe die Ferne, / träume vom Jenseits der Berge. / Was wohl dort ist? / Ich kann es nicht sehen. / Wie ein endloses Meer / voller Fragen. / Ich kann sie nicht stellen. / Sie werden weiter mich plagen. / Die Tiere sind ruhig. / Ich bin es nicht. / Gefangen auf den Ackerböden. / Die Sonne sie sticht. / Ich hüte die Ziegen. / Ich sehe das Land." Noch aber schläft die Kleine und dichtet nicht. Bernd Protzner wird auch nicht dichten. Die Mittagshitze auf Lanzarote ist ebenso unerträglich wie rund um das Mittelmeer. Ich bin in mein Zimmer geflohen. Wanne-Eikel und Bochum, Bochum und Wanne-Eikel, sie sprachen von den großen Zeiten und den großen Taten. Meinen sie die goldenen Zwanziger? Ich weiß, daß ich nach meinem Studium vielleicht keine Arbeit bekommen werde. Ich sehe, wie viele Rentner abfällig über uns Jüngere sprechen. Vor allem ihr immer wiederkehrendes Selbstmitleid: Wir damals hatten zu leiden, Euch geht es gut, deshalb seid Ihr schlechter als wir. Und der Alten schamloses *Gracias* gegenüber den kleinen spanischen Kindern klingt wie eine Parodie auf einen ohnehin schlechten Scherz. Mein Gott (wenn ich einen hätte!), laß mich nicht im Alter mit gleicher Herablassung auf die Jugend blicken, wie es diese Menschen tun, die ich heute in Lanzarotes Luxushotels erleben muß.

Unser damaliger Dornbuschkanzler, der Mann blühenden Landschaften in Ostdeutschland, der mit der Zeit Machtstreben und Dienst am Volk durcheinanderbrachte, wollte in drei Jahren die Zahl der Arbeitslosen halbieren. Als Helmut Kohl das nicht schaffte, wählte das Volk Schröder ins Kanzleramt. Der Machtgedanke in der Union blitzt auf. Die Bundesrepublik Deutschland, eine moderne Industrienation mit totgeschwiegenen und aufgebauschten Problemen – ein moderner Staat unter konservativer Führung, bis daß die Zeiten sich ändern. Es ist interessant, daß mir gerade hier auf dieser landschaftlich braun-schwarzen Lavainsel Lanzarote, unter den vielen Deutschen, diese Gedanken kommen. Eine Auflage der

Bildzeitung wird hier gedruckt. Die Süddeutsche Zeitung bekommt man hier nicht zu kaufen – kein Absatzmarkt, rentiert sich nicht. Ich höre Tag für Tag das Ächzen derer, die weismachen wollen, ihr Leben habe der Krieg zerstört. Das Ende dieses Krieges ist nun fünfzig Jahre und ein paar weitere her. Sollten wir nicht endlich nach vorne sehen und die globale Zukunft ins Visier nehmen? Das wird solange gehen, wie in unserem Land nationales Denken, Habgier, persönliche Rivalitäten und Ausländerskepsis herrschen. Immer wieder höre ich von den Alten: Wir haben damals nichts gewußt und keine andere Wahl gehabt. Keiner. Niemand. Nichts. Wenn eine Million Deutsche schon Jahre vor dem Krieg in Arbeitslagern hauste, um dort zu sühnen, brauchte es genügend solcher, die wußten, wo die Million abgeblieben ist! Keiner sollte ein zweites Mal sagen dürfen, er habe nichts geahnt. Das Braune trieft noch immer und zwar vor allem in dem Moment als mir der spanische Kellner sein „Karameltörtchen" anpreisend auf den Teller klatscht. Das deutsche Satellitenfernsehen (Wie schön, ich bin fast zu Hause! Bayern München hat leider 2:1 gegen Kaiserslautern im Pokal gewonnen) zeigt deutsche Seifenopern. Und in den Nachrichten spricht der damalige Verteidigungsminister davon, daß neo-nationalistisches Gedankengut in der Bundeswehr Einzelfälle darstellt. Sind sie das wirklich? Was ist unsere Bundeswehr eigentlich wirklich? *Merhaba Dünya*, hör endlich auf, an diese Dinge zu denken. Du wirst die Bundeswehr nicht ändern. Sie ist und bleibt eine totalitäre Insel unserer Demokratie. Und Soldaten überall auf der Welt sind Mörder, wenn sie ihren Beruf so ausüben dürfen und müssen, wie sie ausgebildet wurden. Nur gut, daß sie meist nicht dürfen und müssen. Vielleicht werden sich eines Tages die Völker rächen, rächen dafür, daß wir unsere touristischen Heerscharen in ihre Länder geschickt und kultur-kolonialisiert haben. Deutscher Filterkaffee an Zyperns Stränden. Das „Deutsche Eck" in Puerto del Carmen. Apfelstrudel in den Tavernen Kretas. Bildzeitung in Agadir – also auch Marokko ist infiziert. Das Leben ist so schön, wenn der tunesische Kameltreiber fröhlich durch die Linse guckt und zu Oma sagt: „Läschln, Madam."

Gül ist aufgewacht. Sie hat nicht mehr schlafen können. Der Mond scheint durch das offene Fenster. Sie sieht nach draußen. Der Hof auf der Hinterseite des Hauses ist dunkel. Sie spielt mit der Katze. Sie hat keine Angst. Das Dorf ist klein. Es ist still. Sie sieht auf den Mond. Dann schweift ihr Blick in die Ferne. Irgendwo hinter den Hügeln, da wo das blaue Schild steht und auf den Weg nach Girne hinweist, dort ist die Stadt, in der sie erst ein paar mal war. Dort, wo die fremden Menschen in den Cafés sitzen und Limonade trinken. Dort möchte sie sein, nicht aber in diesem einsamen Dorf. Der Nachbar tritt vor sein Haus. Guten Morgen, Gül. Was machst Du denn schon vor dem Haus um diese Zeit? Hab nicht schlafen können, Onkel Fazil. Gül weiß, es muß vier Uhr sein. Fazil arbeitet in der Stadt auf dem Fischmarkt. Seine Vespa klappert. Das Brummen ist noch lange in der Luft hörbar. Nordzyperns Morgendämmerungen sind die schönsten, die es geben konnte.

Immer wenn ich die Insel verließ, war es früh am Morgen. Die Flugzeuge nach Istanbul verließen Ercan gegen sieben Uhr. Das Leben erwachte immer gerade dann, wenn ich mit dem Taxi die Verbindungsstraße zum Flughafen fuhr. Dann glühte im Osten schon die Sonne. Die Fahrt durch die Berge war von vollkommener Ruhe. Ein paar Lastwagen, sonst Stille auf der kaum erhellten Strecke. Auf halber Höhe der Blick auf Nikosia. Die geteilte Stadt. Der Süden weiß erleuchtet, das Licht einer modernen, westlichen Stadt. So weiß glänzten auch München, Frankfurt, Berlin oder London. Der Norden dagegen erstrahlte in einem weichen Orange. Ebenso wie Marrakech, Tunis oder Kalkutta. Diese Momente behielt ich immer besonders gut in Erinnerung, denn es waren die Momente des Abschieds von meiner Insel. Und Momente eines erlebten Abschieds behält man immer gut in Erinnerung, sofern man eben gewußt hat, daß es ein Abschied ist. Ein oder zwei Stunden später sah ich die Berge von oben. Girne lag verschlafen in der Tiefe. Dann das Meer und eine Stunde später die Landung auf dem Atatürk-Flughafen von Istanbul. Harry Brown würde die Reise erst einmal in die andere Richtung antreten. Erst im Frühjahr, zusammen mit mir und Laura Smith. Zuvor mußte er noch mein Begleiter nach Singapore sein.

Gül ging zurück in ihr Zimmer. Der Morgen dämmerte in aller Ferne. Sie schlief noch eine Stunde.

Harry Brown sitzt schon wieder im Flugzeug. Modern und komfortabel. Er fliegt von New York (Regenwetter, ein bißchen Schnee, schließlich ist Weihnachten) nach Dubai (geschäftiges Treiben, Sonne, schließlich liegen die Emirate in der Wüste). Wie er weiter nach Afghanistan kommt weiß er noch nicht. Ständiger Kontakt zu seiner Redaktion ist bei dieser Reise das a und o. Laura ist nicht mitgekommen. Ihr ist diese Reise zu gefährlich. Sie will sich nach der Entführung im Jemen nicht wieder in ein Abenteuer stürzen. Die Taliban sind für Amerikaner zu gefährlich, denn sie sind wild entschlossen dem Land den islamischen Stempel aufzudrücken, der doch nicht islamisch ist.

Was schreibe ich hier für ein Buch? Ich erzähle mir alles von der Seele. Ich vermenge Themen, die im Grunde nicht zusammenpassen. Ich beschreibe ein Umfeld und kreiere einen amerikanischen Journalisten. Ich klage über so manche Mentalität in Deutschland, weil das Klagen aus der räumlichen Distanz leichter und der Kontrast deutlicher wird. Ich reise durch die Gegend, beschwere mich über die deutschen Touristen und komme mir dennoch vor, einer von ihnen zu sein. Ich reise im Kreis. Ich reise von Kreta nach Zypern. Ich bin gleichzeitig in den Gassen von Girne und auf der Vulkaninsel Lanzarote, sehne mir die Ruhe auf den Felsen im Capsis Beach Hotel herbei, höre den Amerikaner im Nebenzimmer *Hey Krauts* plärren und ärgere mich, daß ich einer von denen bin. Ich erwarte die Reise nach Südostasien und brauche Harry Brown, sie zu überstehen. Und der braucht Laura Smith, um nicht in Afghanistan zu verzweifeln. Aber was hat der Christsoziale Bernd Protzner in diesem Gewirr aus orientalischen Düften, griechischer Sirtaki-Musik und fernöstlicher Lebensart verloren? Er ist auf dieser Welt doch nichts weiter als ein bayerischer Provinzpolitiker. Meine Abneigung gegenüber christlichsozialer Provinzpolitik mit ausländerfeindlichem Touch mußte wohl offen zu Tage treten. Wer die Welt kennt, kennt auch die Schattenseiten des eigenen Landes, der eigenen Landsleute. Man verliert leichter den Glauben an die Worte der eigenen Politiker, wenn man vergleichen kann, wie die Welt ist. Wer die Welt kennt, legt andere Maßstäbe an. Irgendwelche Ausländer, hat Bernd Protzner gesagt. Meine Güte, etwa sechs Milliarden Menschen auf dieser Erde betrachten uns als irgendwelche Ausländer. Die Angst vor Überfremdung, hat Theo Waigel gesagt. Diese Angst kennt nur, wer nicht durch die Welt gereist ist, überall Freunde hat, Eindrücke von überall mit hergebracht hat. Wer das getan hat, der wird nicht irgendwelche Ausländer sagen, der wird mit dem Inder Erinnerungen an Indien verbinden, mit dem Südafrikaner den guten Wein aus Kapstadt und mit dem Chinesen jenen atemberaubenden Ausblick über den Huang He. Ich habe ehrliche Angst, daß zum Beispiel Inseln wie Lanzarote oder Mallorca aber an unserem Neokolonialismus eines Tages ganz zu Grunde gehen. Das ist es, was mich zwang, dieses Thema anzusprechen. Und warum dann diese Mixtur, die man nur schwer durchschauen kann? Nordzypern, meine Heimat auf Zeit, sie läßt sich nicht ausschalten. Das ist so, bleibt so. Wenn ich ein Buch schreibe, in dem ich reise, ohne dabei an Nordzypern vorbeizukommen, würde der Text mir das nicht verzeihen. So muß es wenigstens ein paar Fluchtwege geben, die auf die Insel führen. Die kleine

Gül auf ihrer Ackerscholle auf dem Karpaz. Die Aussicht darauf, daß ich im Frühjahr Harry Brown auf die Insel begleiten werde. Die verwinkelten Gassen Girnes als Motiv. Die Streitereien der herrschenden Politiker auf der Insel. Dann aber immer wieder Hoffnung, Zypern möge sich zurückhalten. Soll doch der Orient den Vorzug genießen. Aber auch Zypern ist Orient. Was schreibe ich nur für ein Buch? Das wirst Du Dir, Leser, auch gedacht haben. Denke es weiter, um zu sehen, daß die Gedanken wirr sind und im Kreise sich denken, wie meine Reisen sich auf einer Kreisbahn bewegen, deren Punkte sich dank meiner Wahlheimat Nordzypern oftmals gleichen.

Das Flugzeug landet in Dubai. Die Maschine nach Karachi geht erst in elf Stunden. Harry reist in die Vereinigten Arabischen Emirate ein, nimmt sich ein Zimmer und ruft in der New Yorker Redaktion an (immer noch Schneematsch...). In meinem Nachbarzimmer ist eine sonderbare Gesellschaft eingezogen. Amerikaner und Schwaben. Sie reden dummes Zeug daher. Der eine spricht von Krauts, der Schwabe davon, die Korken knallen zu lassen. Es ist schwül draußen. Bei Harry nur heiß. Es ist an der Zeit, über den Mann zu schreiben, der dieses Lanzarote zu dem seinigen machte. Der Mann, von dem ich schon an anderer Stelle sprach, ist César Manrique. Er baute sein Haus in den Lavastein. Er lebte mit der Natur und für seine Insel. Und es sagt wohl alles über seinen Einfluß auf Lanzarote aus, daß das einzige Hochhaus der Hauptstadt Arrecife während eines New York Aufenthalts dieses Naturschützers genehmigt wurde. Manrique hatte seinen eignen Stil. Wenn man über die Insel fährt und an einer Straßenkreuzung eine Skulptur oder ein Mobile sieht, sieht man ein Kunstwerk César Manriques. Ich habe gelernt, daß diese Insel immer ein Stück Manrique sein wird. Schade, daß er nicht mehr am Leben ist.

Harry wird nun in Dubai telephonieren. Er wird das

Ticket für den Flug nach Karachi abholen. Dann lasse ich ihn in einem Taxi sitzen, laute arabische Musik (auch ich höre hier arabische Musik, ist doch die Küste Marokkos nur gut einhundert Kilometer entfernt; so dröhnt wenigstens hier das „Allah u akbar" durch die Kopfhörer) auf dem Weg zum Flughafen. Soll er nun ein mulmiges Gefühl im Bauch haben? Er hat schließlich die Aufgabe, Führer der radikalen Taliban zu interviewen. Wie wäre es, lieber Leser, wenn ich die Geschichte Dir überließe? Denke Sie Dir. Ich habe ja schon erzählt, daß Harry Brown am Ende seiner Afghanistan-Reise aus dem Land fliehen muß, weil er als angeblicher Spion von beiden Seiten verfolgt wird. Sandra hat schon auf Kreta über die ersten Manuskriptseiten gesagt, daß sie etwas sonderbar sind. Und warum soll die Geschichte nicht auch sonderbar bleiben? Also, denke Dir dieses Abenteuer des amerikanischen Journalisten! Aber laß ihn nicht zu sehr an Nordzypern denken, hörst Du, dorthin darf er nämlich erst später – mit mir. Und vergiß nicht, daß in Boston Harrys Anvertraute, Laura Smith, auf ihn wartet. Bette sie in Deine Geschichte ein. Eckpunkte willst Du? Flug nach Karachi, Busfahrt in den Norden Afghanistans, Interview, Schüsse, Flucht.

Die kleine Gül hat den morgendlichen Weg auf die Felder angetreten. Es ist das ewig gleiche Spiel. Ein Paket aus den Händen ihrer Mutter, eine große Flasche Wasser. Die Verpflegung für den Tag. Die Ziegen und Schafe blöken im Stall. Hinter den Zäunen aus Reisig und Ästen stehen die Tiere dicht an dicht. Sie trällert ihr Lied. Ich trällere *Merhaba Dünya*. Sie geht den Weg hinauf. Die Hunde bellen im Dorf. Der Bruder begleitet sie ein Stück. Fast immer an der gleichen Stelle überholt sie der Bus nach Gazimagusa, hält an und nimmt den Jungen mit. Dann prägt Einsamkeit den Tag des Mädchens. Sie ist alleine mit den Ziegen.

Das Klappern der Tasten mahnt mich, die Gedanken zu fassen, die ich vorgedacht bereits hatte, denn das Ende dieser Reise nahte. Es war der erste November. Heute ist Allerheiligen und alle anderen, wer auch immer das war, schlotterte jetzt auf den kalten deutschen Friedhöfen. Ich hatte seit neun Jahren kein Allerheiligen mehr in Deutschland erlebt. Ich wußte gar nicht mehr, daß es einen ersten November auch in Deutschland bei Kälte und grauer Tristesse gab. Ob Bernd Protzner auch seiner verstorbenen Angehörigen auf einem Friedhof gedachte? Harry Brown – ich hoffe, Du hast die Geschichte zu einem glücklichen Ende gedacht, denn immerhin brauche ich Dich, den amerikanischen Reporter noch – wird nicht vor den Gräbern verwandter Toter stehen, er wird Heloween feiern. Aber bei ihm war doch erst Weihnachten. Die Zeit spielt bei den Reisen durch einen Kreis keine Rolle. Die Realität sieht anders aus. Bis ich wieder in meine zweite Heimat fliegen kann, würde noch ein halbes Jahr vergehen müssen. Zwingend. Aber dazwischen lag die Asienreise.

Die Kälte macht eine Leere im Kopf. Das Grau steigert die innere, weiß der Himmel warum, vorhandene Hoffnungslosigkeit unermeßlich, obgleich weder Grund noch Hintergrund für diese eben überhaupt auszumachen sind. Es ist schlichtweg der Blick auf das Grau, der die Spannung ins Unermeßliche treibt, in der Erwartung in Singapore und Hongkong fremde, neue Welten zu entdecken.

Harry Brown ist tot! Lies nun, wie er umkam. Wenn es Dir, lieber Leser, nicht ins Konzept paßt, daß ich die so mühsam gefundene Figur nun so unsanft von der Bühne stoße, beende an dieser Stelle die Lektüre. Es kam eben alles anders, als ich vermuten konnte; und weil eben immer alles anders ist, als man vermuten kann, muß auch mit Harry Brown Unvorhersehbares geschehen. Aber konnte ich ihn einfach sagen lassen: „Ich habe keine Lust mehr, bring mich sofort nach Zypern"? Es mußte Hand und Fuß haben, was dem Helden widerfahren sollte, ehe er in New York zu Grabe getragen wird. Schlimm genug, einen so jungen Kerl aus dem Leben zu schmeißen, nur weil man als Schriftsteller selbst gerade in der Stimmung ist, die dem Journalisten den Hauch des Lebens aus dem Gesicht bläst.

Es war der Buß- und Bettag, den man als gesetzlichen Feiertag abgeschafft hatte, den Kindern in der Schule aber aus religiösen Zwecken erhalten hatte. Diesen Mittwoch werde ich so schnell nicht vergessen, nicht vergessen wegen des einen Anrufs aus dem Reisebüro, der mit einem Schlag alles vernichtete, was mich schon über ein halbes Jahr beschäftigte. Damals schrieb ich, und ich erspare Dir, Leser, hier das Blättern auf die erste Seite: „Ich dachte daran, in einem halben Jahr einen Langstreckenflug überstehen zu müssen, der Kräfte raubend sein würde: von Hongkong über Singapore nach Frankfurt." Und das dachte ich bis zu jenem Anruf an diesem Buß- und Betmittwoch, der das erste Glatteis des Jahres brachte und kein Glückstag für mich war. Der starke Smog in Singapore hatte doch viele davon abgehalten, in die Dunstglocke reisen zu wollen. Die Reise wurde kurzerhand abgesagt, der Sinn dieses Geschriebenen zum größten Teil verfälscht – und Harry samt seiner Bostoner Freundin Laura überflüssig.

Harry kam gerade aus Afghanistan zurück, als er in der Redaktion erfuhr, es erwarte ihn wieder eine Aufgabe. Schon am nächsten Tag flog er los. Kaum konnte er aufatmen, den Kabuler Wirren entkommen zu sein, auf eine Art, die ich Dir, Leser, selbst überließ, sandte man ihn wieder fort. Die Krise im Irak, die zu jener Zeit die Vereinigten Staaten in Atem hielt, war nicht Harrys Metier. Er war zwar im Irak gewesen (zu Zeiten des Golfkriegs), doch wollte er nicht darüber berichten, daß Saddam Hussein die amerikanischen Waffeninspekteure nicht mehr ins Land lassen wollte, er wollte schlicht nicht vom amerikanischen Säbelrasseln schreiben. Das hatte der Chefredakteur anerkannt und ihn stattdessen ins ägyptische Luxor geschickt. Er sollte eine Reportage über den Tourismus dort schreiben. Sein Hotel war bequem und luxuriös. Er hatte noch am Morgen gut gefrühstückt, ehe er sich mit einer Gruppe schweizer Urlauber auf den Weg zu den Tempelanlagen vor Luxor machte. Das tragische Ergebnis haben wir in den Zeitungen lesen können. Achtundsechzig Menschen starben im Kugelhagel. Radikale Fundamentalisten hatten gemordet, um Terror gegen den ägyptischen Staat zu verüben. Harry sank zusammen als die Schweizerin vor ihm schrie und der Mann neben ihm sich an die Seite faßte, weil ein beißender Schmerz ihn packte. Eine Salve durchdrang die Urlaubermenge. Menschen fielen zu Boden. Durcheinander.

Doch ist es nicht tugendhaft, einen solch tragischen Stoff zu einem Buch zu verarbeiten, möglichst im Reality-TV-Stil aufzubereiten. Harry Brown war mit knapp siebzig anderen im Kugelhagel der radikal-islamistischen Terroristen umgekommen. Das, was in New York und Boston dann geschah, will ich nicht erzählen, zu intim greift es in das Leben der erfundenen Figuren ein. Welch herrlich moralischer Anspruch! Aber es ist doch eine ehrbare Sache, wenn man heute noch Figuren wie Harry Brown ihre Privatsphäre zugesteht, wenn Menschen wie die Pincess of Wales sie als real existierende Personen nicht einmal zugestanden bekommen. Ich will aber von meinen weiteren Plänen erzählen, schließlich war es nun unmöglich geworden, zusammen mit Harry Brown und seiner Freundin Laura Smith auf der belebten Orchard Road zu Singapore Weihnachten zu feiern. Es war auch nicht mehr möglich, den Journalisten im Frühjahr mit nach Zypern zu nehmen. Ein einziger Brief an jenem Buß- und Bettag hatte alle Pläne über den Haufen geworfen. Ich würde an Weihnachten vier oder fünf Tage Istanbul besuchen. (Vielleicht finde ich ja den Laden, in dem Harry und Laura zum Tee eingeladen wurden.) Zwar war Istanbul kein wirklicher Ersatz für die Metropolen

Bangkok und Hongkong und schon gar nicht für das zauberhafte Singapore mit all seinen mir prophezeiten Kontrasten, aber Istanbul war ein ganz kleines Stückchen Heimat. Schön, daß man als Reisender immer und überall ein Stückchen Zuhause finden kann.

Die kleine Gül paßt auf die Herde auf, singt alte türkische Lieder und überlegt sich, wie die großen Städte jenseits des Meeres aussehen. Sie lacht und läßt sich den Herbstwind ins Gesicht blasen. Endlich Wolken am Himmel. Die Zeichen der Großmutter. Bald fängt die Schule auch für sie wieder an.

In den Vororten von Teheran sitzt ein junger Mann am Schreibtisch seines Büros. Mohammed Mahmud Ali Al Qatar ist gerade von einer Wirtschaftskonferenz aus dem Land seiner Väter zurückgekehrt. Er hat die Tage verbracht wie all die anderen auch, hat aber zu seinem Vater mehrmals gesagt, er werde wieder nach London gehen. Auch in Teheran ist es kühler geworden, der Winter bricht an, auch im Orient. Die Nachricht von Harrys Tod hat Mohammed Mahmud schwer erschüttert, er hat einen Freund und Bruder verloren.

Im Capsis Beach Hotel auf Kreta hat man den Betrieb eingestellt, nachdem Anfang November die Regierungschefs von acht südosteuropäischen Staaten eine Tagung dort abhielten. Um diese Zeit kommen keine Urlauber mehr, niemand setzt sich mehr auf die Felsen und hört dem Meer zu wie es gegen die Steine bricht. Es ist kühl und zugig, das Wasser grau und bleiern, der Himmel hängt tief und atmet schwer. Er bereitet sich auf den neuen Sommer vor.

In Bellapais sitzen die alten Männer nach wie vor an den Tischen der Kaffeehäuser. Sie warten nicht auf Harry, der mit mir zu ihnen kommen wollte. Sie warten auf nichts und niemanden. Sie sitzen dort, als säßen sie seit eh und je unverändert auf ihren Stühlen. Und doch sind Jacken und Westen Anzeichen für den nahenden Winter, auch auf Zypern.

Seltsam, Leser, Du wirst Dich wundern. Seltsam, daß das Motiv nicht bekannt war, als ich zu schreiben begonnen habe. Sandra hat mich bedauert. „Und das sagst Du so nebenbei", hat sie gesagt. Als hätte es etwas genutzt, wenn ich meine Enttäuschung darüber, nicht nach Singapore und Bangkok und Hongkong zu kommen, laut hinausgerufen hätte. Seltsam, daß vieles immer anders kommt, als man sich denkt, vor allem dann, wenn es die erhofften guten Dinge sind, bei den befürchteten schlechten Dingen ist die positive Überraschung leider auch die Ausnahme. Seltsam, findest Du nicht auch?

# Wege nach Zypern

Die Straßen waren vom Schneematsch weiß-grau. Die durchfahrenden Autos ließen die Passanten auf den Bürgersteigen die Nähe zu den Häuserwänden suchen. Sonne hatte die Stadt lange nicht gesehen. Dunkel und verhangen zeigte sich der Münchner Himmel nicht gerade von der besten Seite. Zweifel an weißen Weihnachten hatte in diesen Tagen niemand mehr. Viele, die dem Streß der heiligen Festlichkeit entfliehen wollten, waren schon seit dem zwanzigsten Dezember in den Süden geflogen. Ich las in der Zeitung von stundenlangen Verspätungen und über Weihnachtsfeiern auf Gran Canaria.

Der Tee schmeckte weihnachtlich nach Zimt und ließ in mir dennoch keine Weihnachtsstimmung aufkommen, denn das Fest der Liebe war für mich seit vielen Jahren ein Fest des Kaufrausches gewesen und dem hatte ich mich entsagt. So saß ich am zweiundzwanzigsten Dezember im Wohnzimmer meiner Schwabinger Mansardenwohnung und blickte mißmutig mal in die Zeitung, mal auf die Schneematsch tragende Straße unten vor dem Fenster.

Regenschirme und schwarze Mäntel, ein in die Händeklatschen, kurzes Stehenbleiben, Hüte zog man in diesen Zeiten schon lange nicht mehr.

Der Duft des schwarzen Tees mit Zimtgeschmack durchdrang nicht alleine meine Wohnung, sondern hatte sich in ganz München breitgemacht, und ehrlich zugegeben, so widerlich ich den ganzen künstlichen Weihnachtsstreß empfand, so genoß ich es auch, wenn ich über den ein oder anderen Münchner Weihnachtsmarkt spazieren konnte. Freilich waren Flocken vom Himmel dabei willkommener als schwere Tropfen, doch leider gab es in den letzten Wochen mehr als genug von beidem.

Weihnachtsstollen statt Frühstückssemmel. Die Ferien hatten begonnen, ich hatte Zeit, Schüler und Kollegen für ein paar Tage zu vergessen.

Ein Radfahrer hat Schwierigkeiten, die dünnen Reifen in eine gerade Spur durch den Schnee zu zwingen. Schwabing leuchtete. Die Christbäume zeugten von den jährlich wiederkehrenden Taten des Beschenken und Beschenktwerdens. Kinderaugen leuchten - und leuchteten bei mir lange schon nicht mehr. Ich hatte Zeit, zu viel Zeit. Schifahren wollte und konnte ich nicht. Aber die ganzen Ferien in München bleiben konnte und wollte ich ebenfalls nicht.

Der Blick ließ ab von den Menschen und Autos auf der grauweißen Straße. Er wanderte unruhig in der Zeitung hin und her, blieb aber plötzlich haften.

„Keiner kennt Heinz Gnob", wollte die Zeitung zum Lesen animieren. Und tatsächlich fuhr ich fort. „Heute hätte Heinz Gnob seinen fünfzigsten Geburtstag gefeiert. Aber aufgefallen wäre das nicht vielen. Gnob war ein unbekannter deutscher Schriftsteller, der früh das Land verließ und auf Nordzypern sein Glück suchte. Heinz Gnob überraschte 1976 mit dem Roman ‚Wege nach Zypern', der es auch in Deutschland fast zu einem Bestseller gebracht hätte. Gnob verfaßte nur zwei Romane, jedoch unzählige Kurzgeschichten, ehe er im Frühjahr 1979 mit seiner Lebensgefährtin, der türki- schen Journalistin Neriman Salkim, bei einem Badeunfall ums Leben kam. In seinem Roman ‚Wege nach Zypern' beschrieb Gnob eine Reise durch die Südtürkei bis nach Nordzypern, das seit 1976 seine Heimat war. Seine spätere Lebensgefährtin wollte zwei Jahre danach über das Buch schreiben und reiste dem unbekannten Schriftsteller mit dem eigenwilligen Stil hinterher. Sie blieb dann bei ihm. Auf Nordzypern gilt Gnobs Werk noch heute als Anerkennung für die Menschen und Landschaften der Insel."

Ich mußte irgendwie einen Narren an dieser verhältnismäßig unspektakulären Nachricht gefressen haben, warum sonst, wäre ich am Vormittag in die nächste Buchhandlung gegangen und hätte nach diesem Roman gefragt. Doch der ältere Grauhaarige hinter der Theke des eigenwilligen Buchladens an der Ecke wollte in seinen Verzeichnissen (wenn auch etwas unbeholfen, suchte er im Computer nach dem Buch) nichts weiter von einem Heinz Gnob finden außer: „Gnob, Heinz. ‚Stil des Herrlichen‘, Kurzgeschichten, Frankfurt 1975, 12,80 DM."

Sicherlich wollte ich damals im Schneetreiben nicht darauf verzichten, mir wenigstens diese Kurzgeschichten mit dem verheißungsvollen Titel zuzulegen, doch klang des Grauhaarigen „ist aber längst vergriffen" weniger verheißungsvoll und ließ alle Hoffnungen auf Heinz Gnob in einer Schneematschwolke verschwinden. Doch noch in dem Buchladen kam mir, wohl aus einer unerklärlichen Enttäuschung heraus, die Idee, einfach das zu wiederholen, was diese Journalistin getan hatte.

Ich eilte nach Hause, sofern von einem Eilen bei diesen Witterungsverhältnissen überhaupt eine Rede sein konnte. Grau-weißer Schneematsch machte jedes Eilen zu einem sich durch Matschmassen quälenden Fortkommen. Wer langsam schlenderte wirkte nicht lächerlich, wer aber eilte, torkelte auf dem Bürgersteig hin und her. Und wer andere überholte bekam das eisige Wasser ins Gesicht gespritzt, wenn die Autos durch die enge Straße fuhren.

Zu Hause machte ich mir, entgegen allen Gewohnheiten, erneut einen Tee, setzte also Wasser auf und ließ die Weihnachtsmischung mit den duftenden Zimtstangen darin ziehen. Dann nahm ich mir die Zeitung und las den Artikel noch einmal. „Seine spätere Lebensgefährtin wollte zwei Jahre danach über das Buch schreiben und reiste dem unbekannten Schriftsteller mit dem eigenwilligen Stil hinterher."
Wo begann die Reise? Wo sollte ich die Reise beginnen? Istanbul. Ankara. Izmir. Womöglich aber an der Südküste in Antalya. Eine türkische Journalistin will über das Buch eines

Deutschen berichten und reist ihm nach. Sie folgt seinen Spuren durch die Südtürkei nach Nordzypern. Sie mußte aus Istanbul gewesen sein. Zeit genug hatte ich. Vierzehn lange Tage. Doch war ich kein Reporter, der gewußt hätte, wie man nach der Journalistin Neriman Salkim hätte forschen können. Ich war kein gewiefter Lebenskünstler, der schon die richtigen Leute würde kennenlernen, um auf die Spuren von Heinz Gnob zu kommen. Und wenn ich die Reise andersherum machte? Ich konnte doch nach Nordzypern fliegen, wo der deutsche Schriftsteller mit dem eigenwilligen Stil angeblich noch heute ein bekannter Mann war, und dort nach ihm und seiner Lebensgefährtin, der Journalistin Neriman Salkim, fragen.

Seit dem Tod des jungen Pärchens waren achtzehn Jahre vergangen, vielleicht ließen sich die Spuren gar nicht mehr verfolgen, vielleicht waren sie längst verwischt. All das Rätselraten half nichts, ebenso wie das Lamentieren über Schnee und Wolken nichts gegen das schlechte Wetter half. Schnee fiel, wenn er zu fallen gedachte. Und so mußte es mit der Reise der Neriman Salkim gewesen sein. Und ich wollte diese Reise nachreisen, auch wenn ich Gefahr lief, am Ziel vorbeizureisen. Aber ich hatte vierzehn Tage Zeit. Und ich wollte und konnte nicht die ganzen Weihnachtsferien zu Hause verbringen.

Es gab keinen Christbaum in meiner Wohnung, den ich hätte anstarren können. Es gab vor der Straße nichts weiter als Schneematsch und Kälte. Der Englische Garten verhieß nasse Füße und quietschende Schuhe, zugeknöpfte Mäntel und eilende Menschen, die trotz ihres ungeschickten Eilens im Schnee festhingen. Ich verließ zum zweiten Mal an diesem Vormittag das Haus und quälte mich die Straße entlang, diesmal jedoch in die andere Richtung. Das Reisebüro war Quelle von Sonne und Sand, Meer und Wellen. Und ich wurde rasch zufriedengestellt. Istanbul Airlines, Abflug zehn Uhr vierzig, für den dreiundzwanzigsten Dezember gab es noch einen Platz.

Gebucht.

Ich schüttelte über mich selbst den Kopf, doch freute ich mich auf ein kleines Abenteuer, dessen Ausgang ich nicht kennen konnte und das im Grunde keinen Ausgang brauchte, denn wenn Heinz Gnob nicht auftauchen wollte, wollte er eben nicht auftauchen. Dann konnte ich immerhin die Ferien irgendwo verbringen, wo es etwas Neues zu sehen gab. Etwas Neues zu sehen? Ich war vor vielen Jahren in Istanbul gewesen. Aber erinnerte ich mich noch an genaue Details? Es waren mehr die Gesamteindrücke, die haften blieben. Häusermeere, Betonburgen, Moscheen.

Schon am nächsten Tag würde ich auf dem Weg sein, den unbekannten Schriftsteller Heinz Gnob zu suchen. Wie sah dieser Mann wohl aus? Wie seine türkische Journalistin? War sie eine jener türkischen Frauen, die blondgefärbtes Haar hatten und sich die Lippenränder schwarz bemalten? Die Fragen und Bilder in meinem Kopf ließen schlagartig Reisefieber entstehen. Dabei brauchte ich doch gar nicht aufgeregt zu sein. Ich hatte erst im vergangegen Sommer eine Bruchlandung in Togo heil überstanden. Mich konnte doch das bißchen Istanbul nicht mehr aufregen. Und doch rasten Bilder durch meinen Kopf, die alle zusammen einen Film ergaben, der sich mit den Kinobesuchen der vergangenen Woche – ich war mit der 11e im Mamorhaus gewesen – vermengte und so einfach perfekt war. Aber perfekt würde diese Reise nicht werden, denn Gnob konnte nicht perfekt gewesen sein, denn Gnob starb mit zweiunddreißig Jahren bei einem Badeunfall. Die Journalistin auch.

Schwammen sie zu lange? Schwanden ihr die Kräfte, rettete er sie aus den Wellen, ehe sie beide niedersanken? Dann aber hätte in der Zeitung nicht gestanden, er sei bei einem Badeunfall ums Leben gekommen, dann wäre dort von einem Untergehen die Rede gewesen. Vielleicht ist ihr Boot gesunken. Wahrscheinlich ist ihr Boot gesunken. Und damit die Hoffnung auf eine gemeinsame Zukunft. Der deutsche Schriftsteller Heinz Gnob und die türkische Journalistin Neriman Salkim, beide jung, beide intelligent, sie hätten auf Nordzypern ein schönes Leben haben können. Sie starben jung. Bei einem Badeunfall. Ich sah ein hölzernes Boot in irgendwelchen Wellen reiten und brechen, ich hörte in Bildern Hilfeschreie und sah wie zwei Menschen aus dem umgekippten Boot fallen. Schaum und Gischt und alles wird in Wahrheit so anders gewesen sein.

Der Tag neigte sich, und ich hatte mich auf alles vorbereitet. Die besten Freunde waren vom waghalsigen Abenteuer ohne Sinn und Eifer unterrichtet worden. Der Koffer (noch immer mein alter Lederkoffer) war gepackt. In Istanbul, so hatte mir die Zeitung verraten, war es kalt, ich war also auch für winterliches Wetter dort gerüstet.

Ich wünschte, türkisch gesprochen zu haben, um die Menschen in Istanbul nach Neriman Salkim fragen zu können. Vielleicht würde ja ein Wunder in der Nacht geschehen und mir im Schlaf einhauchen, welche die richtigen Vokabeln waren. Als ich gegen elf Uhr das Licht ausmachte, sanken auf die Schneematschstraße, die im Sommer eine Schlaglochstraße war, noch immer Flocken hernieder. Schwere, weiße, graue, nasse Flocken. Und in jeder Flocke eine Vokabel, tausende zusammen. All die Wörter, die ich würde gebrauchen können. Doch mein Fenster war verschlossen, die niedersinkenden Wörter konnten mich nicht erreichen. Ich war schon längst bei Heinz Gnob und Neriman Salkim. Ich mußte jedoch zuerst Neriman finden, um zu Heinz zu gelangen.

In dieser Nacht träumte ich so wirr wie die Bilder des Tages gewesen waren. Der Buchladen an der Ecke war auf einmal in Istanbul, der Grauhaarige sprach türkisch und suchte schwerfällig in seinen Listen und fand niemals das, was ich suchen ließ. Die Schneematschstraße war ein großer Boulevard geworden, die Menschen drängten nicht länger an die Häuserwände, da der weiß-graue Schneematsch verschwunden war. Auf einem Boot, mitten auf dem Boulevard, saßen Neriman Salkim und Heinz Gnob, sie lachten und tanzten, bis sie auf die Straße fielen. Dann sanken wieder leise Flocken auf die weiße Schneematschstraße hernieder.

Etwas müde stand ich am nächsten Morgen auf, nahm die Zeitung zur Hand, und stellte fest, daß ich in meinem Gepäck das fast wichtigste vergessen hatte: den Artikel der Zeitung vom Vortag. „Keiner kennt Heinz Gnob". Ich hatte ihn gestern kennengelernt. Ich wollte ihn besser kennenlernen. Ich durfte das nur noch nicht - deshalb, weil in den Verzeichnissen des Buchhändlers der Roman „Wege nach Zypern" unbekannt war. Deshalb, weil die Kurzgeschichten „Stil des Herrlichen" längst vergriffen waren. Aber irgendwie hatte ich mir am Tag zuvor schon so viel Gedanken gedacht, daß ich diesen deutschen Schriftsteller schon ein wenig kennen mußte.

Am Flughafen war nicht sonderlich viel los an diesem dreiundzwanzigsten Dezember. Ein paar Urlauber auf dem Weg in die Sonne. Agadir, Dominikanische Republik, Mallorca. Sonst aber unübliche Leere in den Gängen. Im Grunde war dies ja nicht verwunderlich, denn die vielen Geschäftsreisenden blieben an diesem Tag vor Weihnachten zu Hause. Sie holten Christbäume von irgendwelchen Märkten oder bei Bauern, sie halfen zu Hause und ließen die Akten Akten sein. Ich dagegen stand zwischen zwei türkischen Großfamilien, die zu Weihnachten nach Hause flogen.

Koffer wurden gewogen, Bordkarten ausgegeben. Die beiden „Familienoberhäupter", die Familienväter, vielleicht Mitte vierzig, zeigten den Weg zur Paßkontrolle. Frauen, Großmütter und -väter, Kinder, beziehungsweise Enkelkinder folgten. Istanbul war in Reichweite. Ich schob der Dame am Schalter mein Ticket hin, hievte den Koffer auf das Band und nahm dankend die Bordkarte entgegen. Dreizehn „d".

Aus welcher Stadt Heinz Gnob wohl war? Er war bestimmt nicht aus München. Er war sicher aus Berlin. Oder aus Lübeck? Vielleicht war er ein Stuttgarter. Ich würde es schon erfahren. In ein paar Tagen würde ich das Abenteuer erlebt haben und wieder nach Deutschland zurückkehren, meinen Freunden und Kollegen sagen: Hört mal her, was ich in den Weihnachtsferien Verrücktes gemacht habe...

Die Wolken raubten mir schon bald die Sicht und so durfte ich das Schneematsch schwangere München unter mir nicht betrachten. Dafür wurde die Wolkendecke über den Alpen dünner und die Bergspitzen, weiß und zuckersüß, blitzten durch die grauen Nebelschleier in den Tälern. Ich blätterte verbissen im Bordmagazin der Istanbul Airlines, blätterte und blätterte, las auf englisch die Texte, versuchte, türkische Brocken im Geist auszusprechen. Letztendlich kramte ich dann aber in meinem Handgepäck und fand ein wichtigeres Schriftstück. „Heinz Gnob überraschte 1976 mit dem Roman „Wege nach Zypern", der es auch in Deutschland fast zu einem Bestseller gebracht hätte. Gnob verfaßte nur zwei Romane, jedoch unzählige Kurzgeschichten, ehe er im Frühjahr 1979 mit seiner Lebensgefährtin, der türkischen Journalistin Neriman Salkim, bei einem Badeunfall ums Leben kam." Ich hatte den Text mittlerweile fast auswendig gelernt. Immer wieder las ich von dem deutschen Schriftsteller, der am Tag vor meiner Abreise fünfzig Jahre alt geworden wäre. Aber er durfte nur zweiunddreißig Jahre alt werden, weil der Badeunfall, was auch immer ein Badeunfall sein mochte, weil ihm dieses Unglück das Leben nahm. Er hätte mit Neriman Salkim glücklich sein können. Bestimmt. Er war zweiunddreißig als er starb. In dem Artikel stand nirgends wie alt die türkische Journalistin war, die über den Deutschen berichten wollte, der von den „Wegen nach Zypern" schrieb. Ich tippte auf eine etwas ältere Frau, mußte aber später feststellen, mich geirrt zu haben. Die Alpen unter mir hatten sich verwandelt, es waren nun Hügel und das Land war karg und nicht mehr sonderlich attraktiv. Wir überflogen Bulgarien. Bulgarien. Was wußte ich schon über Bulgarien? Sofia. Wassermangel. Ein Land, das die gleichen Schwierigkeiten hatte, wie alle anderen Länder des ehemaligen Ostblocks auch. Armut. Recht viel mehr war mir aber über dieses Land nicht bekannt, und das obgleich ich Geographie unterrichtete.

Der reiche Mann neben mir (reich war er deshalb sicher, weil seine goldene Uhr funkelte und die Brille golden blitzte) trank Wiskey und hatte sicherlich besseres vor in der Türkei, als quer durch das Land einer Journalistin hinterher zu jagen, die zu dem zwanzig Jahre Vorsprung hatte und nicht mehr einzuholen war. Ich starrte an ihm vorbei nach unten. Das Flugzeug hatte sich zu senken begonnen und man konnte bereits türkische Häuser erkennen. Etliche Blicke später, viele Momentaufnahmen danach, stand ich am Schalter des türkischen Zolls. Die Stempel klackten in die Pässe der Ankommenden aus München. Es hatte neun Grad. Kein Schneematsch, kein Regen. Die Sonne strahlte an diesem dreiundzwanzigsten Dezember. Ich war nun also in Istanbul. So richtig bewußt wurde mir das erst, als ich verloren durch die Ausgangshalle irrte, und ein Problem auftauchte: Ich hatte vergessen, mich um ein Hotel zu kümmern. Ich dachte nicht im Leben daran, bei all der hektischen Entscheidung zu Hause, daß ich in Istanbul nicht würde auf Parkbänken schlafen können. Der reiche Sitznachbar ging wieder an mir vorbei, der edle Lederkoffer wurde gekonnt hinter sich hergezogen. Ich murmelte in mich hinein: „Na dann, gutes Geschäft." Doch wahrscheinlich war der reiche Mann gar nicht wegen irgendwelcher Geschäfte in Istanbul. Er sah aus, als wäre er Türke, der in Deutschland die Geschäfte macht, und nun zu Weihnachten (und bestimmt auch zu Neujahr) nach Hause fliegt.

Taxis hupten wild durcheinander vor der Eingangshalle

des Atatürk Flughafens. Und ich versuchte mich zurückzuerinnern, wo ich damals, vor vielen Jahren gewohnt hatte. Es war ein Studentenhotel. Aber war ich dafür nicht längst viel zu alt? Warum eigentlich? So nahm ich mir ein Taxi und sagte dem Fahrer, wo es denn hingehen solle: „You know the student hotel, Sultanahmet?" Er wußte wo und fuhr los.

Die Stadt rauscht an beiden Seiten der Fensterscheiben vorbei. Häuser. Hochhäuser. Häuserburgen. Betonburgen. Auf der anderen Seite der Hafen und die Promenade. Hier gingen die Menschen spazieren. Sie trugen Mäntel. Auch in Istanbul feierten die Leute den weihnachtlichen Konsum, der sie zum Manteltragen und –zurschaustellen bewegte – und neun Grad waren nicht sonderlich warm. Sollte ich es wagen, den Fahrer zu fragen, ob er etwas von der Journalistin Neriman Salkim gehört hatte? Ich fragte und wurde enttäuscht. Nun, immerhin ist das auch zwanzig Jahre her, verständlich, daß ein Istanbuler Taxifahrer nicht weiß, wer das war. Aber es hätte ja sein können. Nur, wer weiß es denn nun überhaupt? Wo sollte ich meine Suche beginnen?

Im Studentenwohnheim eher nicht. Die meisten Gäste, die dort wohnten waren so jung, daß sie von Gnob sicher nichts gehört hatten. Und wenn sie älter waren, kamen sie aus Oklahoma oder Tokyo. Aber Türken, die von einer Neriman Salkim gehört hätten, geschweigedenn gewußt hätten, wer genau diese Person war, die gab es im Studentenhotel gegenüber der Hagia Sophia leider nicht. Auch hier wurde ich also enttäuscht. Ich verlebte den ersten Abend in einer lustigen Runde zusammen mit ein paar Kollegen aus Oklahoma und aus Tokyo, sowie einem Pärchen türkischer Studenten aus Ankara („Wurde Zeit, daß wir *beide* uns Istanbul ansehen", hatte der junge Mann gesagt und seine Freundin dabei ganz vorwurfsvoll angesehen).

Am Heiligen Abend, der hier weder heilig war, noch

145

mit einem Abend begann, sondern damit, daß bei beißender Kälte am Morgen der Muezzin der benachbarten Blauen Moschee zum Gebet rief, wurde ich aus dem Tiefschlaf gerissen. Das Frühstück ließ den Plan für den Tag reifen. Ich wollte mich auf den Weg machen, in der Altstadt den Büchermarkt zu suchen, um dort nach Gnob zu forschen. Sehr wohl wissend, daß ich in erster Linie nach Neriman Salkim zu suchen hatte, machte ich mir dennoch größere Chancen aus, in einem der Buchläden, an die ich mich trübe von früher her erinnere, Gnobs Meisterwerk „Wege nach Zypern" zu finden. Ich stolperte über Kisten, die im Eingang des Studentenhotels gestapelt waren und verlor so den Faden meiner Gedanken. Neben dem Ziel: Bazar hatte ich mir natürlich auch das Ziel: Hagia Sophia gesteckt, doch erst die Arbeit, dann das bekanntliche Vergnügen. Doch warum nicht einmal mit Vorschußlorbeeren starten?

Von einer derart beeindruckenden Größe war diese Basilika, daß man darin starr stehenbleiben wollte. Doch Touristenmassen und Kälte trieben mich voran, immerhin hatte ich ja auch nicht den ganzen Vormittag Zeit, mich nur um die Heilige Weisheit zu kümmern, denn in mir schrie alles nach Heinz Gnob und Neriman Salkim. Ich wußte, daß mein Kampf vielleicht vergeblich sein würde, ich in jedem Buchladen der Stadt fragen konnte, und vielleicht doch nie eine Antwort bekam. Neriman Salkim war bestimmt keine berühmte Journalistin. Gnob war auch kein sonderlich berühmter Schriftsteller. Nur eben „Wege nach Zypern" machte ihn wegen des angeblich eigenwilligen Stils berühmt. So jedenfalls hatte ich es jetzt bereits hundert mal in diesem Zeitungsartikel gelesen.

Nachdem ich im nostalgischen Pudding Shop, der mit Pudding nur wenig zu tun hat, mein Mittagessen eingenommen hatte, machte ich mich auf die Suche nach dem Buchmarkt. Der Pudding Shop ist ein kleines zweistöckiges Selbstbedienungslokal in der Divanyolu Caddesi. Seit 1957 werden hier die Leute verköstigt. Zwar mäßig gut, dafür typisch türkisch. Das Haus befindet sich gegenüber den beiden großen Moscheen, der „Großen Weisheit" und der „Blauen Moschee", der Sultanahmet-Moschee, im gleichnamigen Stadtviertel. Man stolpert mehr schlecht als recht die Treppe in den ersten Stock, setzt sich an einen der Tische und sieht den Menschen zu, die unten vorbeigehen. Nebenbei läßt man ein lauwarmes Huhn, zerhackt und mit Tomaten, Paprika und sonstigen Gewürzen verkocht, kälter werden und schlürft entweder Ayran, den verdünnten Joghurt mit Salz oder, wie ich, man trinkt Cola. Meine Gedanken in diesem Lokal kreisten. Weihnachten in Istanbul. Wo würde ich morgen sein? Wo würde ich morgen sein? Vor allem: Wo war Neriman Salkim am Tag danach? Am Tag nach was? Männer schrien laut durcheinander und erfreuten sich ihrer Mittagspause. Andere stolperten ebenso unbeholfen wie ich die Treppe hinauf und verstauten die zerfetzten Millionenscheine in der Hosentasche. Wer in die Türkei kam, war schlagartig Millionär.

Die Straßen waren voller Menschen. Die Kälte zog durch meinen Mantel und ich hatte Mühe, den Schal festzuziehen. Alte Männer, Islamisten mit langen Bärten, junge Männer in Jeans und Jackett. Frauen, verschleiert, andere, teure Lederjacken tragend, reich und arm. Die Stadt pulsierte. Und am Bazar war noch mehr los als in den Hauptstraßen des Stadtteils Sultanahmet. Ob der Büchermarkt die richtige Adresse war, um nach Neriman Salkim zu suchen, wußte ich nicht, aber ich suchte eben. Der Eingang in den Bazar war leicht ausgemacht. Ein großes Tor, zwei Polizisten und viele, viele Menschen. Links des großen Tores befand sich aber eine kleine weitere Einkaufsstraße, wo es viele Lederwaren zweiter Klasse gab. Intuitiv, als hätte ich gewußt, daß ich nicht in den Hauptbazar gehen durfte, schlug ich den Weg in Richtung dieser Seitengasse ein, und war erfolgreich. Die erste Aufgabe hatte ich also gemeistert. Hinter den Lederwaren: Bücher über Bücher. Alt, neu, türkisch, arabisch, englisch, russisch, deutsch, rumänisch, italienisch, spanisch, hebräisch, und so weiter und so fort. Ich atmete die Luft der vergilbten Seiten und blieb einfach stehen.

Die Sonne stand schon tief und der Muezzin einer nahegelegenen Moschee begann mit einem lauten und weit durch die Luft jammernden „Allah u Akbar" das Gebet des Nachmittags. Ein alter Mann saß eingenickt auf einem Stuhl vor seiner Ladentür. Vor dem Laden hatte er alte Bücher aufgebaut, türkische, englische und arabische. Ich betrat den Laden, dabei wurde der Bärtige wach. Er grüßte und machte mir mit einer einladenden Geste doch verständlich, daß es ihm nicht unrecht war, Kundschaft in seinem Laden begrüßen zu dürfen. Mein Blick durchforstete die Regale. Gnob. Gnob. Gnob. Heinz Gnob. Er blieb auf manchen alten Buchrücken haften. Arabische Schriftzeichen. Kaligraphie. Das Leben konnte so voller Geschriebenem wunderbar sein. Rein interessehalber wagte ich die Frage, wie viel ein bärtiger Buchhändler denn für das alte Buch haben wollte. Auf englisch erklärte er mir, es sei ein Werk des ausgehenden achtzehnten Jahrhunderts, das die Baupläne für eine Moschee enthielt. Ich sei mit zweihundertfünfzig Dollar gut davongekommen meinte er danach. Ich ärgerte mich, meine Kreditkarte überhaupt aus dem Hotel mitgenommen zu haben. Die Laster eben. Bücher konnten mich nicht widerstehen lassen. Gnob im übrigen auch nicht. Später davon vielleicht mehr, ich erzähle lieber von anfang an. Nachdem der Bärtige das Geschäft seines Lebens gemacht hatte, fragte ich ihn nach Neriman Salkim. Er hatte den Namen nie gehört. Ich sagte, sie sei Journalistin. Er sagte, das sei sehr interessant. Ich sagte, sie sei 1978 einem deutschen Schriftsteller namens Gnob, Heinz Gnob, hinterhergereist. Er sagte, er habe aus dem Jahre 1978 ein Buch mit allen bedeutenden Zeitungsredakteuren Istanbuls. Ich sagte, ich würde es gerne sehen. Und er gab es mir. Ich durchflog die Seiten förmlich, bis ich endlich bei „S" angelangt war. Ich verstand kaum etwas. Doch ich konnte lesen. Ich las: Salkim, Neriman, 1951. Dann schlug nicht nur mein Herz schneller, auch wurde ich nervös. Ich bat den Mann, mir ins Englische zu übersetzen. Neriman Salkim, geboren 1951, freie Journalistin, derzeit bei Hürriyet (derzeit hieß 1978), plant eine ausgedehnte Reise nach Nordzypern, wo sie über einen deutschen Schriftsteller berichten will, so ihr Verlag. „Ist das die, die sie suchen?" schiebt der Bärtige nach. Ich brauche das Buch. Er schenkt es mir. Hatte er zuvor doch schon ein gutes Geschäft gemacht. Sie arbeitete 1978 bei Hürriyet. Ich mußte also irgendjemanden finden, der englisch sprach und bei Hürriyet arbeitete – und sie kannte.

Ich stieg ins nächste Taxi, sagte dem Fahrer, er solle zur Zeitung Hürriyet fahren und dort auf mich warten. Wir fuhren eine Stunde durch diese unendliche Stadt. Ich sah die großen Moscheen aufblitzen. Ich sah die Silhouette der weiten Häuserschluchten. Trotzdem blickte ich angestrengt auf die Seite in dem Buch, das mir Neriman Salkim gebracht hatte. Ich hatte den Kontakt zu ihr hergestellt, schon im ersten Buchladen. Schon beim aller ersten Versuch.

Die Sonne war verschwunden, die Dunkelheit hatte die Stadt mit Leben erfüllt, als ich am frühen Heiligabend Abend das große Bürohaus der Zeitung Hürriyet betrat. Der erste den ich in einem Büro fragte, wie es denn mit seinem englisch aussähe, zuckte mit den Schultern und verwies mich nach gegenüber, wo ich von einer jungen Dame mit den Worten „kän-a-hepp-schu" empfangen wurde. Can I help you, verstand ich nach dem zweiten Mal und tatsächlich, von Satz zu Satz wurde ihr englisch besser und für mich verständlicher. Sie, das sah man an der Frische des Gesichtes, dem Strahlen in den Augen, sie konnte Neriman Salkim nicht kennen, denn sie war höchstens dreiundzwanzig Jahre alt, Neriman Salkim wäre heute sechsundvierzig gewesen. Sie hätte aber ihre Tochter sein können (- war es natürlich nicht). Diese vielleicht dreiundzwanzig

Jahre alte Frau nickte verständnisvoll als ich ihr meine Geschichte erzählte. Sie bat mich, mitzukommen. Und so gingen wir gemeinsam lange Büroflure entlang. Auf den engen Gängen roch es nach abgestandenem Rauch, ein paar Putzfrauen und -männer taten ihren allabendlichen Dienst.

In einem Zimmer saß ein älterer Mann, er trug einen hellen Anzug, eine goldene Brille, sah nicht nur nach außen hin reich aus, mußte auch intelligent sein, denn in seinen Augen funkelte wilde Neugier. Es war  Herr Mehmet, wie die junge Frau mir ihn vorstellte. Es wurde auf beiden Seiten freundlich genickt. Dann erklärte sie Herrn Mehmet etwas auf türkisch, wobei ich außer dem Namen Neriman Salkim nur wenig verstand. Dann begann Herr Mehmet mit tiefer Stimme zu reden.

„Es freut mich sehr. Meine alte Freundin Neriman wäre heute sechsundvierzig Jahre alt. Neriman. Ja, die Neriman hatte es in jungen Jahren aus dem Land gelockt. Es muß ein besonderer Mann gewesen sein, dem sie da nacheilte, wenn Sie verstehen, was ich meine." In mir bebte es. Der Mann, der sich Herr Mehmet nannte, sprach von seiner alten Freundin, als der Name Neriman Salkim gefallen war. Der Schneematsch, der in München auf den Straßen grau den Tag verdüsterte mußte sich bei diesen Worten in Goldstaub verwandelt haben, durch den die Menschen wandern konnten. Ich hatte Neriman Salkim gefunden. Ich hatte den Anfang des Weges. Ich brauchte nur noch diesem Mann zuzuhören. Ich mußte nur diesen Herrn Mehmet erzählen lassen, der Rest würde von alleine geschehen.

„Wie lange sind Sie wohl in Istanbul, mein Herr?" wollte Herr Mehmet wissen. Ich sagte ihm die Wahrheit und er machte mir einen Vorschlag.

Es war schon Abend, er wollte nach Hause, nicht wegen des Weihnachtsfestes, das hier kein Fest war, aber er habe lange gearbeitet. Das mußte ich verstehen. Ich sollte am ersten Weihnachtsfeiertag, der hier kein Feiertag war, wiederkommen und er würde sich den ganzen Tag Zeit nehmen, mit mir durch die Stadt fahren, sie mir zeigen und natürlich von Neriman Salkim erzählen. Ich sprach von meinem Plan, bis Zypern zu reisen, davon, nur zwei Wochen Zeit zu haben. Herr Mehmet sah auf die Uhr, als wollte er mir zeigen, wie eilig er es hatte, und sprach: „Seine Reise, also die des deutschen Schreibers, hat sieben Monate gedauert, meine gute Freundin Neriman hat sieben Wochen gebraucht. Sie werden das schon in sieben Tagen schaffen, davon bin ich überzeugt." Ich verließ mit strahlender Miene das große Gebäude der Hürriyet Zeitung.

Vor dem Haus wartete in seinem einsamen gelben Taxi der Fahrer, dem ich mittlerweile sechs Millionen Lira schuldig war, so jedenfalls der klappernde Taxameter. Ich ließ mich quer durch die Stadt in mein Studentenhotel gegenüber der Hagia Sophia bringen.

Dieses Istanbul, oder das, was ich jetzt bei Dunkelheit aufnahm, es war nicht nur faszinierend, es war eine Pracht, alt und neu so vereint zu sehen. Nur das „Swiss Hotel - The Bosporus" lag etwas fehl am Platze im Garten der alten Palastanlage des Dolmabahçe Sarayi, wo 1938 der legendäre Mustafa Kemal Atatürk starb. Nur unweit hinter dem Palast in der Senke eines Hügels und dennoch auf einer Anhöhe: das Fußballstadion des Traditionsvereins Besiktas, das Inönü Stadion. Zu schade, daß an jenem vierundzwanzigsten Dezember kein Spiel stattfand. So herrschte ausgestorbene Ruhe im großen Rund der Anlage. Dafür drängten sich Autos, gelbe Taxis, rote Busse und Lastwagen über die Atatürk-Brücke, die die Neustadt mit der Altstadt verbindet. Dazwischen das berühmte Goldene Horn.

Die Dunkelheit ließ alles etwas mystisch erscheinen, gemütlich und freundlich; daß draußen eisige Kälte von einem Wind durch die Gassen gefegt wurde, fiel mir im warmen Taxi kaum auf.

Sieben Millionen sechshunderneunzigtausend. Das war

das Ergebnis des Taxameters, als der Wagen an der Hagia Sophia vorbeiknatterte, um vor dem Studentenhotel zum Stehen zu kommen. Umgerechnet waren das also etwas mehr als fünfundsiebzig Mark. Damit war ich billig davongekommen, denn bei uns... ich will gar nicht daran denken, was ich in München für die gleiche Fahrt gezahlt hätte.

Das Studentenhotel war belebt. Die vier Lehrer aus Oklahoma, ich hatte sie mittlerweile besser kennengelernt, hatten unseren Tisch feierlich dekoriert. Sie waren schon acht lange Wochen im Studentenhotel, denn sie nahmen an einem amerikanischen Projekt irgendeiner Universität teil. Ich hatte nie in meinem Leben von einer Stadt Tulsa im us-amerikanischen Oklahoma gehört, doch aus dieser Stadt stammten die vier Lehrer mittleren Alters.

Wir erzählten von Reisen durch die Welt, sie erzählten vom Leben in einem schicken Vorort von Tulsa, ich erzählte von München. Dort waren sie auch schon gewesen. Dann erzählten wir gemeinsam dem Lehrerehepaar aus Tokyo vom christlichen Brauch Weihnachten zu feiern. Sie, wie es in den Vereinigten Staaten ablief, ich wie in München die Stimmung sich änderte, sobald in Schwabing die Christkindlmärkte aufgebaut waren. Doch sie wollten wohl diese Stimmung nicht so recht begreifen. Zwar wußten sie, was Weihnachten war, aber daß es diese Stimmung zu fühlen gab, konnten sie nicht verstehen. Und zugegeben, ich hatte sie an jenem Weihnachtstag auch nicht gefühlt, auch wenn in Istanbul viele Häuser dekoriert waren. Doch das laute „Allah u Akbar", der Aufruf zum Nachtgebet, er ließ in mir ein orientalisches Kulturgefühl aufkommen, das alles Weihnachtliche verdringen vermochte. Und als nach dem achten oder neunten Efes-Bier der rothaarige Amerikaner zu singen begann: „Silent Night Holy Night", verließ ich den Raum und stieg in den zweiten Stock und legte mich schlafen.

Am nächsten Morgen wurde ich wieder vom lauten Ruf des Muezzins geweckt, der die Moslems zum Gebet mahnte. Das Studentenhotel befand sich nur wenige Schritte von der Blauen Moschee entfernt, so daß man die Gebetssuren laut und eindringlich vernehmen konnte. Doch in mir rief alles nur den Namen des Mannes aus, der mir an diesem Tag die Tore zu Heinz Gnob eröffnen würde.

Ich verließ nach einem einfachen Frühstück aus Oliven, Gurken, Käse und Weißbrot das Haus und wanderte den Weg hinüber zur Hagia Sophia. Zu dieser Zeit war hier noch niemand unterwegs, so daß auch die Scharlatane und fliegenden Händler sich noch nicht zeigen mochten. Sie hielten sich in den warmen Stuben auf, denn draußen war es bitter kalt. Aber wahrscheinlich empfand ich es nur so kalt, weil ich in Istanbul mit Wärme rechnete.

Es schien eine schwache Sonne vom winterlich morgendlichen Himmel, die nur zu Mittag die Temperaturen nahe an die Zehngradmarke bringen konnte. Vorbei an der Hagia Sophia wanderte ich um die antike Basilika herum und ging zum Topkapi-Palast, dem Serail und ehemaligen Sitz des Sultans. Dort hielt ich ein Taxi an und wiederholte die Fahrt des Vortages.

Herr Mehmet hatte mich schon erwartet.

***

Ein großer, schmächtiger Mann. Hager vielleicht. Sein Äußeres geprägt vom freundlichen Lächeln. Sonst aber unauffällig, gar aufdringlich unauffällig. Nur der leicht nach vorn gebeugte Gang machte ihn eigen. Braunes Haar, leicht nach oben gefönt. Aber keine Fönfrisur, wie sie diese Art Schönlinge hatten. So etwas hätte er nicht gewollt, obgleich man sagen konnte, daß er eitel gewesen war.

Die Brille sein Markenzeichen? Er hatte keine Markenzeichen, sehr wohl aber diese Brille. Nach der Schule hoffnungslose Leere. Er füllte sie mit einem Studium der Orientalistik. Der einst pralle Geldbeutel war leer, wie es sein Kopf nach dem Abitur war. Er haßte seinen Namen und las ihn dennoch mit Vorliebe irgendwo prangern. Er wollte sich niemals in den Vordergrund spielen, drängte sich doch gleichzeitig immer dorthin, wo alles in einer Mitte zusammenlief. Mutig. Mit dem Mund. Feig. Der Rest seines unscheinbaren Handelns. Frauen. Hatte er genug, ohne je eine Frau gehabt zu haben. Sein Bekanntenkreis war überschauber. So lebte er im Kreis seiner Freunde allein und still. Er hielt sich bedeckt, so offen er seinen Freunden gegenüber auch war. Ein Herdentier war er nie gewesen.

Beobachtet hat er immer. Leider auch sich selbst. Beobachtet haben auch viele andere. Manchmal auch ihn. Früh hatte er gelernt, daß das, was er sagte, ihm eines Tages leid tun würde. Aber er hatte ebenso zeitig erfahren, daß Worte dazu da waren, damit zu modellieren. So modellierte er mit den Worten, die ihm dienten als wären es seine Eigentümer, die Entschuldigungen für all das, was ihm leid tat, gesagt zu sein.

Er bemühte sich schon in jungen Jahren, schon als er noch zur Schule ging, zu vermitteln. Diplomat wollte er werden. Vielleicht Uno-Generalsekretär. Vielleicht. Schriftsteller wurde er. Armer reicher Schriftsteller. Ohne Hoffnung, ohne Glauben. Er war nicht gläubig. Als kleiner Junge hatte er den Verein der katholischen Kirche kennengelernt und schon wenig später wieder verlassen. Dann wurde er praktizierender Atheist, der dem Islam noch am ehesten eine Faszination zugestand. Warum sonst kannten ihn seine Freunde als einen „Allah u akbar" rufenden Zyniker? Mit Kirche und Glauben konnte er nicht viel anfangen. Wozu an einen Gott glauben, hatte er sich gefragt. Ihm ging es gut, den anderen Menschen auf der Erde ging es schlecht. Das kann kein Gott gewollt haben. Und die lächerliche Ausrede, hatte er immer wieder gedacht, daß dieser

Gott die Erde uns Menschen gegeben habe, und wir damit machen könnten, was wir wollten, diese Ausrede war mehr als dürftig und nach den Strickmustern derer gebaut, die andere in ihren Fängen hatten. Und diese anderen waren zahlenmäßig viele. Er wollte nicht dazugehören. Für ihn war es eine persönliche Schwäche, wenn Menschen in die Kirche gingen. Die einen taten es aus Überzeugung, für ihn Anzeichen eines mangelnden Selbstwertgefühls – außerdem war es auch einfacher, die Dinge auf den großen Unbestimmten abzuwälzen; die anderen taten es, um gesehen zu werden. Er wollte nicht gesehen werden.

Er wurde aber gesehen. Und wenn er gesehen wurde, wollte er sich auch nicht verstecken. Aber das Verstecken und Zurückziehen war Mittel seines Wesens, er wollte nicht Mittelpunkt sein. Seine Freunde wußten wohl oft gar nicht, wer er war, was er wollte, was er dachte und wie er dachte. Er dachte viel. Und er dachte Dinge, die er nur wenig vorher anders gedacht hatte. Er kam manches Mal mit seinem eigenen Denken nicht klar. (Nur während seiner Jugend, es mußte um die Zeit des Abiturs gewesen sein und das Jahr zuvor, durchfloß ein andauernder Gedanke seine Zeit. Er konnte diesen Gedanken nicht loswerden, wollte ihn auch nicht loswerden und nichts war größer als der Wunsch, ihn doch abzuschütteln.)

Nichts war ihm unangenehmer als Menschenmengen, Massen und Gruppen. Viele Menschen auf einem Platz, viele Menschen in einem Raum, viele Menschen an einem Tisch. Sie konnten ihn krank machen. Und als man ihm die epikuräische Philosophie beibrachte, hatte er etwas entdeckt, das ihm gefiel. Der epikuräische Garten, der die Menge von der elitären Schicht der Philosophierenden abgrenzt. Zu der wollte er sich gerne zählen, alleine deshalb, um nicht in der Masse ersticken zu müssen. Nicht über Geld wollte er den anderen überlegen sein, durch das Denken alleine. Aber ein Mensch, der ein Feind des Menschen ist, der wird sein Leben lang abgeschieden sein und die Abgeschiedenheit suchen, sich dann aber einsam und alleine fühlen und sich nichts sehnlicher wünschen als die Nähe anderer. Es dürfen nur nicht viele andere sein. Es müssen die anderen sein, die ebenfalls von außen in den Garten streben, den er errichtet hatte, um darin mit Freundinnen und Freunden zu essen, zu reden und zu philosophieren. Vorweggenommen: Er hat den Garten gefunden. Er hat die Frau gefunden – wenn auch spät –, die mit ihm in diesem Garten aß, redete und philosophierte. Er hatte später viel über diesen epikuräischen Garten gelesen und zudem erfahren: „Und hier auf Cypern begreift man deutlicher als an jedem anderen Ort, daß das Christentum nur ein leuchtendes Mosaik von Halbwahrheiten ist." Genau diesen Ort hatte er gesucht.

Geteilt wie seine Einstellung gegenüber den Menschen. Einzigartig wie sein Anspruch sich selbst und allem anderen gegenüber. Der ideale Platz, sich dem Schreiben hinzugeben. Ein Platz, der einen langen Sommer kannte. Ein Platz, der ihm eine ewige Sonne bescherte, sanfte Morgennebel und freundliche Menschen – aber wenige zur gleichen Zeit am gleichen Ort. Kurzum, Zypern war für ihn eine ideale Ersatzheimat.

Warum hatte dieser Mann die Großstadt nur gleichermaßen verehrt wie die Abgeschiedenheit? Warum hatte er nichts mehr belächelt als das abgeschiedene Land? Wohl, weil diejenigen, die den Garten des Epikur gesucht haben, suchten oder suchen wollten, aus der Stadt waren, die Menge, die Masse, die Gruppe aber auf dem Land dem Leben nachging.

*\*\*\**

Ich war ganz wild gewesen, endlich diese Reise anzutreten. Für was, frage ich Dich, Leser, sollte ich denn sonst all die Jahre Orientalistik studiert haben, wenn nicht dafür, es eines Tages auch einzusetzen?

Ich kann gar nicht sagen, welche Gedanken mir durch den Kopf gingen, als das Flugzeug abhob, aber es waren sicherlich nicht die Fragen: „Hast Du Deinen Paß auch nicht vergessen?" oder „Hoffentlich ist das Wetter in Istanbul schön!" Meine Güte, mußte ich aufgeregt gewesen sein. Ich hatte mein Staatsexamen vor gerade drei Monaten hinter mich gebracht, als ich tat, wovon ich Euch hier erzähle. Mein Professor, ein Freund der Wüste und der Sonne und der Oasen und der Dromedare, der Dattelpalmen, des Arabischen (und der Frauen und des Weins!), dieser Professor liebte ganz besonders arabische Märchen und die Wunderwelten der arabischen Kulturgeschichte. So sagte er zu uns sechs Absolventen: „Leute, Ihr habt bald ein abgeschlossenes Orientalistikstudium. Ihr sprecht arabisch, drei von Euch auch türkisch. Ihr kennt die Märchen aus tausendundeiner Nacht. Ich habe Euch von den Legenden der arabischen Wesire erzählt. Ich habe Euch beigebracht, wie das Leben im Orient lief und läuft. Jetzt ist es an Euch, etwas daraus zu machen. Macht etwas daraus!" Ja, das rief er uns zu. Und dann meinte er: „Geht raus und erlebt die orientalischen Wunder! Entschließt Euch, selbst so ein Wunder zu vollbringen. Wandert von Maskat nach Marrakech und wundert Euch nicht, wenn Ihr denkt, das Paradies gesehen zu haben." Was er dann erzählte, von Hölle und Paradies, die beieinander liegen, erspare ich Euch, denn ich will lieber davon erzählen, was ich selbst erlebte.

Es war das Jahr 1976, als ich mich eben mit dem Flugzeug in die Lüfte hob, um nach Istanbul zu fliegen. Ich hatte beschlossen, die Reise von Maskat nach Marrakech etwas später zu machen, wollte dafür erst einmal quer durch die Türkei reisen und darüber schreiben. Damit sollte auch für mich das Wunder beginnen.

Ich starrte aus dem Fenster und sah unter mir München. Scharf drehte das Flugzeug, denn über die Stadt durften die Blechvögel ja nicht fliegen. Riem lag im Osten, und bei Westwind mußten die Flugzeuge mitten über München starten.

In Istanbul war der Frühling früher angekommen und,

Du wirst mir verzeihen, wenn ich ins Schwärmen komme, das Wetter hauchte einem die Lebensfreude um die Nasenspitze, daß man sich ganz beflügelt fühlte. Ich hörte das tausendfach analysierte „Allah u akbar" von den Minaretten und ließ mich im Studentenhotel – verzeiht mir nochmals, daß ich mich als solcher ausgab, auch wenn ich keiner mehr war – auf die viel zu weiche Matratze fallen und lauschte dem Motorenlärm und lauschte eben dem Ruf des Muezzins und vergaß, daß ich mich an nichts zu erinnern hatte.

Ich begann zu überlegen. Ich malte mir meinen Roman schon aus. In vielen Jahren, dachte ich mir, würde einmal irgendwo auf dieser Erde jemand das Buch lesen, das ich, Heinz Gnob, geschrieben hatte. Derjenige würde dann vielleicht hier in diesem Zimmer liegen und sich überlegen, wie das denn im Jahre 1976 gewesen sein muß. Verstehst Du, Leser, was das für ein Gefühl war, gewußt zu haben, durch so ein Buch vielleicht unsterblich zu werden.

Noch hatte ich keine Zeile zu Papier gebracht. Ich lag auf der viel zu weichen Matratze und lauschte. Aber geschrieben hatte ich eben noch nichts. So nahm ich also meinen Koffer, räumte ihn aus und spannte einen Bogen Papier in die Reiseschreibmaschine, die bereits die Hälfte des Koffers füllte. Dann schrieb ich mühsam: „Heute bin ich also aufgebrochen, mein Wunder zu erleben. Draußen singen Vögel und knattern Mopeds. Direkt gegenüber ist die oft analysierte Hagia Sophia. Ich bin richtig glücklich hier." Ich glaube, ich habe dann noch ein oder zwei Sätze getippt, ehe ich den Bogen, zugegeben etwas zu heftig, aus der Maschine riß, so daß diese zu Boden stürzte und in einige Teile zerbrach. Damit war der Traum vom Roman geschmälert. Nicht nur, weil dieses technisch nicht sonderlich ausgereifte Ding kaputt gegangen war, aber, das kannst Du nachvollziehen, Leser, weil ich gemerkt hatte, gar nicht (mehr) schreiben zu können. Ich konnte nicht (mehr) schreiben. Ich war einfach nicht in der Lage, einen Satz zu tippen, der andere interessieren würde, der sie vielleicht sogar fesseln würde. Ich war nicht fähig, spannend zu schreiben, nicht fähig, lustig zu schreiben und war dementsprechend deprimiert.

Doch durch die Straßen zog der Duft von gegrilltem Fleisch, von Zwiebeln und Paprika, von frisch gebackenem Brot, und so war ich schnell die Gedanken wieder los, daß mein eigenes Wunder keines werden würde. Außerdem hatte ich ja im Jahr zuvor schon unter Beweis gestellt, daß ich schreiben konnte. Ich hatte damals etwas zu Papier gebracht, das ich „Stil des Herrlichen" nannte.

Ziellos irrte ich durch die Gassen, blickte links und starrte rechts. Du kennst das sicher, nicht zu wissen, wohin der Weg führt, und was einen erwartet. Das ist das Spannende am Reisen. Ich weiß in der Fremde nie, was mich hinter der nächsten Straßenabzweigung erwartet. Schon gar nicht in Istanbul. Zuhause weiß ich, daß neben der Haustüre die Mülltonnen stehen und etwas weiter entfernt der Zigarettenautomat ist.

Ich griff den Gedanken wieder auf, den ich hatte, als ich auf dem Bett lag und dem Muezzin lauschte. Wenn ich also jemals dieses Buch über meine Reise durch die Türkei schreiben würde, würde ich sicher sein können, daß es auch jemand liest. Und vielleicht würde sogar irgendjemand (in vielen Jahren) meine Reise durch die Türkei nachreisen. Aber ich hatte, lieber Leser, du hast das sicherlich sofort erkannt, eine blühende Phantasie. Spreche ich also nicht länger von Dingen, die sich nicht zutragen können, sondern vom guten Essen. Ich schlenderte im Kreis herum und kam kurz hinter dem Studentenhotel an einem kleinen Restaurant wieder an. „World Famous – Pudding Shop – Since 1957", prangerte ein Schild über der Eingangstür.

Hinter der Glasscheibe erkannte ich eine Theke mit vielen Töpfen und unzähligen Tellern. Ein gutes Dutzend Türken saß an den Tischen und aß. Was auch immer die Männer aßen, sie sahen aus, als wäre das Essen gut. Ich öffnete die Türe. Nicht, daß es draußen kalt gewesen wäre, es war Frühling in Istanbul, aber es war die Frische des Abends, die mich ein wenig hatte frösteln lassen, ehe die Wärme des Restaurants mir entgegenströmte. Nicht, daß die Brille angelaufen wäre, aber es machte den Anschein als wollte sie es.

Herr Mehmet hatte mich in ein Kaffeehaus gesetzt, einen türkischen Kaffee bestellt und gesagt, er werde gleich wieder kommen. Dann war er verschwunden. Es dauerte eine Weile, als er mit einem zerfetzten Buch zurückkam. Ein weißer Umschlag, leicht vergilbt bereits.

Das Buch roch nach einer langen Zeit, es roch verführerisch alt. Ich sah den Titel und wußte, was ich wertvolles in meinen Händen hielt. „Heinz Gnob. Wege nach Zypern. München, 1976." Ich hatte sofort zu lesen begonnen. Und ich wußte, daß der Professor des Gnob recht behalten würde. Das wußte ich schon nach ein paar Zeilen. Erlebe Deine eigenen Wunder!

Ja, Gnob, obwohl er tot war, hat sie erlebt, spätestens durch mich. Ich war gestern in genau dem gleichen Lokal wie Gnob vor vielen Jahren. Ich wohne in genau dem gleichen Hotel.

Das ist das Wunder. Im Nachhinein geschaffen. Ein für Gnob unerreichbares Wunder. Ein Wunder, welches erst durch mich wunderbar wurde.

Ich empfand auf einmal Freude und war Herrn Mehmet unbeschreiblich dankbar. Er hatte mir dieses Buch zukommen lassen. Ich hatte die Spur zu Gnob aufgenommen, in der Hoffnung, sie vielleicht zum Ende beschreiten zu können. Daran bestand schon am zweiten Tage kein Zweifel mehr. Ich hatte Gnobs Buch in der Hand und ich war sicher, ich würde am Ende auch sein Grab finden. Doch war damit eigentlich die Reise der Journalistin Neriman Salkim hinfällig geworden. Sie war nicht mehr notwendig, um die Spur nach Zypern zu finden. Doch ich wollte auch sie kennenlernen. Ich wollte auch ihren Weg bereisen.

Herr Mehmet kehrte nach einer langen halben Stunde erneut zurück. „Mußte nur schnell was erledigen..." meinte er und streckte mir ein altes Schwarzweißphoto hin. „Das ist Neriman Salkim gewesen. Sechundzwanzig war sie damals. Es ist ein Photo aus der Redaktion." Auf dem Bild war ein Meisterwerk zu erkennen. Beinahe hätte ich zu schwärmen begonnen. Die junge Journalistin war groß, wirkte sportlich und ihr Blick verriet brillante Geistesgegenwärtigkeit und bestechende Intelligenz. Daß Gnob letztendlich ... kein Wunder, diese Frau faszinierte alleine durch das vergilbte Schwarzweißphoto.

„Neriman war sechsundzwanzig. Sie kam gerade aus Deutschland zurück, wo sie studiert hatte. Es war ihr erstes Jahr wieder in Istanbul. Sie war sehr engagiert, ein feines Mädchen. Wir haben ihr damals im Kulturteil eine Chance gegeben und sie hat sie genutzt. Mehr noch, sie hat das Feuilliton gewandelt. Es war so frisch geworden, so lebendig. Dann ist sie im Frühjahr 1978 nach Deutschland zurückgegangen und hat ihre Freunde besucht. Als sie nach ein paar Wochen wieder zurückkehrte, schwärmte sie von einem Buch. Es war das Buch, das Sie jetzt in der Hand haben. Sie erzählte mir, daß sie diesen Gnob kennenlernen wolle, der so eindrucksvoll die Türkei beschrieben hatte und seinerzeit auf Nordzypern lebte. Ihre Artikel wurden schlechter und sie selbst etwas unkonzentriert. In den Pausen verschlang sie die Seiten des Buchs, ließ sich aus Deutschland andere Sachen schicken. Eines Tages lief sie wieder lachend durch die Gänge, hatte ihre alte Fröhlichkeit zurückerlangt. Als wir fragten, was geschehen sei, antwortete sie nur: ‚Ich werde das Buch erleben dürfen!' Sie hatte mit dem Chefredakteur gesprochen und der hatte ihr zugestanden im Juni nach Nordzypern zu reisen, genau die Wege entlang, die zwei oder drei Jahre zuvor Gnob gegangen war. Sie gab in unserer Redaktion eine kleine Abschiedsfeier und verschwand. Alleine. Ihre Mutter hat wieder geweint, genauso wie sie geweint hat, als ihre Neriman in Deutschland zu studieren begonnen hatte. Als siebenundzwanzig Jahre altes Mädchen hat sie uns verlassen, heute wäre sie sechsundvierzig. Sie war eine gute Freundin von mir. Ich war soetwas wie ihr Ziehvater in der Zeitung. Mein Herr, Sie werden verstehen, wie traurig wir alle waren, als dieser frische Wind die Redaktion verließ. Wir dachten, sie würde in ein paar Wochen wieder da sein, aber sie kehrte nie wieder. Im August erreichte uns ein Brief. Viele Manuskripte, unzählige Vorschläge für einen Artikel über das Buch, den Verfasser und das Drumherum. Aber in einem persönlichen Brief an mich, schrieb sie: ‚Werter Mehmet, mein Herz hat sich einen Weg gesucht, es hat sich durch die vielen Seiten dieses Buches gequält und es hat ein Ziel gefunden. Und Heinz Gnob hat, scheint es, auf diese Begegnung sein Leben lang gewartet. Er ist einunddreißig und ein Mann voller Fragen und Überraschungen. Ich habe mich entschlossen, bei ihm zu bleiben.' Das war im August 1978. Im Frühjahr 1979 bekam ich ein Telegramm auf den Schreibtisch auf dem stand: ‚Neriman Salkim bei Badeunfall getötet, Kultur-Redaktion bedauert frühen Tod einer engagierten jungen Journalistin.' Nur mit Mühe konnte ich mich fassen. Dann habe ich mich auf den Weg nach Zypern gemacht. Auch ich bin also bereits Gnob nachgereist. Im Dorf Çatalköy hatten sie gelebt. Ihr Haus war leer. Die Männer im Dorf sprachen von einem der ehrwürdigsten Paare, das sie kannten. Ich kehrte traurig nach Hause zurück. Neriman wurde nach Istanbul überführt. Wenn Sie wollen, führe ich Sie zu ihrem Grab, mein Herr."

Ich nickte und wir gingen durch die Straßen. Wind bließ jetzt kalt durch die Gassen und machte erkennbar, daß auch in Istanbul Winter war zu jener Zeit.

Im Hinterhof einer kleinen Moschee war ein alter osmanischer Friedhof, dahinter lagen zwei Reihen türkischer

Gräber. Auf der einen Platte stand „Neriman Salkim. 1951 –
1979". Wir standen schweigend vor dem Grab, ehe Herr Mehmet plötzlich meine Hand nahm und sagte: „Grüßen Sie Neriman von mir, wenn Sie jetzt Ihre Reise durch die Türkei beginnen." Ich versprach an allen Orten an sie zu denken, an sie und
an Heinz Gnob, dessen Buch ich schon bald weiterlesen würde.
Wir verabschiedeten uns noch im Hof der Moschee, genau zu
dem Zeitpunkt als der Muezzin zum Mittagsgebet rief, tausch-
ten Adressen aus und versprachen, in Kontakt zu bleiben.

    Überglücklich und dennoch traurig lief ich den Weg ins
nahegelegene Studentenhotel zurück, packte meinen Koffer
und ließ mich mit dem Taxi zum Flughafen fahren. Ich würde
schon einen Flug nach Ankara bekommen. Nach Ankara mußte
ich, weil Gnob schrieb: „Was sollte ich noch in Istanbul, ich
hatte die Stadt nun gesehen, ich hatte nun verstanden, daß man
Istanbul nicht wirklich kennen kann. Selbst ein Istanbuli, wie
sich die Menschen hier nennen, wird diese Stadt nicht kennen
können. Ich muß, Leser, Du wirst das verstehen, hinaus aus
dem Häusermeer. Ich habe die Pracht der europäischen Türkei
gesehen. Jetzt war es an der Zeit die orientalische Seite dieses
Landes zu entdecken. Ich mußte die Wunder außerhalb der
wunderlichen Stadt suchen. Ich wollte die Feldwege sehen, ich
wollte den Taurus. Ich wollte Menschen am Straßenrand treffen. Und Istanbul war zu groß, als daß man Menschen treffen
konnte. Menschen über Menschen, aber treffen konnte man sie
nicht.
    So kehrte ich gegen Mittag ein wenig traurig, aufbrech-
en zu müssen, aber ungemein glücklich, viel erlebt zu haben,
in mein Studentenhotelzimmer zurück, packte meinen Koffer
und ließ mich dann mit einem der gelben Taxis durch die Innenstadt zum Flughafen fahren. Ich würde schon einen Flug
nach Ankara bekommen. Der Mann am Empfang des kleinen
Studentenhotels hatte gesagt, es würden stündliche Flüge nach

Ankara gehen und man bekäme immer einen Platz. Das hat der Mann mit dem Kugelbauch gesagt, und, Leser, ich habe gelernt, daß der Mann mit dem Kugelbauch immer die Dinge beim Namen nannte. So fuhr ich also mit dem Taxi durch die Innenstadt zum Flughafen, um einen Flug nach Ankara zu buchen. Von dort aus, wer weiß, würde ich mich schon durch die wunderbare Türkei schlagen."

Am Flughafen herrschte geschäftiges Treiben. Es war der zweite Weihnachtsfeiertag. Ich mußte mir erst mühsam wieder ins Gedächtnis rufen, daß zu Hause Weihnachten gefeiert wurde. Auch wenn hier die kitschigste Weihnachtsdekoration nichts unübliches war, dennoch, ich konnte mich nicht damit abfinden, daß man – des Konsums wegen? – in einem islamischen Land amerikanisch-europäische Weihnachten feierte.

Ich steuerte direkt auf den Schalter der Turkish Airlines zu. Bin ich doch erst vorgestern hier angekommen, wollte ich heute schon wieder Istanbul verlassen. Gnob und Neriman Salkim zwangen mich dazu. Ich hatte Glück, in der Abendmaschine nach Ankara waren noch genügend Plätze frei, so daß ich mitfliegen konnte. Ich blätterte die elf Millionen türkische Lira für das Ticket hin und setzte mich nach der Paßkontrolle in den Warteraum.

Es kam Reisestimmung auf. Hektisches Treiben, Urlauber, Einheimische, Menschen, die zum ersten Mal geflogen sein mußten, erfahrene ‚Profis'. Ich ließ den Blick über die Anzeigentafel schweifen. Ankara, Ercan, Adana, Izmir, Dalaman, Antalya, Trabzon, die Ziele der Turkish Airlines in den kommenden Stunden. Münih, Stuttgart, Düsseldorf und Nuremberg dagegen waren die Städte, die Istanbul Airlines ansteuern würde. Eine Lufthansa-Maschine rollte über das Vorfeld, sie würde bald auf dem Weg nach Frankfurt sein. Ein klappriges, altes Militärflugzeug setzte schwerfällig auf. Eine lange, grazile Maschine nach Rom eilte vorbei. Und dann, würdig, gar überheblich, bahnte sich ein Jumbo der Singapore Airlines den Weg über das Rollfeld. Mit Stolz verkündete die Stimme durch den Lautsprecher die Ankunft des Wunderwerks der Technik auf dem Atatürk Flughafen. Einmal in der Woche war dieser edle Vogel zu Gast in Istanbul. Elfeinhalb Stunden dauerte der Flug bis in die Metropole an der Straße von Malakka.

Ich bestieg die alte Boeing der Turkish Airlines und erfuhr, daß der Flug nach Ankara knapp eine Stunde dauern würde, Zeit genug, sich damit vertraut zu machen, was Gnob gemacht hatte, als er vor gut zweiundzwanzig Jahren diese Reise machte. Ich ließ mich also in meinen Sitz fallen und vergaß das Außenherum.

***

Neriman war gerade aus Deutschland zurückgehrt, als sie ihrer Mutter vorschwärmte, ein Buch gekauft zu haben, das ihr zu gut gefallen hatte. Dreimal schon hatte sie es gelesen. Sie gab es der Mutter, die nur wenig deutsch sprach, zu lesen. Und die Mutter meinte barsch: „Ich, Kind, kann nicht verstehen, was du an dem Buch finden willst!" Da war Neriman noch mehr gepackt vom Enthusiamus. Dieses Buch beschrieb die Reise eines deutschen Schriftstellers durch die Türkei nach Nordzypern. Das war 1975, also vor drei Jahren. Sie wollte sich durch diesen Schriftsteller die Augen öffnen lassen und ebenfalls diese Reise machen. Sie wollte sehen, was dieser Mann gesehen hatte. Und sie wollte dann darüber berichten. Vielleicht gar wollte sie ihn auf Zypern suchen und finden.

Die Zeit verging, sie las die Stellen immer wieder. Sie wurde unruhig, wenn sie das Buch nicht bei sich trug. Keine Freundin, kein Freund konnte je verstehen, was sie an diesem Buch so faszinierend empfand. Hatte dieser deutsche Schriftsteller doch schon zu Beginn seiner Reisebeschreibung gesagt:

„Ich konnte nicht (mehr) schreiben. Ich war einfach nicht (mehr) in der Lage, einen Satz zu tippen, der andere interessieren würde, der sie vielleicht sogar fesseln würde. Ich war nicht fähig, spannend zu schreiben, nicht fähig lustig zu schreiben und war deprimiert." Und ob er schreiben konnte. Und ob er in der Lage war, einen Satz zu tippen, der andere interessierte, sie fesselte. Und ob er fähig war, spannend und lustig zu schreiben. Er sollte damals keinen Grund gehabt haben, deprimiert zu sein.

Neriman sprach mit ihrem vorgesetzten Chefredakteur über das Buch und ihren Plan, die Reise dieses deutschen Schriftstellers zu wiederholen. Nach langem Zögern nickte der Chefredakteur endlich und ließ sie ziehen. Von dem Moment an konnte sie wieder lachen. Sie konnte wieder fröhlich durch die Redaktion gehen. Sie hatte die Ausstrahlung wiedergewonnen, die sie verloren hatte, als Ungewissheit sie plagte, ob sie nun gelassen würde, ober ob dieses Buch schlicht eine unsichtbare Fessel bleiben würde. Zwar hatte der Redakteur gesagt, er habe sich erzählen lassen, worum es denn in dem Buch gehe, und fände den Stoff nicht sonderlich spannend, aber wenn sie meine, es sei die Möglichkeit ihres Lebens, solle sie reisen, nachreisen, hinterherreisen.

Es war ein Sonntag im Juni, der erste Sonntag im Juni 1978, als sie aufbrach. Am Freitag hatte sie noch in der Kulturredaktion Abschied gefeiert. Sie werde spätestens im August zurück sein, hatte sie versprochen.

Und als sie am Flughafen die Paßkontrolle passierte, hat ihre Mutter die Tränen nicht länger verbergen können. Sie ließ ihnen wieder freien Lauf, wie damals, als die einzige Tochter nach Deutschland gegangen war, um dort zu studieren.

Auf dem Flug nach Ankara nahm sie sich Gnobs Buch und las zum wiederholten Male die Stelle, die sie nun nachempfand: die Reise nach Ankara.

Und langsam rollten wir auf dem Flughafen los. Ich wollte meine Wunder im Herzen der Türkei erleben, nachdem das wunderliche Istanbul, aber das habe ich gesagt, an anderer Stelle schon, mich bereits empfangen hatte. Wir stiegen senkrecht in den Abendhimmel auf und ich roch das Meer, das man nicht riechen konnte. Ich sah die Berge, die man nur erahnen konnte und ich fühlte die Stadt, die noch weit entfernt lag. Nach einer Stunde würde es dunkel sein. Es würde nichts mehr zu sehen sein. Nichts. Nichts. Nichts. Ich würde Ankara bei Finsternis begegnen, die Stadt würde mich mit ihrer Kälte empfangen, die eine Nacht immer ausstrahlt.

Doch ich irrte, und bat die Stadt sogleich um Verzeihung. Ankara war hell erleuchtet. Es war angenehm warm und viele Menschen auf der Straße. Ich lief mit meinem Gepäck durch die Straßen, zugegeben, ich irrte hilflos umher. Ich hatte mich in Istanbul schon verlaufen, aber immer wieder in die Unterkunft an der Hagia Sophia zurückgefunden. Hier aber irrte ich nachts durch Ankara und fand mich nicht zurecht.

Ein alter Mann, der erkannte, daß ich ein Reisender war, klopfte mir auf die Schultern, und in deutschen Klängen, gebrochen und mit Akzent, aber deutlich verständlich, fragte er mich: „Mein Herr, Sie sind hier um zu reisen?" Dieser Satz, ach dieser wunderbare Satz, was war das für ein Gefühl, so empfangen zu werden. Dieser einfache Mann mit den ausgelaufenen Schuhen, dem alten, karrierten Sakko, der einfachen braunen Hose, dem zahnlosen Gesicht, dem Schnautzbart voller Witz und Humor, den Grübchen und Falten, deren Alter man nur schwer abschätzen konnte, dieser einfache Mann mit der Mütze hat mich nicht einfach gefragt, wo ich hinwolle, was ich überhaupt zu dieser Stunde noch auf den Straßen Ankaras zu suchen gedenke. Er hat auch nicht versucht, mich gleich in eine Pension zu locken, er hat einfach nur gesagt: „Mein Herr, Sie sind hier um zu reisen?"

Verdutzt und nach einer kurzen Pause antwortete ich mit dem unglücklichen Satz „Ich bin Orientalistikstudent und aus München, ich reise durch die ganze Türkei." Wie lange ich Zeit hätte. Keine und alle Zeit der Welt, war die etwas zwiespältige Antwort, die ich ihm geben konnte. Er lachte verschmitzt aus seiner Zahnlücke heraus und fragte weiter. Wo ich denn bereits gewesen bin? Jetzt bekam ich zu spüren, daß mein Satz zu Beginn des Gesprächs unüberlegt war, ich reise durch die ganze Türkei, welch maßlose Übertreibung bis heute. Ich bin doch nur in Istanbul gewesen. „Sie waren in Istanbul? Sie haben also die ganze Türkei schon bereist!"

Dann ging er fort, drehte sich aber nach ein paar Metern noch einmal um und fuhr fort. „Wenn Sie Orientalistikstudent aus München sind, sprechen Sie auch türkisch. Halten Sie sich nicht auf, fahren Sie mit dem Bus weiter, an die Küste, fahren Sie durch ganz Kappadokien, aber halten Sie sich nicht auf, steigen Sie nie aus dem Bus, sehen Sie aber immer aus dem Fenster, lauschen Sie der türkischen Musik im Bus, trinken Sie heißen Tee mit viel Zucker. Spielen Sie mit den Männern im Bus Backgammon, aber steigen Sie nie aus. Sie werden die Türkei bereist haben, wenn Sie so bis Adana oder Mersin gekommen sind. Machen Sie das, mein Herr, machen Sie es so wie ich es Ihnen gesagt habe." Dann drehte er sich wieder um und pfiff eine orientalische Melodie und verschwand um die nächste Straßenecke.

Ich stand mit samt meinem Gepäck am Straßenrand und starrte auf die Hochhäuser dort und ließ revue passieren, was der Alte mir soeben gesagt hatte. War das schon wieder ein Teil dieses Wunders, das sich im Orient unausweichlich aufdrängte? Mitten in der Nacht, den Lärm des Flugzeuges noch in den Ohren, das Geschrei der Kinder im Hinterhof eines Istanbuler Wohnhauses noch deutlich nachklingend, stand ich am Rand einer Straße mitten in Ankara und hatte mir von einem alten Mann sagen lassen, was ich zu tun hatte, um das

Wunder zu erleben.

Ihr könnt Euch vorstellen, Leser, was ich tat. Ich habe mich mit samt Gepäck zur nächsten Hauptstraße durchgeschlagen und sofort ein Taxi angehalten.

Ankara war mir auf einmal unwichtig geworden. Diese Stadt konnte man zwar nicht ihrer Bedeutung berauben: Ankara war das Zentrum der modernen Türkei, hier regierte einst Mustafa Kemal Atatürk, Gründer und Schaffer der modernen Türkei, hier sitzt heute der türkische Präsident, hier liegt das Denkmal Atatürks, hier spielt sich das politische Leben der Türkei ab; doch ich entschied für mich: diese Stadt, oh gewiß, war für mich nicht bedeutsam. Ich mußte fort und weiter. Und so ließ ich mich von einem Taxi zum Busbahnhof bringen. Mitten in der lauen Nacht.

***

Nerimans Plan, die Reise exakt zu wiederholen, stand längst fest. So wollte sie gleich nach ihrer Ankunft zum Busbahnhof und mit dem Bus quer durch Kappadokien bis an die Küste reisen. Sie hatte sich alles ausgemalt. Sie wollte genau die Orte besuchen, die Gnob besuchte. Zwar war sie oft in Antalya gewesen, aber nie begleitet von einer Faszination, etwas zu sehen, von dem jemand anderes zuvor geschrieben hatte. Darin lag ihre Begeisterung begründet.

Sie stieg in Ankara aus dem Flugzeug. Lauer Wind empfing sie. Es war Frühjahr. Die Berge, die Ankara wie ein Schutzwall umgaben ließen die Hauptstadt winters im Schnee liegen, und im Sommer ließ Hitze die Menschen schwer atmen.

Vor der Ankunftshalle des Flughafens standen Männer und riefen wild durcheinander. Sie nahm sich ein Taxi und ließ den Fahrer wissen, sie wolle zum Busbahnhof. Es dauerte fast eine Stunde, bis sie ihr Gepäck wieder aus dem Wagen nehmen konnte. Der Flughafen lag weit außerhalb der Stadt. Es begann dunkel zu werden, als sie an den vielen Bussen entlang ging.

Der eine fuhr nach Norden, der andere nach Süden, der Dritte in den weiten Osten der Türkei. Sie wollte weder nach Trabzon, noch nach Izmir und auch nicht nach Hakkari. Sie wollte nach Kappadokien, sie wollte nach Antalya. Der Bus sollte Ankara um viertel vor elf verlassen. Die ganze Nacht über und den ganzen Tag wollte sie unterwegs sein, um nach Antalya zu gelangen.

Ankara war voller Überraschungen und ich war gespannt, ob mir ein alter Mann begegnen und gute Ratschläge geben würde. Aber ich war kein Orientalistikstudent. Ich war nicht Heinz Gnob. In diesem Moment dachte ich an Neriman Salkim. Wie es ihr wohl ergangen sein mag? Die Männer vor der Abflughalle riefen laut durcheinander, Koffer wurden gestapelt und die Erinnerung an irgendeinen Film wurde in mir geweckt.

Ich setzte mich in ein Taxi, um mich zum Busbahnhof bringen zu lassen. Die Dunkelheit wollte mir nicht so recht Einblick gewähren in die Geheimnisse Ankaras. Die Straßen waren leer. Es wirkte vielerorts etwas dunkel und düster. In vier Stunden, so gegen halb sechs, erfuhr ich, fuhr der Bus nach Kappadokien und Antalya los. So saß ich zwischen Kisten und Koffern und wartete auf die Abfahrt, nachdem ich mein Ticket gekauft hatte.

Ein junger Mann. Er war groß und hager. Er setzte sich neben mich und fragte in fast akzentfreiem Deutsch, woher ich käme. Erstaunt, daß dieser Türke sofort erkannt hatte, daß ich ein Alman war, antwortete ich ehrlich, ich sei aus München. Was denn ein Münchner mitten in der Nacht am Hauptbusbahnhof von Ankara mache, wollte er weiter wissen. „Ich warte auf den Bus nach Kappadokien und Antalya." Er war erstaunt obgrund der Tatsache, daß ich als reicher Deutscher nicht das Flugzeug für diese lange Strecke genommen habe. Als ich ihm erklärte, daß das unmöglich war, wurde er fast ein wenig unfreundlich. „Mein Herr, sehr wohl ist das möglich, Tag für Tag, so und so oft." Ich war müde nach der langen Reise, doch ich machte mir die Mühe, dem hageren, großen, jungen Mann zu erklären, warum ich nicht anders konnte, als mit dem Nachtbus von Ankara nach Antalya zu fahren. Er nickte verständnisvoll, als ich von Heinz Gnob dem deutschen Schriftsteller erzählte, von Neriman Salkim, davon daß er auch den Bus nahm. Was ich aber verschwieg, das weiß ich genau, war, daß Gnob einen alten Türken traf, der ihm riet, den Bus nicht zu verlassen und stattdessen aus dem Fenster zu sehen und der Musik im Inneren des Busses zu lauschen.

Der junge, große und hagere Mann gab mir den Ratschlag, so oft als irgendmöglich aus dem Bus zu steigen, mich unter die Menschen zu mischen und die Türkei so zu erleben, wie sie draußen war. „Im Bus haben Sie eine rasselnde Klimaanlage, aber nicht die Türkei."

Ich begann zu lachen. Der Mann, wieder fast ein wenig unfreundlich, riet mir an, ihm zu verraten, worüber ich denn nun zu lachen hätte, bei solch einem wohl gemeinten Ratschlag. Ich fragte ihn, ob er noch eine Weile Zeit hätte. „In der Türkei haben wir immer Zeit. Ich habe in Ingolstadt gearbeitet und dort habe ich gelernt, was es heißt, keine Zeit zu haben. Ich habe Zeit. Zeit genug. Zeit bis morgen in der Früh – wenn Allah uns weckt." Ich nahm mein Gepäck und holte das Buch heraus. Dann begann ich ihm mitten in der Nacht daraus vorzulesen. „...Halten Sie sich nicht auf, fahren Sie mit dem Bus weiter, an die Küste, fahren Sie durch ganz Kappadokien, aber halten Sie sich nicht auf, steigen Sie nie aus dem Bus, sehen Sie aber immer aus dem Fenster, lauschen Sie der türkischen Musik im Bus, trinken Sie heißen Tee mit viel Zucker. Spielen Sie mit den Männern im Bus Backgammon, aber steigen Sie nie aus. Sie werden die Türkei bereist haben, wenn Sie so bis Adana oder Mersin gekommen sind. Machen Sie das, mein Herr, machen Sie es so wie ich es Ihnen gesagt habe." Der junge Mann sah daraufhin ein, daß ich natürlich nicht aussteigen sollte, um mich umzusehen. Er stand auf, um an einem der Stände heißen Tee zu kaufen. Noch im Gehen sagte er: „Ich hoffe nur, werter Herr, daß Sie durch die Scheiben des Busses die blühenden Winterblumen riechen können, die es an der Küste gibt." Dann pfiff auch er irgendeine orientalische Melodie und verschwand.

Ich begann ein Gefühl zu empfinden, das mich direkt mit Heinz Gnob und Neriman Salkim verband. Ich fühlte sozusagen des Orientalistikstudenten Wunder nach. Ich war es, der sein Wunder erfahren durfte. Was in aller Welt trieb in jener einsamen Nacht des sechsundzwanzigsten Dezember diesen jungen, hoch aufgeschossenen Türken auf die Straße und was veranlaßte ihn, mir zu raten, wo ich nur konnte, den Bus zu verlassen, um die Türkei zu erleben. Jung, nicht alt. Groß, nicht klein. Aussteigen, nicht sitzenbleiben. Ich blickte verwirrt auf die Uhr und nahm mein Gepäck, denn es war an der Zeit, einzusteigen.


Sie war eingeschlafen. Etwa eineinhalb Stunden vor ihrer Ankunft in Antalya waren Neriman die Augen zugefallen. Das angestrengte Aufsaugen der Landschaft, das Hineinhören in die Gespräche der Männer und Frauen im Bus, all das hatte sie müde gemacht. Die Musik der türkischen Sängerin Nilüfer hat sie zudem in einen tiefen Schlaf gewogen.

Draußen wurde der Bus von klapprigen Autos überholt. Gelegentlich sah man Männer und Frauen Felder am Straßenrand bestellen. Tabakfelder. Die Milde des Frühjahrs machte die Türkei angenehm. Sie kannte Istanbuls Sommerhitze, die Herbstschwüle und die Winterkälte und liebte am meisten die Frühjahrsmilde.

Der Bus parkte auf dem großen Vorhof des Busbahnhofs in Antalya. Mit einem der kleinen gelben Stadtbusse fuhr Neriman in die Innenstadt. Vom Postamt aus rief sie bei ihrer

Mutter an und erzählte ihr von der Busfahrt durch die Felsenlandschaft Kappadokiens, von den Liedern der türkischen Sängerin, von den Männern und Frauen, die im Bus neben, vor und hinter ihr saßen. Sie erzählte ihrer Mutter von Wiesen und von Äckern, von Tabakfeldern und von dem Duft des gegrillten Fleisches. Doch die Mutter fragte erstaunt: „Mein Kind, was erzählst Du mir für Dinge, die ich tausendmal schon gesehen habe!" Und Neriman antwortete: „Nein, Mutter, Du hast sie bestimmt übersehen, so wie ich auch sie viele Jahre übersehen habe." Die Mutter begriff erst dann, was diese Reise für die Tochter bedeuten mußte und sie hoffte, daß Neriman auf Zypern den Schriftsteller würde finden. Denn erst dann würde Neriman wieder richtig glücklich sein. Erst dann würde sie mit Erfüllung sagen können: Das war, wonach ich gesucht habe. Aber vielleicht war der Deutsche ganz anders. Vielleicht war sein eigenwilliger Schreibstil auch sein eigenwilliger Charakter, vielleicht war er ein ganz anderer Mann, als Neriman sich das vorgestellt hatte.

Neriman dachte oft und viel nach. Sie war außergewöhnlich intelligent. Sie war eine der jungen Intellktuellen des Landes – und trotzdem blieb sie so natürlich. Sie hatte in Deutschland Germanistik studiert, obwohl sie sich doch eigentlich für ganz etwas anderes interessierte. Sie liebte all die Naturwissenschaften. Sie wollte die Dinge verstehen, begreifen und einordnen – mit Begriffen der Biologie, der Chemie, der Physik und Mathematik und letztendlich mit Begriffen der Mutternaturwissenschaft Philosophie. Jetzt aber stand sie mit ihrer Tasche am alten Hafen von Antalya und betrachtete eine Gruppe Touristen wie sie blind durch die Gassen eilte.

Sie nahm sich ein Zimmer in einem kleinen Hinterhofhotel, sperrte hinter sich die Tür ab und schrieb einen langen Brief. Sie begann mit „Mein lieber Herr Gnob." Dann schrieb sie von all dem Bestätigten, von all dem Auchgesehenem, von den Wegrändern, die er beschrieben hatte und fragte ihn, wie er

aussah, wie er sah und einsah, wie er verarbeitete und nieder-
schrieb. Sie wollte sein Alter wissen. Sie wollte wissen, was er
tat, wenn er morgens aufstand. Sie wollte alles wissen. Nachdem der Brief fertig war, nahm sie ihn und betrachtete ihn noch
einmal selbst. Sie schrieb nie gerne Briefe. Sie sprach lieber.
Doch trotzdem war sie Journalistin geworden. Und obwohl ihre
Leidenschaft die Natur und ihre Wissenschaften war, studierte
sie Germanistik und wurde Redakteurin eines Kulturteils. Sie
faltete ihr Machwerk und steckte es in eine Mappe, auf der sie
noch in Istanbul geschrieben hatte: ‚Die Reise ins Ungewisse.
Auf dem Weg nach Zypern.‘ Dann ließ sie sich erschöpft auf
das Bett fallen und nahm Gnobs Buch und begann zu lesen, zu
verstehen und zu entdecken, was er über Antalya geschrieben
hatte.

Die Zikaden zirpten. Sie lullten mich rasch in einen
tiefen Schlaf. Aber zugegeben, es waren nicht nur die Zikaden,
die den Schlaf so rasch und tief über mich hereinbrechen ließen, es war auch die Müdigkeit, die durch die Anstrengungen
des Tages hervorgerufen worden war. Die Fahrt durch das
Landesinnere machte mich müde. So hatte ich Schwierigkeiten
Antalya mit wachen Augen zu betrachten, als der Bus vorfuhr.
Ich nahm mich jedoch zusammen und machte mich auf die
Suche nach einer Unterkunft. So stand ich am frühen Abend
am Hafen von Antalya. Türkische Flaggen an den Fischerboo-
ten waren das erste, was mir auffiel, und dann starrte ich auf
die Felsen weit am Rande der Bucht. Ein Hotel. Ein kleines
Hotel. Leser, wie soll ich dir nur beschreiben, welch trostloses
Gefühl mich an diesem frühen Abend überkommen hatte? Ich
war müde. Ich war alleine. Ich hatte endlich gemerkt, wie
schrecklich es war, alleine zu reisen. Ich hatte nur den Haufen
Papier, der mir zuhörte. Wie sehr wir Menschen doch von
Äußerlichkeiten abhängig sind. In Antalya war es an diesem
frühen Abend kühl und frisch, die Wolken hingen beängstigend

tief über der Bucht und das Meer machte einen unappetlich grauen Eindruck. Voller Melancholie suchte ich das nächstbeste Hotel auf und bat um ein Zimmer. Es war eines jener türkischen Hinterhofhotels, die im Sommer die beste Alternative sein mußten zum Urlaub am Touristenstrand.

Ich ließ mich auf mein Bett fallen und bestrafte mich wegen meiner Schwermut mit Nachdenkverbot. Und so zog eine geistige Stille durch meinen Kopf, die nur durch das monotone Aufklatschen der Tropfen des beginnenden Regens unterbrochen wurde.

Alte Fachwerkhäuser. Lange werde ich nicht bleiben in dieser Stadt. Hier ist nicht Platz für die Wunder des Orients. Hier war nicht der Ort für mich. Schon deshalb nicht, weil ich ihn mit Schwermut betrat und Orte, die ich mit Schwermut betrat, wollte ich nie wieder betreten.

Nachdem der tiefe Schlaf mich wieder zu Kräften hatte kommen lassen und die dunklen Wolken sich aus der Bucht von Antalya verzogen hatten, kam der nächste Morgen ohne Schwermut und ohne Sorgen. Dieses bittersüße Gefühl einer weinerlichen Stimmung entronnen zu sein, deren Grund und Ziel man selbst nicht erkennen kann, war Triumpf genug, sich auf den Tag zu freuen. Jedoch wollte ich trotz der wärmenden Sonnenstrahlen nicht länger in der Stadt verweilen. Auf mich wartete die Weite des Orients. Und wenn ich bis Aleppo reiste, ohne gesehen zu haben, wonach ich suchte, ich würde auch den Weg nach Bagdad zu Fuß auf mich nehmen, denn mein Professor hatte immer recht und er hatte sicherlich auch damals recht, als er sagte, ich habe mein Wunder zu suchen. Ich fragte mich an jenem Morgen, was sich vielleicht ein jeder Orientalistikabsolvent fragte, nämlich: Was machen die anderen wohl. Ich muß gestehen, Leser, ich habe es nie erfahren. Als ich mich im Garten des Hotels niederließ und der Kellner, ein etwas fehl am Platze wirkender, einfacher Mann im viel zu engem Anzug, Kaffee einschenkte, ich aber dankend ablehnte und nach Tee verlangte, bemerkte ich erst, welch wunderschöne Hotelanlage ich mir ausgesucht hatte. Hinterhofhotel. Zwar klebten etliche Blätter der violettfarbenen Bougainvillea am Boden, der Regen vom Vortag hatte sie von den Ästchen gespült, doch trotzdem oder gerade deswegen war dieser Garten bunt und froh. Ich sah mich um, während ich aß und dachte nach, wie ich weiterreisen wollte. Den Kellner gefragt, gab der mir zu verstehen, daß in Richtung Osten der Bus nach Mersin die günstigste Variante sei.

Neriman wollte es dem gleich tun und sofort am nächsten Tag aufbrechen, um nach Mersin weiterzureisen. Dann zweifelte sie das erste Mal an Gnob. Er hatte sich kaum Zeit genommen. Nur in Istanbul war er geblieben. Aus Ankara war er sofort geflohen. Die Strecke zwischen der Hauptstadt und Antalya verbrachte er im Bus, nur weil ihm das ein alter Türke geraten hatte. In Antalya verweilte er nicht, weil Schwermut ihn plagte. Und doch blieb die Fessel bestehen zwischen ihr und dem Buch. Der nächste Morgen brachte eine strahlende Sonne. Und als sie mit dem Koffer in der Hand aufbrach, um zum Busbahnhof zurückzukehren, war es bereits dermaßen heiß, daß sie sich fragte, wie Gnob wegen schlechten Wetters hier je in Schwermut fallen konnte.

Drei Schuhputzer baten ihr ihre Dienste an, doch Neriman lehnte ab. Es war angenehm durch das eigene Land zu reisen. Sie kannte Gnobs Buch, wußte von seinem Ausgang und entschied sich deshalb gegen den direkten Bus nach Mersin, sondern nahm den Überlandbus nach Anamur, einer kleinen Provinzstadt weit vor den Toren des modernen Antalyas.

Der Bus nach Anamur war klein und zugig. Sie nahm Platz neben einem Mann, der den Eindruck machte, als wäre er bestechend intelligent. Und als hätte sie es geahnt, begann er sogleich eine Frage zu stellen: „Junge Dame, wohin reisen Sie, so alleine?" Hätte sie sagen sollen, der Weg sei das Ziel? Er hätte mit dieser Floskel nicht viel anfangen können, dachte Neriman bei sich. „Nach Anamur." „Was machen Sie in Anamur, werte Dame?" bohrte er nach. Sein weißes Haar war kurz geschoren, die Gesichtszüge markierten sein feines Aussehen, der Anzug wirkte nicht übertrieben, doch auffallend im Vergleich zu der einfachen Kleidung der vielen Arbeiter und Bauern, die sich sonst im Bus befanden. „Ich reise", gab Neriman zu verstehen. „Ich bin auch gereist, als ich noch reisen konnte. Heute kann ich nicht mehr reisen. Mein Herz und die Ärzte erlauben das nicht mehr."

Stille Schatten vor dem Bus. Der Blick fiel auf die Landschaft draußen.

„Ich war Professor an der Universität in Istanbul. Philosophie." Neriman hörte aufmerksam zu. Er erzählte von seinen Studenten. Von seiner Tochter, die jetzt Lehrerin an der Oberschule von Anamur war und die er jetzt besuchte. Er sprach von seinen Reisen nach Syrien und in den Jemen. „Ich war einer der wenigen Türken, die in den vierziger Jahren in den Jemen gereist sind." Dann zeigte er nach draußen und zeigte Neriman ein Feld am Wegrand, wo viele Blumen blühten und zwei Frauen tief gebückt arbeiteten. „Das sind und waren meine Tage. Doch die Ihrigen werden es wohl nicht mehr sein." Neriman verstand. Die beiden Frauen draußen mühten sich in der großen Mittagshitze ab. Der Philosophie-Professor hatte bestimmt sein ganzes Leben nicht derart hart gearbeitet, jedenfalls mußte man das annehmen. Männer in seinem Alter, die hart auf den Feldern und in den Fabriken gearbeitet hatten, die sahen anders aus. Die hatten einen krummen Rücken, die hatten derbe Haut, die hatten schwere Hände, die hatten Furchen und Narben im Gesicht, die hatten nur einfache Kleider. Doch der Philosophie-Professer hatte all das nicht.

Neriman betrachtete die Bäume, die Häuser, flache Häuser, einfach errichtete Häuser, sie sehnte sich das Meer herbei. Die Straße verlief weit oberhalb des Meeres im Landesinneren. Die Sonne brannte auf den Bus nieder und alle waren froh, als einer die Fenster öffnete. Dann drehte der Busfahrer die Kassette etwas lauter und die Musik dröhnte Neriman in den Ohren.

Der Philosophie-Professor war eingeschlafen, als gegen sieben Uhr abends der Bus auf dem Busbahnhof in Anamur vorfuhr. Neriman mußte ihn wecken. Er wollte sie einladen, seine Tochter kennenzulernen, doch lehnte Neriman ab. Sie hatte es versäumt, ihm von Heinz Gnob zu erzählen, und wollte das jetzt auch nicht mehr nachholen. Sie erklärte ihm, bereits genau zu wissen, wohin sie wolle, außerdem würde man sie erwarten. Der Professor bedauerte und fügte noch hinzu, daß er glaube, sie hätte sich sicherlich gut mit seiner Tochter verstanden. ... würde man sie nicht erwarten. „Wer", dachte Neriman, „wer erwartet mich eigentlich? Vielleicht Heinz Gnob und sein Wunder?" Ein Wunder wäre es gewesen, wenn sie in Antalya schwermütig geworden wäre und Regen die Stadt in ein tiefes Grau getaucht hätte. Dem aber war nicht so. Noch hatte sie Gnobs Wunder also nicht gefunden, nur die Kraft, die von seinem Geschriebenem ausging.

Ich lief ein wenig orientierungslos durch diese Stadt. Nichts weiter als eine Burg sollte es hier zu sehen geben, hat man mir gesagt. Woher hätte ich wissen können, daß diese Burg außerhalb der Stadt lag? Die ganze Fahrt über hat es geregnet. Es war eine ganz andere Türkei, die ich erlebt habe. Du kannst Dir nicht vorstellen, welche Ausstrahlung dieses Land hat, wenn es regnet und düster ist. In England und Schottland, ja dort, da weiß man, was es heißt, wenn Regen fällt. Dort gehört das dazu. Aber in der Türkei rechnet man als unwissender Orientalistikstudent, der zwar das politische System des Sultanreiches in und auswendig kannte, aber mit immerwährender Sonne und blauem Himmel.

Ich war beeindruckt von der anderen Seite dieses Landes. Von den tropfenden Bäumen. Von den schroffen, grauen Felswänden. Von den Ständen am Wegränd, unter die sich die Menschen schützend vor dem Regen drängten. Von den nassen Kleidern.

Nachdem ich mich in mein Hotelzimmer gerettet hatte, nahm ich einen Block und einen Stift und begann zu schreiben. Ich schrieb: Nun sitze ich in Anamur. Ich sitze in meinem Zimmer eines alten Hotels. Es ist groß und die Decke ist hoch. Sie ist scheinbar unerreichbar hoch. Draußen fallen Tropfen auf die Straße. Es ist ein ganz und gar erhebendes Gefühl dieses Land so zu erleben. Man sollte in den Urlaubsprospekten nicht länger Werbung machen für die sonnigen Sandstrände der Türkei, man sollte Werbung machen für das verregnete Hinterland. Aber ich war mir sicher, daß es auch hier heiße Tage geben würde. Außerdem, wenn in den Prospekten stünde: Besuchen Sie das regnerische Anamur, und die Menschen täten das, die Stadt würde ihren Reiz verlieren. Der Reiz einer kleinen Provinzstadt. Mersin und Antalya waren weit genug weg, daß man ihre Nähe nicht mehr fühlte.

Mein Schwermut war vergangen, obgleich die grauen Tropfen schwer auf die Straße fielen und es Mut bedurfte, sich nicht einer Trostlosigkeit auszuliefern. Das schrieb ich, ehe ich den Stift beiseite legte und mich auf den Weg machte, etwas zu essen.

Ich ging die Hauptstraße in beide Richtungen. Ich suchte nach einem Lokal. Was ich fand, war ein Kebap-Salonu. Leer. Ausgestorben. Ich trat ein und sagte mir: Du bist Orientalistikstudent. Du darfst Dich über diese Dinge nicht wundern, wenn Du Dein eigenes Wunder erleben willst. Und so – Leser, stell dir nur vor, ich habe mich an einen der Tische gesetzt und gewartet – kam es, daß ich eine Viertelstunde warten mußte, bis ein Mann, völlig durchnäßt und abgehetzt den Laden betrat. Ich konnte gar nicht bestellen. Es gab nur ein Gericht. Es gab nur Huhn. Er stellte Kartoffeln und Reis auf den Tisch, eine Schale Bulgur. Er brachte Wasser und Tee. Er brachte mir Brot und Zwiebeln, Tomaten und Gurken, Paprika und Knoblauch. Dann endlich auf einem kleinen Teller ein paar Stück Hühnerfleisch, gewürzt mit Kreuzkümmel.

Er setzte sich zu mir und sprach kein Wort. Er dachte wohl, ich sei ein Fremder, der seine Sprache nicht versteht. Nach einer Weile wurde mir dieses gegenseitige Anstarren zu unbequem, vor allem da ich nebenbei versuchte, zu essen. Ich fragte auf türkisch, ob das Wetter wieder Sonne zeigen würde, wenn der Regen sich gelegt habe. Er antwortete: Die Weisheit sei dir gnädig, einfältiger Reisender. Immer wenn der Regen sich legt, scheint die Sonne. Das ist mit allem so und es war auch schon immer so. Er erklärte mir in einem schwer verständlichen Dialekt die Gezeiten, das Wiedergenesen nach einer Krankheit, das Sichbesserfühlen nach einer Zeit des Liebeskummers und schloß, daß eben auch das Wetter wieder schön werde, wenn Regenwolken sich verziehen. Ich war hoch erfreut, einen philosophisch veranlagten Gastwirt getroffen zu haben.

Was ich denn in Anamur mache? Ich suche den Weg, der mich zu einem Wunder führe, gab ich zur Antwort. Er lachte und sagte, er freue sich einen philosophisch veranlagten Gast zu haben. Ich verschluckte mich. Ich schluckte nochmals. Ich nahm einen tiefen Schluck Wasser und biß verkniffen auf meine Lippen. Bis spät in die Nacht saß ich in dem kleinen Kebap-Salonu des Herrn Ahmet, der tatsächlich einmal studieren wollte, aber sein Vater hatte nicht das Geld dafür. Wir unterhielten uns über tausend Dinge. Wir sprachen über die Bücher Yasar Kemals. Wir sprachen über die Hitze an manchen Sommertagen. Ich erzählte von meinem Professor an der Universität in München, erzählte vom alten Mann, der in Ankara von meiner Busfahrt sprach. Er erzählte von seiner Tochter, die einen Mann geheiratet habe, der im fernen Osten der

Türkei von der Landwirtschaft lebte. Ich erzählte von meinen Wundern, die noch gar keine Wunder waren. Ich erzählte und erzählte. Er erzählte und erzählte. Irgendwann nach dem vierten Kaffee stand ich auf und wollte zahlen. Erwähne mich in deinem Buch, dann bin ich unsterblich. Er wies meine Geldscheine ab und ich versprach, ihn zu erwähnen. (Was hiermit geschehen ist.)

Voller Begeisterung stürzte ich mich in die Gassen dieser kleinen Provinzstadt. Es war der Abend des einunddreißigsten Dezember. Ich würde in diesem Nest das neue Jahr begrüßen.

Ich war die vergangenen Tage mit dem Bus von Antalya nach Side und von Side nach Alanya und von dort hierher gefahren. Jetzt wohnte ich im Hotel *Anahan*, dem einzigen in der Stadt und machte dessen Besitzer unsterblich.

Am Busbahnhof hatte ich bei bitterer Kälte noch ein paar Arbeitern zugesehen, wie sie an einer neuen Moschee versuchten, das Minarett zu errichten. Dann bin ich ins Hotel gefahren.

Zu Hause aßen sie nun Fondue, gossen Blei und erfreuten sich einer schwammigen Zukunftsaussage über berufliche Aussichten, die Liebe und und und. Ich aber suchte in Anamur ein kleines Lokal. Ein solches, in dem es nur ein Gericht gab, wo ich warten mußte, bis der Besitzer kam. Einen Kebap-Salonu, dessen Besitzer bis spät in die Nacht bereit war zu philosophieren. Und ich fand das Lokal. Es war an der Hauptstraße, gut hundertfünfzig Schritte von meinem Hotel entfernt. Zwar blickte ich verstohlen in dem kleinen Lokal umher, suchte Anhaltspunkte, die mich an Gnobs Wunder herangeführt hätten. Ein Fetzen aus einer Zeitung hing an der Wand, hinter Glas, umrahmt. Es war der Beweis, daß irgendeine Lokalredaktion über dieses Lokal geschrieben hatte. Das gleiche hatte ich schon im Pudding Shop in Istanbul gesehen.

Sonst aber kein Hinweis auf einen früheren Besuch Gnobs. Ich konnte auch nicht annehmen, daß es derselbe Kebap-Salonu war, den der Schriftsteller vor so vielen Jahren besucht hatte. Der Besitzer sprach ausreichend gut englisch und es gab drei Gerichte: Huhn, Lamm und Hammelfleisch am Spieß. Der triefende Hammel sah aus, als triefte er schon längere Zeit auf seinem Spieß, so daß ich dankend verzichtete, wo ich ohnehin weder Lamm noch Hammel gerne aß. Ich erwartete also mein Huhn.

Auf einmal ging die Türe zur Straße auf und ein Mann kam herein. Er sprach den Besitzer auf türkisch an – in welcher Sprache sonst hatte er das auch tun sollen? Sie unterhielten sich eine Weile, ehe der Blick des neuen Gastes auf mich fiel. Er fragte auf deutsch, ob er sich setzen dürfe. Ich nickte, während ich durch eine Luke in die Küche blickte und dort mein Essen sah.

Der neue Gast nannte sich Mehmet Ali und stellte sich als Automechaniker vor. Er sei der beste Automechaniker in ganz Anamur, erklärte er. Das möchte ich glauben, sagte ich und fragte, wo er so gut deutsch sprechen gelernt habe. Na, dort, wo man die guten Autos baut. Er erzählte von seinen sieben Jahren bei Audi in Ingolstadt und von seinen drei Jahren bei BMW in München. Sicherlich mußte ich ihm sofort erzählen, daß ich aus München war. Und was machst du dann in der Türkei? Ja klar, die Antwort auf diese Frage konnte ich ihm nicht schuldig bleiben. Weißt Du - ich dutzte ihn, dutzte er mich doch auch - ich habe in der Zeitung gelesen, daß es in Deutschland vor rund zwanzig Jahren einen Schriftsteller gab, der nach Nordzypern reiste und dort eine Journalistin kennengelernt hatte und dann sind beide umgekommen. Wie tragisch. Mehmet Ali hatte Mitleid, verstand nicht wieso ein Deutscher in der Lage war, einem Landsmann hinterherzureisen, der schon zwanzig Jahre unter der Erde war. Wir Türken, sagte er, wir sparen unser Geld und bauen dann ein Haus. Wir wollen ein schönes Auto, wir wollen unseren Familien etwas bieten. Aber ich arbeite nicht hart, um das Geld auszugeben, um einen Weg nach Nordzypern zu finden. Wie recht er doch hatte. Auch ich hätte mein Geld sinnvoller anlegen können, als kurzentschlossen einfach in die Türkei abzuhauen, nur um dann meinen Schülern zu erzählen, wie es war, als ich den Schriftsteller Gnob suchte – und fand. Ich hörte schon den Hartmann Jürgen fragen: „Herr D. warum haben Sie dann eigentlich nicht versucht, auch das Lokal in Anamur zu finden, in dem dieser Gnob war?" Ich malte mir aus, wie die Gruber Laura Fragen stellen würde: „Hatten Sie keine Angst in der Türkei, so ganz außerhalb der Urlaubszentren." Ich hörte in der Ferne Evi Lautermaier kichern: „So etwas macht auch nur der!" Und ich sah mich vor der Tafel stehen, schwungvoll eine Landkarte der Südtürkei aufzeichnend. Hier und dort bin ich gewesen, hier und dort habe ich die Stellen aus Gnobs Buch gelesen. Hier und dort habe ich Dinge wiedergefunden, die er schon gesehen hat, Ende der siebziger Jahre. Ach Kinder, ihr könnt euch das gar nicht mehr vorstellen, wie es ist, ein Buch zu lesen und auf einmal die Dinge zu sehen, die dort beschrieben sind. Und ich blickte den erstaunten Mehmet Ali an, und ich sah in seinem Gesicht die vielen Fragen meiner Schüler, die dann doch nicht fragen würden.

Ich habe es nie bedauert Lehrer geworden zu sein. Ich hatte immer das Gefühl, man kann viel erreichen, wenn man nur will. Aber ich habe mit Kollegen gesprochen, die an Hauptschulen im Süden von München unterrichten, da muß es ganz anders zugehen als an meiner Schule. Warum nur fällt mir das alles ein, als ich in einem Kebap-Salonu in Anamur mit Mehmet Ali, dem meiner Sache gegenüber verständnislosen Automechaniker spreche? Will ich etwa eine Deutsch-Stunde halten, ihm von der Magie eines Buches erzählen, von der Fessel zwischen Gnob, Yasmin Salkim und mir, über die zeitliche Nähe und die doch so große Zeitspanne zwischen unseren

Erfahrungen referieren? Ich weiß nicht, welchen Sinn das gehabt hätte.

Irgendwie verwirrt verließ ich das Lokal und war froh, daß draußen auf der Straße laut Musik gespielt wurde. Mehmet Ali würde drinnen weiter mit dem Besitzer reden – über mich und meine seltsame Reise. Ich war mir dessen sicher.

Mitternacht näherte sich und meine Gedanken kehrten heim. Dort, wo der Schneematsch auf den Straßen lag, wo das Licht um diese Jahreszeit dumpf war. Aber ich vermißte München kaum. Ich vermißte die Silvesterparties nicht, nicht den Ausblick über die Stadt, den man hatte, wenn man mit dem Auto aus ihr hinausfährt. Etwa fünfzehn Kilometer nördlich von München liegt Unterschleißheim, der Ort in dem ich aufwuchs. Gleich hinter Unterschleißheim erhebt sich ein Hügel, dahinter liegt Haimhausen. Oben an der Straße zwischen den Haimhauser Ortsteilen Inhausen und Ottershausen, von dort hatte man einen wunderschönen Blick über ganz München. Und vor allem an Silvester war das einmalig. Ich wunderte mich schon wieder, wieso ich auf einmal an mein altes Zuhause gedacht habe. Das hatte doch nun wirklich nichts mit Heinz Gnob zu tun, nichts mit dem Jahreswechsel in Anamur, der kleinen Provinzstadt an der Südostküste der Türkei. Die Gedanken waren auch wie verflogen, als um Mitternacht die Menschen lachend und singend auf die Straße liefen. Das neue Jahr wurde mit lauter Musik und viel Tanz begrüßt.

Nachdem ich alleine noch ein paar Minuten durch die Straßen geirrt war, kehrte ich müde ins Hotel zurück. Der Besitzer wünschte mir noch ein fröhliches 1998 und verschwand dann in einem Privatzimmer hinter der Rezeption. Ich legte mich auf meinem Zimmer hin und nahm mir Gnobs Buch.

Die Fahrt von Anamur nach Mersin war schön, denn das Wetter strahlte wieder. Auch das war faszinierend an der Türkei. Eben noch habe ich mich an den schweren Regentropfen erfreut, die einen angenehmen Kontrast darstellten zur ewig scheinenden Sonne, jetzt aber gefiel ich mir in dem Meer von Sonne und Wärme ganz gut. Und so döste ich vor mich hin.

Der Bus kurvte auf einer Küstenstraße hoch über dem Meer. Mein Vertrauen in den Fahrer war groß, so daß ich mich nicht scheute, einzuschlafen. Was waren das für Eindrücke? Männer und Frauen an den Wegrändern. Sie alle paßten in das Bild dieses Films, den einer mit Mühe versuchte in der immer gleichen Geschwindigkeit abzuspulen. Doch er konnte diese Geschwindigkeit nicht immer halten. So mußte der Film in Istanbul viel schneller über die Spule gelaufen sein, als hier draußen auf dem Land.

Ich träumte während ich schlief. Es war ein sonderbarer Traum. Es war der Traum von der Reise meines Wunders. Es war ein Gewürzmarkt in Bagdad. Ich fühlte mich fremd und einsam in der Menge arabisch sprechender Menschen. Sie gestikulierten wild, manche zeigten auf mich, wie ich so ganz und gar nicht in das Bild passen wollte. Doch die Düfte des Orients betörten mich derart, daß die skeptischen Menschen mir nicht weiter auffielen. Das tiefe Rot der gemahlenen Schoten, das glänzende Schwarz der gestapelten Oliven, das satte Grün der Gurken, das überzeugende Braun der Datteln, ich war ganz außer mir obgrund dieser Vollkommenheit. Die Frauen trugen schwarze Schleier. Die Männer weite Hosen. Dann reiste ich fort in diesem Traum. Auf einem Dromedar ritt ich nach Jordanien, ritt entlang Euphrat und Tigris und sah das Beige der Berge, der Felder und der Kleider der Beduinen. Orient, oh du beiges Land! Ich ließ mein Dromedar in einem Dorf und wanderte zu Fuß weiter, ich segelte über das Meer, ich sah eine Insel im Norden und ich wußte in diesem Traum, es war Zypern gewesen. Aber ich ahnte nicht, was ich mit dieser Insel verbinden würde, wenn ich wieder erwachte. Ich sah den Möwen zu und sprach: Ich möchte fliegen wie ihr Vögel dort oben. Und ich flog. Ich flog so hoch wie eine Möwe und höher. Ich sprach mit den Vögeln und sie sagten mir: „Die Unbesiegbare wartet auf dich. Dort gibt es eine Prinzessin, die nur auf dich wartet. Sie irrt ihr Leben schon durch den Orient, sie hüllt sich in immer neue und prächtige Gewänder, sie spricht mit niemanden, sie ißt nur wenig, sie singt Klagelieder, aber sie ist die Tochter des Pharaos. Sie wartet auf dich." Das sangen die Vögel und sie sangen laut und sie sangen leise, sie sangen und freuten sich im Spiel des Windes. Äolos, der Windgott, er trieb mich in den Süden. Ich schwebte über die Ufer des Nildeltas, der Unbesiegbaren zu. Kairo lag unter mir wie eine Festung; prächtiger hätte die Stadt nicht sein können. Und im Leuchten der Abendsonne saß eine junge Frau vor den Toren der Stadt. In diesem Traum gab es nur ein Tor, nur eine Frau in ganz Kairo. Sie sah mich an und stand auf. Sie sprach von einer Reise, die sie gemacht hatte. Sie war bis ins ferne Qubrus gefahren, um zu finden, wonach sie suchte. Sie dankte den Vögeln, daß sie mir ausgerichtet hatten, daß sie mich erwartet hatte. Nach Zypern also war sie gereist. Was sie dort wohl wollte? Einen alten Gelehrten hatte sie gefragt, warum sie so leide, warum alles in ihr unruhig nach mehr Ruhe schrie und er hatte ihr den Grund genannt. Dann war sie zurück in die unbesiegbare Stadt am Nil geflogen und hatte unterwegs allen Vögeln gesagt, wenn er denn käme, sollten sie ihn zu ihr schikken. Und ich war er – er war ich. Ich wurde in einen Palast geschickt. Doch ich kann das Innere dieses Palastes nicht beschreiben, nur ein Funkeln von Gold und Silber ist geblieben. Der Rest verschwamm mit dem Aufblitzen des Meeres unter mir.

Ich erwachte als der Bus zum Stehen kam. Tasucu, Kibris Limani. Ich fuhr zusammen. Tasucu, der einzige Fährhafen nach Nordzypern. Sollte ich meinem Traum folgen und nach Qubrus übersetzen? Noch ehe ich mich entschlossen hatte, sah ich mich mein Gepäck nehmen und aus dem Bus steigen. Ich dankte dem Traum und betrachtete dies als einen kleinen Teil meines Wunders, das mir der Professor als Lebensziel gesteckt hatte.

Ein paar Stunden später saß ich auf einem alten Fährschiff, das sich mühsam über die Wellen bewegte. Nach einer Stunde schon tauchte die Nordküste Zyperns vor mir auf. Ich stand ganz vorne am Schiff. Ich sah auf die untergehende Sonne und ich sah die Küste, ich sah die Lichter und ich sah, daß ich ein Ziel gefunden hatte. Ich wollte doch nicht immer weiter reisen. Ich wollte eines Tages das Wunder erleben. Und ich hatte eine Insel angesteuert, die ein Weiterreisen fast unmöglich machte. Alleine zurück konnte ich gehen, aber niemals weiter, denn eine Insel ist mit keinem Weg verbunden, sie wird immer vom Meer abgetrennt. Eine alte Weisheit, der sich kein Mensch verwehren kann, auch nicht der klügste Leser unter Euch.

Nach gut drei Stunden Überfahrt legten wir im Hafen an.

Die Stadt heißt Girne. Und wie soll ich sie beschreiben. Es war schon vollkommen Nacht als ich ankam. Der Hafen war fast kreisrund. Eine Reihe beleuchteter Häuser dahinter. Es waren fast alles Restaurants. Davor saßen Menschen an Tischen. Musik aus allen Häusern. Ein Minarett stand am Ostrand des Hafenrunds. Mir wäre es in der Dunkelheit gar nicht aufgefallen, wäre nicht der Ruf des Muezzins nah und laut ertönt. Sein „Allah u akbar" ließ mich den schwer erkennbaren Horizont nach einem Minarett absuchen. Aber ich stieß zuerst auf ein viel imposanteres Bauwerk: eine Burg. Am östlichen Ende des Hafens wurde das Rund von einer Festung abgegrenzt.

Was wußte ich über diesen Teil von Zypern? Vor ein paar Jahren noch herrschten hier die Griechen, jetzt war es türkisch. Ich war aber nicht von zu Hause weg, um dann über Krisen und Kriege zu schreiben. Ich wollte mein Wunder niederschreiben.

So stand ich also an einem wunderschönen Hafen. An einem wunderschönen Hafen am späten Abend eines Frühlingstages. Von einer Seite des Hafens zur anderen konnte man gut zehn Minuten brauchen, wenn man sorgfältig die Speisekarten der Restaurants studierte.

Feinstes Oxfordenglisch drang an meine Ohren und ich war ein wenig erstaunt obgrund der Ordnung, die in Girne herrschte. Am einen Ende des Hafens roch es nach Fisch, am anderen nach einer Mischung aus Salzwasser und Gegrilltem. Die Hafeneinfahrt wurde abgegrenzt von einer Mole außerhalb der Bucht. Auf dieser Mole gingen Männer und Frauen spazieren. Kinder tobten auf dem drei, vier Meter breiten Steg und ältere Männer hatten die Seile ihrer Angeln in das Hafenbecken ausgeworfen, um in dem dreckigen Wasser zu fischen. Ich dachte: Na hoffentlich servieren sie diese Fische nicht in den Lokalen. Das Wasser sah ölig aus, und das mitten in der Nacht, wo das Licht des Mondes und der hell erleuchteten Restaurants das einzige Licht überhaupt war.

Ich atmete tief ein und ich fühlte plötzlich, daß ich heute vormittag einen Traum hatte, der den Weg nach Zypern wies, und dies scheinbar bewußt. Nur hatte ich noch keinen blassen Schimmer, welche Rolle die schöne Tochter des ägyptischen Pharaos spielen würde und warum ich nach Kairo geflogen war. Aber vielleicht klärt sich das noch auf (Wunder sind eben selten klar und deutlich).

Nachdem der Blick von der Mole aus auf das Hafenrund sich mir eingeprägt hatte, nahm ich mein Gepäck und ging zurück. In einem der vielen Fischlokale ließ ich mich nieder. Am Tisch neben mir saßen zwei Türken. Sie verhandelten wie es mir schien. Sie hatten Teller über Teller gestapelt auf ihrem Tisch. Auf einem kleinen Tischchen an der Seite stand eine Flasche Wein, die der eine nahm, um dem anderen einzugießen. Sie sprachen über Häuser und Gärten, sie sprachen über einen Architekten und einen Käufer (einer der beiden war kein Türke, sondern ein Landsmann von mir, der wohl des anderen Haus kaufen wollte).

Ein Kellner kam an meinen Tisch und ich bestellte einen Vorspeisenteller, denn für Fisch war es schon zu spät.

Die Insel Zypern hatte unser Professor nur am Rande erwähnt. Die Osmanen herrschten hier bis 1878, als sie sich die Insel nicht mehr leisten konnten und sie an Großbritannien verpachten mußten. Das war alles. Dann kam er wieder auf die osmanischen Statthalter auf der arabischen Halbinsel zu sprechen. Stell Dir nur vor, Leser, wie sehr ich es jetzt bedauerte, daß unser Professor nie ausführlicher über Zypern gesprochen hatte.

Nachdem ich gegessen hatte (und dies keineswegs schlecht), zahlte ich und machte mich auf die Suche nach einem Hotel. Und ich fand eines gleich in der ersten Gasse hinter dem Hafenrund. Es war eine herrliche Gasse. Vor den Türen saßen Frauen und Männer, spielten Kinder. Der Eingang des Hotels lag auf der Rückseite eines der Häuser, deren Vorderseite zum Hafen hin zeigten. Ich fragte nach dem Preis und war einverstanden, zumal mir ein Zimmer mit Blick auf den Hafen in Aussicht gestellt wurde. Ich schleppte mein Gepäck über eine steile Holztreppe hinauf in den zweiten Stock. Dort öffnete der Portier eine Holztüre. Dahinter eröffnete sich mir mein neues Reich: Ein fast quadratisches Zimmer. Ein Schrank. Ein Bett mit weißen Laken. Ein Waschbecken. Dusche und Toilette waren auf dem Gang. Aber es sei niemand außer mir im zweiten Stock, so daß ich Dusche und Toilette als die meinigen betrachten solle. Wie lange ich denn eigentlich bleiben wolle, fragte der Portier als er sich schon wieder umgedreht hatte. Wenn ich das gewußt hätte. „Mindestens eine Nacht." „At least one night. Ok!" Ich ließ mich auf mein Bett fallen und fiel in einen tiefen Schlaf, die laute Musik draußen verschwand hinter einer Mauer aus tiefem Wohlbehagen und der Wiederkehr des vormittäglichen Traums: Da flog ich wieder mit den Möwen über das Mittelmeer. Ich flog wieder nach Kairo, weil die Vögel mir gesagt hatten, ich werde in der Unbesiegbaren erwartet. Die Luft war klar als ich in Kairo ankam und am Tor – es gab auch in der Wiederholung des Traumes nur ein Tor – eine schöne junge Frau auf mich wartete.

***

Das Meer war unruhig. Und der erste Januar war ein trister Tag geworden. Schon am Morgen war es fröstelnd kalt. Die Bäume schwankten unruhig im Wind hin und her, und ich bangte, ob es an diesem Tag überhaupt eine Überfahrt nach Girne würde geben. Schade, daß ich nicht wie Gnob im Frühjahr aufbrechen konnte. Neben mir auf der Fähre nach Zypern saß ein älterer Mann. Er sprach mich an. Er war Türke. Er erklärte mir den Unterschied zwischen Kurden und Türken, er erzählte mir vom türkischen Militär und von den Taten der Freiheitskämpfer der PKK im wilden Osten des Landes. Er sprach in einem fort von Ausgangssperren, von bitterkalten Nächten und tiefen Schluchten, von der Angst der jungen Soldaten, entweder von den Freischärlern erschossen zu werden, oder aber von den eigenen Vorgesetzten bestraft zu werden, wenn man nicht sofort gefangen genommene Kurdenkämpfer ermordete. Er sprach von tausend Nächten des Krieges. Er erzählte mir von ‚kardesch‘, dem türkischen Wort für Bruder. Ein jeder ist eines jeden Bruder. Ach, wie wäre das, wenn das nur wahr wäre? „Mein Land“, sprach der Türke auf der Überfahrt ins türkische Zypern, „ist geplagt.“ „Wir haben Menschen, die sagen, der Islam ist das, was uns Heil bringt. Wir haben andere, die sagen, daß die Religion das nicht tun kann. Und wie recht sie doch haben. Ich kann doch nicht zu Allah beten und beten und den bestrafen, der das nicht will. Allahs Liebe wäre doch nicht unerschöpflich, wenn wir nicht auch den verstehen wollten, der unseren Glauben nicht lebt. Mein Land ist zerrissen, weil die Kurden im Osten nach Unabhängigkeit streben und das Militär darin eine Gefahr für die Freiheit des Staates sieht. Doch welche Freiheit ist das noch in Ost-Anatolien? Es ist Krieg und sie zählen jeden Tag die Erfolge auf. Sie sprechen in den Nachrichten von den Kämpfen als wäre es ein Sieg über das Böse. Doch ist es denn von Grund auf böse, wenn Menschen nach Unabhängigkeit und Selbstbestimmung streben. Die Gefängnisse sind voll. Die Mauern sind hoch. Die Journalisten schreiben, aber wenn sie schreiben, was sie denken, dann schreiben sie nicht mehr lange. Das Land ist zerrissen in tausend Fetzen. Und doch ist es ein schönes Land. Wir dürfen es nicht verteufeln. Wir müssen es lieben und mit Taten Tag und Nacht darum bemüht sein, etwas zu ändern." Dann stand der Mann auf, der so zu mir sprach, nickte freundlich und kam die ganze Überfahrt nach Girne nicht mehr zu mir. Er blieb entweder in einem der Zwischenräume, wo das Rauchen gestattet war, oder aber war an Deck gegangen, dort wo es kalt und zugig war.

Meterhoch waren die Wellen und viele Türken wurden seekrank. Auch ich kämpfte mit meinem Magen. Was würde ich meinen Schülern sagen, wenn sie mich fragten, ob die Türkei nun ein gutes oder ein schlechtes Land ist? Sie würden nicht differenzieren zwischen guten und bösen Dingen, sie würden ein Gesamturteil erwarten. Die Presse schreibt und der Leser glaubt. Und es wäre vermessen, der Presse auch nicht zu glauben, aber war die Türkei deshalb schlecht? Ich wußte es nicht. Ich hatte nur Gutes und Schönes erlebt. Ich hatte nur mit freundlichen Menschen gesprochen. Ich hatte nicht vor den hohen Mauern gestanden und dahinter Klagegeschrei vernommen. Ich hatte sie nicht in den Bergen kämpfen sehen. Der Wind blies all das Böse hinfort. Er trug mich über das Meer auf eine Insel, die ein deutscher Schriftsteller vor vielen Jahren besucht hatte und der Grund war, warum ich es tat. Mord und Totschlag, Folter und Krieg hatten in meinem Denken an diesem Nachmittag keinen Platz. Vielmehr plagte mich die Kälte. Ich vermutete bereits Schnee auf den Bergzügen des Besparmak-Gebirges, noch ehe die Insel sichtbar wurde. Und als sich die dichten Wolken lichteten wurde der Blick frei auf die Küste und die dahinter liegenden Berge. Und tatsächlich: auf den Spitzen des Bergkamms lag ein wenig weißer Schnee. Es war der erste Januar.

Die Straßen Girnes waren leergefegt in dieser Nacht. Frischer Frühjahrswind zog durch die Stadt und es war, als ob irgend etwas in der Luft gelegen habe. Die Reise war schneller vergangen als sich Neriman träumen hatte lassen. Wie ein kurzer Traum eben, aus dem man erwacht, ohne sich zu erinnern, was eigentlich genau man geträumt hatte. Anamur, Tasucu – der kleine Hafen. Sie hatte sich in einem Hotel am Hafenrund einquartiert und war voller Spannung den ganzen Abend durch die Stadt gelaufen. Erst gegen zehn Uhr konnte sie sich entscheiden, in einem kleinen Lokal noch etwas zu trinken. Sie fühlte sich auf einmal alleine. Nicht einmal während der ganzen Reise durch die Türkei hatte sie dieses Gefühl erlebt, sich einsam zu fühlen. Jetzt aber in dieser englischen Kneipe unter den vielen Fremden machte sich dieses Gefühl breit: alleine, einsam, nicht beachtet.

Sie bestellte ein Glas Wein und sah sich um: Männer und Frauen. Briten und Deutsche. Sie wollte einen der Gäste später fragen, ob der Name Heinz Gnob denn ein Begriff für ihn sei. Schließlich galt es, den Mann aufzuspüren, dessen Buch sie verschlungen hatte, dessen Lebenswerk es gewesen war, eine Reise zu machen, die sie wiederholt hatte. Sie würde ihn schon finden.

Am Tisch neben ihr saßen zwei deutsche Männer, die sich heftig über Politik unterhielten. Sie stritten und versuchten lautstark, dem anderen deutlich zu machen, daß er im Unrecht sei, und dies eines Tages auch einsehen werde. Sie blickte die beiden gespannt an, denn eine derart hitzige Debatte über Politik war sie sonst nur von Landsmännern gewohnt, nicht aber von den pragmatischen Deutschen. Nachdem sie ihr Glas Wein geleert hatte und sich langsam die Anstrengungen der langen Schiffahrt nach Nordzypern in ihr bemerkbar machten, sie allmählich müde wurde, stand sie auf und ging an den Tresen um zu zahlen. Dann kehrte sie an den Tisch der beiden Männer zurück und fragte doch noch nach Heinz Gnob. Ja, ja, der Gnob sei ihnen sehr wohl ein Begriff. Außenseiter. Viel alleine. Ruhiger Kerl. Deutscher, dem irgendwas daheim nicht mehr gepaßt hatte. Wo sie ihn denn finden könne? Der zweite antwortete, indem er mit dem Finger auf den Tisch ganz hinten im Eck deutete. Da hinten, das ist er.

Und mit einem Mal begann Neriman Salkims Herz zu klopfen. Die sonst so couragierte Kulturjournalistin war aus der Fassung gebracht worden. Sie hatte schon fast eine Stunde lang in der gleichen englischen Kneipe gesessen und über den Schriftsteller nachgedacht, dessen Buch Grund ihrer ganzen Mühen war, und dieser Schriftsteller saß den ganzen Abend ein paar Tische weiter.

Die Schritte bis zu seinem Tisch mußten reichen, um ihn ausführlich zu mustern. Groß war er. Schlank war er. Von fast hagerer Statur. Eine Brille lag neben ihm auf dem Tisch, wie auch ein Haufen Blätter. Einen Füllfederhalter hatte er in der Hand, ein Glas Rotwein vor sich. Er war wohl bei der Arbeit. Würde diese Begegnung sein, wie er die Begegnung mit der Tochter des Pharaos in seinem Buch beschrieben hatte?

Sie fühlte ein inneres Zittern und wurde nach außen hin immer ruhiger. Schließlich gab es nichts, wovor sie sich zu fürchten hätte. Der Mann am Tisch war Schriftsteller. Ein ausgewanderter Deutscher. Voller Leidenschaft hatte er in seinem Buch ‚Wege nach Zypern' eine Reise durch die südliche Türkei beschrieben. Das war alles. Mehr war es nicht. Und doch war es mehr, denn sie hatte sich diesen Moment lange Zeit erträumt. Sie hatte lange Zeit diesen Moment erwartet, wo sie den Autor kennenlernen würde, der über das Mittelmeer schwebte, der auf seinen Seiten die glühenden Flammen der Abendsonne zum Leuchten brachte.

Zwei Schritte vor seinem Tisch blieb sie stehen, blickte ihn nochmals an. Besonders attraktiv war er nicht. Er blickte auf, nahm seine Brille und betrachtete sie einen Moment. Er blieb mit dem Blick in ihren Augen haften und sie musterten sich gegenseitig. Neriman Salkim war eine junge, hübsche Frau, so daß seine Blicke nicht verwunderlich waren, jedoch verunsicherten sie Neriman. Dann sprach er: „Kann ich Ihnen irgendwie helfen?" Und es dauerte nicht lange, dann saß Neriman an seinem Tisch und sie erzählte ihm die ganze Geschichte und er saß über den Tisch gebeugt, hatte die Zettel und den Füllfederhalter beseite geschoben, nippte gelegentlich an seinem Glas Rotwein und hörte ihr zu. Er hörte mit einer derartigen Ruhe und Aufmerksamkeit zu, daß sie sich in Sicherheit wähnt, jedes Wort werde zu schätzen gewußt und würde seine Wirkung nicht verfehlen. Sie wußte, wer so zuhört, kann Mißverständnisse von den wahren Aussagen unterscheiden. Und fürwahr, Neriman stotterte und brachte Sätze und Wörter durcheinander. Trotz des Studiums in Deutschland. Trotz der vielen deutschen Freunde. Trotz der langen deutschen Gespräche. Das Treffen mit Heinz Gnob war für sie Anlaß genug, zu vergessen, daß sie perfekt deutsch sprach.

Die Tage vergingen. Sie traf sich noch etliche Male mit dem deutschen Schriftsteller, erfuhr den Grund für sein Auswandern aus Deutschland. „Warum haben Sie sich denn genau für Zypern entschieden", wollte Neriman wissen, als sie bei ihrem dritten Zusammentreffen in einem kleinen Lokal in Bellapais, einem wunderschönen Ort saßen. Weil, er wußte nicht genau, wie er einen Satz aus einer Geschichte machen sollte, er eben den Weg nach Zypern gesucht hatte. Und dieser Weg führte vorbei an den großen Städten Istanbul und Ankara, an den scheußlichen Touristenorten an der Südküste der Türkei. Außerdem erzählte Gnob von seinem Wunder, das er zu leben gedachte. „Wissen Sie, Sie sind der erste Mensch, der mein Buch so gelesen hat, daß ich das Gefühl habe, er hat es wirklich verstanden. Sie haben ein wenig das Wunder vorangetrieben, von dem mein Professor immer sprach. Ich werde eines Tages auswandern, weiterwandern, fortziehen. Ich werde die weiten Wüsten entdecken und auf Dromedaren in den Sonnenaufgang reiten."

Die Kulturjournalistin, die zwar anfällig für solche romantischen Anflüge war, eröffnete ihm, daß er den Blick für das Wesentliche verloren habe. „Mein Herr", sagte sie spöttisch, „Sie machen es sich aber leicht: Sie reißen von zu Hause aus, weil dort ein paar Dinge geschehen, die Ihnen nicht gefallen haben und weil Ihnen eben gerade nach Ausreißen zumute war. Sie reisen und schreiben. Jetzt verstehe ich Sie langsam. Sie machen die Augen auf und sehen sich die Blumen an, die schönen Landschaften und schönen Frauen, aber die Armut, die Probleme und all das Schlechte auf dieser Welt sehen Sie nicht, schreiben nicht darüber." Sie fuhr fort und mahnte ihn: Habe er überhaupt einmal an all die Kriege im Orient gedacht? Das Problem der Araber in Palästina? Die Teilung der Insel auf der er lebte?

Er mußte sich das erste Mal rechtfertigen. Es war die erste Rechtfertigung seit langer Zeit, seit der Zeit, seit er alleine und zurückgezogen auf Zypern lebte. Sicher er hatte mit Mustafa, dem alten Mann aus seiner Nachbarschaft viel über Zypern gesprochen, aber er hatte nie viel darüber erfahren wollen. Er wollte den Blick auf die schönen und angenehmen Dinge des Lebens richten, zu düster waren die Dinge, die in ihm vorgingen. Nicht, daß ihm das Leben keine Freude bereitete, aber er war voller tiefsinniger Gedanken, die ihm den Mut nahmen, in seinem Buch auch noch über die schlechten Dinge zu schreiben. Auch in „Stil des Herrlichen" hatte Gnob die wundervollen Dinge beschrieben, niemals aber das Bittere.

Er traf Neriman Salkim am achten Tag nach ihrer Ankunft wieder. Sie lebte in einem kleinen Hotel am Hafen und hatte versprochen, ihn in seinem Haus außerhalb der Stadt zu besuchen. Sein Haus war das Spiegelbild seinerselbst. Ein wildverwucherter Garten und dennoch alles in einer akribischen Ordnung, daß ihr Angst und Bange werden mochte. Ein jeder Stuhl, ein jedes Regal sahen aus als hätte sie ihr Besitzer zuvor an genau dieser Stelle niedergelegt. Gnob hatte Kaffee gemacht und versuchte, seine Unfähigkeit, einen Kuchen zu backen damit zu vertuschen, daß ihm das Mehl ausgegangen sei (versucht nämlich hatte der unbeholfene Bäcker Gnob sehr wohl, der jungen Reporterin aus Istanbul einen Kuchen zu servieren, doch wollte der Haufen Mehl und Zucker und Eier und Milch kein Kuchen werden).

Sie sprachen über Deutschland, über München, die Stadt aus der er kam, obgleich er in einer norddeutschen Kleinstadt geboren war. Sie unterhielten sich über die weite Reise durch die Türkei. Sie machte ein paar Photos von seinem Haus und seinem Garten. Sie sprachen über die Inhalte seines Buches und vor allem über seinen eigenwilligen Stil. „Ich kann ihn nicht eigenwillig finden", äußerte sich Gnob. Und wie es so kommen wollte, endete das Gespräch mit der Frage, ob sie nicht noch zum Abendessen bleiben wolle. Und nachdem sie auf eine solche Frage nur gewartet hatte, blieb sie bis spät in die Nacht.

„Die Wochen vergingen, das junge Fräulein Reporterin kehrte immer wieder zu seinem Haus zurück, und daß sich aus der Freundschaft bald eine Liebschaft entwickelte, hat das ganze Dorf mitbekommen. Die meisten haben gesagt: Endlich, jetzt ist auch der deutsche Schriftsteller nicht mehr so alleine. Der saß doch immer so alleine in seinem Garten und hat geschrieben. Dann kam eines Tages der Tag, an dem Neriman bei Gnob einzog. Sie hatte ohnehin nicht viel dabei. Aber das was sie hatte, räumte sie bei ihm ein. Was muß das für ein Schock für die Mutter in Istanbul gewesen sein. Die hatte doch schon Rotz und Wasser geheult, als das Töchterchen damals nach Deutschland ging, um zu studieren.Und als sie dann von ihr erfahren haben mußte, daß sie für immer auf Nordzypern bleiben wollte, bei diesem Deutschen, das muß schon schlimm gewesen sein. Das war im Winter 1978. Kalt war es damals. Wir hatten uns auf Zypern noch immer nicht von den Kriegswirren von 1974 erholt. Der Gnob aber schien seinen zweiten Frühling in diesem Winter zu erleben. Er wurde gesprächig, lud uns Männer im Dorf zum Kaffee ein, begann mit einer Begeisterung Neriman die arabische Sprache zu lehren und spielte mit uns Backgammon.

Als das Wetter wieder besser wurde, wollten die beiden heiraten, irgendwann im Frühjahr. Nerimans Mutter war schon eingeladen gewesen und auch seine Eltern sollten aus Deutschland kommen. Und am ersten richtig schönen Sommertag sind sie mit dem Motorboot rausgefahren aufs Meer. Ein paar Stunden später hat es dann die beiden Toten an den Strand gespült. Das war furchtbar. Ich werde das nie vergessen. Man sagt, sie hätten sich geküsst und wären dabei ins Wasser gefallen und von der Schraube des Motorboots in die Tiefe gezogen worden. Andere haben dem sonderbaren Gnob sogar zugetraut, daß er einfach nicht gewollt hat, daß so ein atemberaubender Moment nicht für die Ewigkeit dauern konnte, also er und sie alleine auf dem weiten Meer. Das wollte er vielleicht festhalten – für die Ewigkeit. Dann soll er sie beide ins Meer gezerrt haben. Wieder andere sprechen von einer Windböe, die das Boot hat kentern lassen. Aber das glaube ich nicht, wieso hätte man sonst nach ein paar Stunden das Boot vollkommen intakt auf dem

Meer gefunden? Wissen Sie, ich werde es nicht mehr herausfinden. Schade jedenfalls um das junge Glück der beiden, finden Sie nicht auch?"

Gnobs Haus gehörte heute einem alten Kaufmann aus dem Dorf. Er war kurz nach dessen Tod dort mit seiner Frau eingezogen. Die akribische Ordnung in der Wohnstube und der ordentlich verwilderte Garten Gnobs hatten sich in südländisch zyperntürkisches Chaos verwandelt. Es wuchsen Tomaten und Petersilie und im Haus selbst herrschte ein wohlgefälliges Durcheinander, das mir sehr gefiel, denn es war ein geordnetes Durcheinander, ein durchdachtes, gewolltes, mühsam konstruiertes Drucheinander.

Ich hatte das Haus schnell ausfindig gemacht, als ich mich auf die Suche nach Gnob machte. Nordzypern war dermaßen klein, daß es keine Mühe machte, in Dörfern und Dorfkaffeehäusern nach einem Mann zu forschen, den ohnehin viele als eine Art Sagengestalt kannten. Ja, das war der, der Ende der siebziger Jahre. War das nicht der Schriftsteller mit der hübschen Istanbuler Journalistin? Der Kaufmann führte mich bereitwillig durch das Haus und durch den Ort. Er wollte wissen, wieso ein Deutscher Anfang Januar ins kalte und unbequeme Nordzypern reist, um Gnob zu finden. Weil Gnob eben jetzt seinen fünfzigsten Geburtstag gefeiert hätte. Und weil ich das in der Zeitung gelesen habe. Der Mann wollte das nicht so recht verstehen.

Es fielen schwere Regentropfen auf die Dorfstraße als wir ans Meer hinunterstiegen, das tief grau und bleiern vor uns lag. An der Stelle mußte es damals passiert sein.


Ich war noch ein paar Tage in Girne geblieben. Noch einmal begann ich ‚Wege nach Zypern' von vorne zu lesen. Noch einmal versetzte ich mich in Gnobs Lage zurück. Istanbuler Studentenhotel. Reise durch die Türkei. Duftende Wiesen. Und irgendwie mußte Neriman es geschafft haben, den

Blick auch auf die traurigen Dinge des Lebens zu lenken, beziehungsweise sie mußte es geschafft haben, daß Gnob Dinge schrieb, die nicht nur strahlten und leuchteten. So fand ich in einer Mappe eines alten Kaffeehausbesitzers in dem Ort, in dem Gnob gewohnt hatte, einen Artikel für eine zyperntürkische Zeitung: ,Cyprus - The War In Mind Should Find An End.' Gnob hatte also begonnen, sich auch für die Problematik Zyperns zu interessieren. Und ich fand noch mehr in dieser Mappe. Ich fand einen Brief, einen deutschen Brief, einen Brief an seine Eltern. Er trug das Datum des Tages, an dem er später zusammen mit Neriman ums Leben kam. Ich nahm ihn vorsichtig heraus und las. Er beschrieb seine Heiratspläne und seine Zukunftswünsche. Er wollte wieder reisen - durch den Orient. Er wollte zusammen mit der Kulturjournalistin ein Buch schreiben und er wollte das Erlebte und in seinem Buch geschilderte und erhoffte, durch sie teilweise bereits wahrgewordene Wunder leben. Er schloß den Brief mit dem Satz: „Neriman ruft mich, wir wollen auf dem Meer den Sommer begrüßen." Es war das Begrüßen der Ewigkeit.

Sein Professor wird das Buch bestimmt gelesen haben und er wird auch vom Tod seines Studenten erfahren haben, dachte ich mir, als ich den Brief beiseite legte und über das Wunder nachdachte. Durch mich wurde es komplett. Jedoch kann einem in den neunziger Jahren nichts mehr wunderlich vorkommen – vielleicht noch hier im Orient. Sonst jedoch nirgends. Die Sonne blitzte kurz hinter den dichten Wolken hervor.

Meine zwei Wochen Abenteuer waren vorüber. Ich ließ auf dem Weg zum Flughafen, der sich hinter den Bergen befand, revue passieren, was ich alles erlebt hatte. Ich hatte Gnob gefunden. Ich hatte sein Buch gefunden. Ich hatte ein Wunder komplettiert, das zwanzig Jahre zuvor begonnen wurde. Meine Schüler würden das alles wieder nicht verstehen, mußte ich befürchten.

Die Straßen waren noch immer vom Schneematsch weiß-grau. München versank tief im Winter. Ich lief rastlos durch die Stadt und schlug Zeit tot. Mir war, als hätte ich etwas gewonnen durch die Reise, nämlich das Gefühl von Zusammenhängen. Aber mir war auch etwas verlorengegangen. Nämlich das Gefühl der Sicherheit eines behutsamen Lebens ohne schicksalhafte Zusammenhänge eben. Am Nordfriedhof, weiß der Zufall warum ich gerade dort durch den Schnee stapfte, blieb ich tief in Gedanken versunken stehen. Ich sah ein kleines Grab. Es war mickrig und sah ungepflegt aus. Niemand kümmerte sich darum. Wenn der Zufall Wunder produzieren konnte, dann war er hier Meister seines Faches. Denn ohne zu ahnen, warum, klopfte ich den Schnee vom Grabstein und sah erschrocken auf die Inschrift: „Im stillen Gedenken an den 1979 vor der Küste Zyperns umgekommenen Heinz Gottlieb Gnob."

Die Menschen suchten die Nähe der Häuserwände. Ich ließ mir den Schnee ins Gesicht wehen.

# Der Weg von Ozanköy nach Bellapais

Ozanköy, griechisch Kazaphanie, ist ein kleiner Ort im Norden Zyperns. Er ist verschlafen und nicht besonders interessant. Nur ein paar Menschen wohnen hier. Es gibt einen Supermarkt, ein paar Farmen und ein kleines Gartenrestaurant. Man würde den Ort glatt übersehen, wenn nicht einige Hinweisschilder von der Küstenstraße herauf nach Ozanköy wiesen. Ozanköy liegt versteckt in einem großen Olivenhain an den Nordhängen des Besparmak-Gebirges, einer wahrlich einmaligen Landschaft, die so manchen schon in ihren Bann gezogen hat.

Bellapais liegt oberhalb des Dorfes Ozanköy und ist noch ein wenig malerischer, was an der gotischen Abtei in ihrem Zentrum liegen mußte. Die Ruhe, die Bellapais ausstrahlt, gefährdet einen jeden Menschen, der Arbeit und Tun gewöhnt ist. Sie zwingt zur Wiederkehr und zur dortigen Rast, dazu, in sich zu kehren. Die Abtei steht, von der Küste aus gut sichtbar, auf einem weiten Plateau im Ortskern. Rund herum sind im Laufe der Zeit Häuser entstanden, nur ein paar.
Die Geschichte der beiden Orte ist geprägt von der Geschichte der Insel. Und nirgendwo auf Zypern wird man der Geschichte entkommen. Man machte einen großen Fehler, ließ man die Geschichte der Insel einfach so unter den Tisch fallen. Zypern und sein Konflikt, das ist eine Symbiose, die sich nicht mehr trennen läßt – leider. Das Problem gehört zum Alltag und zum Leben auf dieser Insel. Nur belastet es Zypern eben sehr. Für die Menschen gilt seit den vielen Jahren der Teilung, seit der Zeit des Krieges: Es muß weitergehen, trotz Konflikt.

Die Abtei in Bellapais hat Jahrhunderte türkischer Herrschaft durchlebt, Jahrzehnte britischer Verwaltung überstanden und wird auch noch viele Jahre unter zyperntürkischer Verwaltung überstehen und nicht daran zugrunde gehen. Sie ist ein Zeichen der Zeit, ein Mahnmal der Geschichte.

Der Weg zwischen den Orten Ozanköy und Bellapais

ist steinig und nicht befahrbar. In ein paar Minuten ist der Aufstieg hinter sich gebracht. Es sind nur wenige hundert Meter, die die beiden Dörfer von einander trennen. Und seit die Häuser Ozanköys immer stärker den Berg hinaufdrängen und die Ansiedlungen Bellapais' sich immer tiefer in den Olivenhain hineinziehen, drohen die beiden Orte zu verschmelzen, so daß es den Weg zwischen Ozanköy und Bellapais bald gar nicht mehr geben wird. Er wäre dann ein Weg in einem einzigen Dorf.

Am Nachmittag des vierzehnten August ging ich den Weg nach Ozanköy hinab. Ich weiß keinen genauen Grund warum, es war ein spontaner Entschluß. Der Weg zwischen Ozanköy und Bellapais – wo ich den Nachmittag verbracht hatte – ist einer meiner schönsten auf Nordzypern. Es ist ein recht schmaler Pfad der links und rechts von wild wachsenden Mandelbäumen gesäumt wird. Immer wieder faszinierten mich auch die wilden Mandarinenbäume, für die sich niemand zu interessieren schien. Sie standen einfach da, einsam und verlassen – und trotzdem trugen sie noch Früchte. Mandarinen, die außer mir, wenn ich den Weg nach Ozanköy hinabging, niemand haben wollte. Es war Hochsommer. Die Hitze machte mir aber kaum zu schaffen. Sie hatte mir nie sonderlich viel ausgemacht. Zudem war es schon fünf Uhr nachmittags und die Unerträglichkeit der Sonnenstrahlen war gewichen. Doch noch strahlte die Sonne hoch am Himmel. Sie schien den ganzen Tag. Seit Anfang Juni hatte es nicht ein einziges Mal geregnet. *Wir* lieben das ja, die Einheimischen wären froh, würde es wieder einmal regnen. Sie brauchen das Wasser dringend. Die Felder in der Mesaorya-Ebene sind schon seit Ende Mai staubig und trocken. Auch das Trinkwasser wird so im Sommer allmählich knapp. Die Stauseen in der Nähe von Güzelyurt, der kleinen Stadt im Westen Nordzyperns, mußten fast leer gewesen sein. Als ich so daran dachte, daß diese Wasservorräte langsam zu neige gingen, entschloß ich mich, in den kommenden Tagen einmal wieder nach Güzelyurt zu fahren. Zwar hatte ich keine Bekannten in Güzelyurt, doch zog es mich trotzdem von Zeit zu Zeit in die Stadt.

Irgendwo in der näheren Umgebung mußte jemand ein Feuer gemacht haben, denn der Geruch von verbranntem Holz lag in der Luft. Aber es konnte niemand sein, der grillte, denn ich vermißte den Geruch von gegrilltem Fleisch. Oft schon habe ich beobachtet, wie die Zyprioten leichtsinnig ihren Müll in den Wäldern verbrennen. Als hätten sie die Brandkatastrophe vor so vielen Jahren alle schon vergessen! Ich kann mich noch gut an diesen Waldbrand erinnern. Ich war zu jener Zeit in Deutschland und habe in den Nachrichten gesehen wie der Wald brannte. Nur zwei Wochen zuvor war ich selbst an den Orten, die dann in Flammen standen. Und ein paar Monate später kam ich für einen Tag vom Süden nach Nordzypern und mußte mir ansehen, welche Schneise der Vernichtung der Waldbrand quer durch die Nordhänge des Besparmak-Gebirges geschlagen hatte. Die Berghänge, die ich als grüne Lunge des Nordens in Erinnerung hatte, waren kahl und wirkten wie eine wüste Mondlandschaft. Überall lagen gefällte Baumstämme herum, Brennholz war die folgenden Jahre genug vorhanden. Davon aber konnten die Olivenbauern nicht leben. Sie trauerten noch lange den zum Teil über hundert Jahre alten Bäumen nach. Heute aber sind die Hügel wieder grün. Es sprießen im Frühjahr viele Orchideen auf den Hängen und die neu gesetzten Triebe haben schon eine stattliche Höhe erreicht. Aber bis der Wald so aussehen könnte wie zu meiner Kindheit dürfte noch ein halbes Jahrhundert vergehen – das jedenfalls meinen die Experten.

Der Wegabschnitt, den ich von Bellapais nach Ozanköy ging, blieb vom Feuer damals verschont. Glücklicherweise. Hätte das Feuer auch hier gewütet, ich wäre diesen Weg sicher nicht mehr so gerne hinab gegangen. Auch dieser Weg wäre ein trostloses Stück Ödland geworden. Ich weiß gar nicht mehr genau, wann ich das letzte Mal diesen Weg einschlug. Ich habe in den vergangenen Monaten wenig Zeit gefunden, mich um das *eigentliche* Zypern zu kümmern. In Gedanken war ich immer bei meiner Arbeit. Diese ist jetzt aber abgeschlossen und so habe ich mir vorgenommen, mich wieder mehr um meine Freunde zu kümmern, die Insellandschaft wieder in den Mittelpunkt meines Zypern zu stellen. In den Wintermonaten, im Frühjahr, ja bis in den August hinein habe ich mich fast ausschließlich mit dem Konflikt, also den Schattenseiten Zyperns, befaßt. Jetzt will ich Versäumtes nachholen, und dazu gehört auch der Ausflug nach Güzelyurt. Zudem war ich drei Wintermonate auch gar nicht auf Zypern. Der Winter eignet sich zu weihnachtlichen Besuchen zu Hause in Deutschland oder zu Reisen durch die restliche Welt. Diesen Winter verbrachte ich einige Zeit in Marokko.

Ich blieb stehen und sah mich um. Irgendwie hatte sich dieser Weg in den vergangenen dreißig Jahren kaum verändert. Mir fällt das kleine griechischzypriotische Fischerdorf Agia Napa an der Südostküste ein. Klein war es ganz früher. Häßlich und überlaufen ist es heute. Ich ging weiter und betrachtete die Landschaft genauer, wollte nachholen, was ich den ganzen Frühling über versäumt hatte. Mir fiel ein, daß ich etwas vermißte: die Schafe. Seit Wochen hatte ich keine Schafe mehr wahrgenommen. Ich konnte mir nicht erklären warum, aber seit Wochen hatte ich einfach keine Schafherden mehr gesehen. Früher zog die Herde jeden Tag an meinem Haus in Girne vorbei und auch in Ozanköy mußte ich für gewöhnlich keine zwei Minuten warten, bis ich einen Hirten mit seiner Herde traf. Wahrscheinlich waren diese Sommertage einfach zu heiß. Aber früher? Wahrscheinlich war es auch früher um diese Zeit für Hirten und Herden zu heiß, nur ich hatte nicht so darauf geachtet. Ich komme an einem Mandarinenbaum vorbei, aber er trägt keine Früchte. Im Sommer sind die Bäume meist kahl. Nur die Bougainvillea mit ihren violett farbenen Blättern sticht aus der beige-grünen Einheit hervor. Ich faßte den Entschluß, mich am Abend in eines der Restaurants am Hafen von Girne zu setzen und gemütlich etwas zu essen.

Am Ende des Weges konnte ich schon die drei Häuser erkennen. Es sind der Boungalow von Jussef und seiner Frau, sowie die Häuser von zwei Festlandstürken, die ich nicht kannte. Die Sträucher im Garten des einen Hauses sind vertrocknet. Man merkt, daß sich niemand um die Pflanzen kümmerte. Alles sah etwas heruntergekommen und öde aus. Ich fand das aber weder scheußlich noch schade. Solche Gärten gehören genauso zur Landschaft Nordzyperns wie alles andere auch. Der Garten von Jussef hingegen war sehr gepflegt und alles grünte. Das lag in erster Linie und hauptsächlich daran, daß seine Frau die Blumen und Sträucher mit viel Liebe versorgte und sich viel um den Garten kümmerte. Von ihr bekomme ich oft Tomaten und Paprika. Sie weiß ganz genau, daß ich keine Tomaten vetrage, aber trotzdem sagt sie immer wieder: „Junge, wenn Du keine Tomaten magst, was machst Du dann eigentlich auf dieser Insel?" Ich nehme dann immer dankend an und erkläre ihr, die ganzen Tomaten nur deshalb zu nehmen, weil ich eine Erlaubnis brauchte, um weiter auf Zypern bleiben zu können. Dann lachen wir. Ich muß dann immer überlegen, was ich mit den Tomaten anfangen soll. Manchmal verarbeite ich sie zu Soße, meist bekommt mein Hase etwas davon und manchmal verschenke ich sie an die Tagelöhner, die vor meinem Haus seit Jahren versuchen, die Straße auszubessern. Diese Arbeiter gehören zu den ärmsten Menschen auf dieser Insel und freuten sich am meisten, wenn ich ihnen etwas brachte. Sie schliefen auf Pappe in halbfertigen Rohbauten, mußten in der prallen Mittagshitze arbeiten und hatten ihre Familien, die entweder in einer anatolischen Stadt auf sie warteten oder gar im fernen Pakistan waren, lange nicht gesehen. Meine Nachbarn haben selbst einen Garten, sie waren keine

Abnehmer für die geschenkten Tomaten und meine Freunde aus der Stadt kaufen sich das Gemüse billig auf dem Markt. So waren Soße, Hase und Arbeiter die einzigen Abnehmer. Auch ich wohne in der Stadt, am Stadtrand von Girne.

Ich freute mich immer darüber, daß Jussef mich ein- oder zweimal im Jahr bat, ihm zu helfen, die Orangen zu ernten. Dann fuhr ich nach Ozanköy – mit einer Kiste im Kofferraum, weil ich genau wußte, daß ich mit einigen Orangen versorgt würde. Es war der Lohn für die Hilfe. Jussef hatte vier Bäume. Und diese vier Bäume trugen so viele Früchte, daß davon zwei Familien und ich den ganzen Winter über genug Orangen hatten. Noch nach Wochen riecht man die Erntearbeit an den Händen, denn der Duft der Orangen bleibt lange auf der Haut erhalten. Das ist das wahre Zypern. Ich helfe aber noch aus einem anderen Grund. Jussef hatte mir vor langer Zeit die Stelle als Lehrer und Übersetzer besorgt. Ich bin ihm dafür sehr dankbar gewesen und seitdem ist er ein guter Freund. Jussef zählt zur zyperntürkischen Oberschicht. Er hat einen Posten bei der Regierung. Sicherlich verdient er für hiesige Verhältnisse sehr viel Geld. Trotzdem jammert er immer ein wenig. Ich kenne ihn schon zu gut. Immer wenn wir anfangen, über Politik zu reden, sagt er: „Die Wirtschaft, mein Freund, die Wirtschaft!" Dann sage ich ihm, daß er sich da keine Sorgen machen solle, der Garten werde das Überleben schon sichern, auch wenn die Wirtschaft gar nichts mehr taugt. Für Jussef selbst ist es gar nicht so schlimm; er ist ein Freund des Präsidenten und weiß, wann man wo profitieren kann. Im Grunde ist er ein orientalischer Geschäftsmann. Neulich lud er mich nach einer Geschäftsreise nach Istanbul zu sich ein. Es gab Lammbraten und seine Frau sagte: „Junge, wenn Du auch kein Lamm magst, dann hast Du auf der Insel wirklich nichts verloren." Ich erklärte ihr, daß es ein Kindheitstrauma sei, weshalb ich weder Lamm noch Hammel gerne aß. Sie glaubte nicht so recht, und ihre Zweifel waren – zugegeben – berechtigt. Nach dem Essen schaffte Jussef eine Flasche Raki herbei. Er fing ganz behutsam an, sich an sein Vorhaben thematisch anzuschleichen. Ich hätte doch viele Freunde in Deutschland. „Natürlich habe ich die", sagte ich ihm und dachte mir ganz ehrlich, was er so dumm fragte. „Viele Freunde brauchen viele Teppiche?" Mir war klar, worauf es hinauslaufen sollte, und ich brauchte eine Stunde, ihn davon zu überzeugen, daß alle meine Freunde bereits Teppiche hatten. Er aber blieb hart: Teppiche sind Wertanlagen. Nachdem ich an jenem Abend sehr müde war, entschloß ich mich, mir die Sache noch einmal zu überlegen und fuhr nach Hause. Am nächsten Tag schrieb ich einen Brief an eine gute Freundin in Deutschland und fragte sie nebenbei, ob sie nicht vielleicht einen oder zwei Orientteppiche haben wollte. Ich hatte das Gefühl, damit etwas für Jussef getan zu haben und wähnte meine Schuld damit getilgt.

An Jussefs Haus vorbei gelangte ich in den Olivenhain im Zentrum von Ozanköy. Dort traf ich auf eine Schafherde. Irgendwie war ich erleichtert und vor allem erheitert, das ganze blökende Vieh zu sehen. So unbedarft wie diese Schafe möchte auch ich einmal durch den Olivenhain grasen. Ich winkte dem alten Schäfer freundlich zu. Wir kennen uns vom Sehen. Immer wieder hat mich sein Flötenspiel fasziniert. Er stand an einen Olivenbaum gelehnt und spielte auf einer Weidenflöte alte zypriotische Lieder. Er hat sich die Flöte vor langer Zeit aus Weidenholz selbst geschnitzt. Es ist schon erstaunlich, daß die Ziegen und Schafe trotz der Trockenheit auf den Ackerböden noch genug zu Fressen finden. Ich ging mitten durch die Herde hindurch und suchte die Hunde. Aber der alte Mann, der noch immer seine Melodie pfiff, hatte keine Hunde bei sich. Als er die Flöte nach einiger Zeit vom Mund nahm, fragte ich nach seinen Hunden, die ich vermißte. Er lachte nur mit seiner blechernen Stimme, die auf jahrzehntelanges Rauchen verwies. Die Hunde ließ er im Sommer auf dem Hof. Nachdem ich die freie Fläche unter den Bäumen durchquert hatte, gelangte ich wieder auf den Hauptweg, der Straße zwischen Ozanköy und Çatalköy. Ich erinnere mich noch gut daran, als ich als Kind oft mit meinen Eltern hier war. Wir hatten Bekannte, die damals in Ozanköy wohnten. Ihr ehemaliges Haus konnte ich schon in der Ferne erkennen. Es befand sich mitten im Olivenhain – wie das ganze Dorf eigentlich im Olivenhain versteckt war. Sie sind damals aber nach einem Jahr wieder ausgezogen, weil es uns Großstädtern in diesem Dorf einfach zu einsam wird auf die Dauer. Einmal bin ich mit unserer Bekannten nach Çatalköy gefahren. Es war Mitte Juni und hatte schon den ganzen Nachmittag furchtbar geregnet. Der Boden war aber derart ausgetrocknet, daß das Wasser nicht mehr aufgenommen werden konnte. Unser alter Renault blieb im Schlamm hängen und wir freuten uns wie Kinder. Bei der Rückfahrt entschlossen wir uns dann aber, die Hauptstraße an der Küste zu nehmen. An diesem vierzehnten August ging ich nicht den Weg nach Çatalköy, sondern bog links ab in Richtung jener Hauptstraße. Ein paar Häuser werden durch die Bäume hin sichtbar. Der Ort lag wirklich sehr versteckt im Olivenhain. Ich hatte einmal versucht, eine Karte von Ozanköy zu zeichnen. Freunde aus Deutschland wollten während ihres Urlaubs von Ozanköy nach Bellapais wandern und baten mich, ihnen die Karte zu zeichnen. Sie haben den Weg damals trotzdem nur durch Nachfragen gefunden. Aber auf meine Karte bin ich dennoch bis heute ein wenig stolz. Und an jenem Abend habe ich zu Hause wieder eine Karte gezeichnet. Eine Karte von Ozanköy. Diesmal aber nicht für Freunde, sondern für meine eigene Erinnerung. Ich wollte darauf festhalten, was ich erlebt hatte. Erlebt hatte ich aber im Grunde nichts, und trotzdem wurde die Karte recht detailliert. In Deutschland war ich einmal Geographielehrer aus Leidenschaft. Wahrscheinlich kritzelte ich deshalb so gerne Landkarten.

Ich kam an Hüseyins Supermarkt vorbei. Hüseyin war ein alter Mann. Ich kannte ihn schon seit langer Zeit. Er besaß diesen Supermarkt seit 1974. Damals war er aus Paphos im Süden Zyperns nach Ozanköy gekommen. Er mußte während des Krieges nach Nordzypern fliehen. Heute lebt er fast alleine in Ozanköy. Seine älteste Tochter ist neunundvierzig. Sie wohnt mit ihrem Mann und ihren beiden Kindern in Istanbul. Nur an Feiertagen und im Sommer kommt sie nach Zypern. Ihre jüngere Schwester ist zweiundvierzig und feiert am gleichen Tag Geburtstag wie ich. Ich betrete Hüseyins Laden und wundere mich, wieso niemand dort ist. Normalerweise traf man hier zu jeder Tageszeit auf Menschen. Ozanköy ist zwar ein kleiner Ort, aber bei Hüseyin war immer Betrieb. Am späten Nachmittag des vierzehnten August jedoch war der Laden leer. Ich nahm mir einige Dinge aus den Regalen und legte sie auf den Tresen. Der „Tresen" war ein alter Tisch aus Sperrholz. Die blaue Farbe blätterte schon ein wenig ab und die Beine wackelten beträchtlich. Ich wollte Hüseyin vor einiger Zeit fragen, ob er mir nicht seine Lebensgeschichte erzählen wollte. Ich gedachte, sie in Form eines kleinen Buches zu verarbeiten. Aber jetzt, da keiner im Laden war, konnte ich ihn auch nicht fragen. Vielleicht war ihm nicht gut – aber dann hätte er den Laden verschlossen. Er hätte das Schild ‚Kapali', ‚Geschlossen' ins Fenster gehängt. Hüseyins Frau war vor zwei Jahren während der Olivenernte tödlich gestürzt. Es war eine Katastrophe im Dorf, als man erfuhr, daß die alte Frau von einem der Bäume gefallen war. Hüseyin macht sich deswegen bis heute noch Vorwürfe. Er hatte ihr zwar immer verboten auf die Olivenbäume zu steigen, ließ sie aber gewähren, wenn sie unbedingt wollte. Emine war eine eifrige Frau gewesen. Immer hatte sie trotz des Alters gesagt: „Was gehen muß, geht und macht stark." Sie mußte ihren Ehrgeiz mit dem Leben bezahlen. Sie war siebenundsiebzig als sich der Unfall ereignete. Seit diesem Tag erntet der alte Hüseyin keine Oliven mehr. Er hat die Bäume sozusagen verkauft. Er hat einen Plan aufgestellt und ihn wenig später in die Tat umgesetzt. Er kannte einen freundlichen, jungen Arzt aus Girne. Dieser Arzt suchte für sich und seine Familie einen Garten mit ein paar Olivenbäumen, das hatte Hüseyin gewußt. Er bot dem Arzt an, er könne seinen Olivenhain haben – kostenlos, wenn er ihn dafür auch kostenlos behandeln würde. Bis heute aber wurde er seit dieser Zeit nicht ein einziges Mal ernsthaft krank. Das Geschäft mit dem Arzt war für ihn glücklicherweise ein Verlust, doch machten ihm die spielenden Kinder viel Freude, war er dankbar, wenn ihm die junge Frau des Arztes an Wochenenden im Haus half und der Arzt selbst gelegentlich im Laden nach dem Rechten sah.

Ich wollte gerade die Sachen wieder in die Regale zurückstellen und den Laden verlassen, als Hüseyin hereinkam. Er war außer Atem, fing an zu grinsen als er mich sah. „Oh, mein Freund, Dich habe ich lange nicht gesehen!" Ja, das ging mir genauso. Ich erklärte ihm, daß ich mir Sorgen gemacht hatte, weil niemand im Laden gewesen war. Hüseyin erzählte mir erfreut, daß seine Jüngste wieder aus Ankara zurückgekommen sei, wo sie doch acht Monate gearbeitet hatte. „Und jetzt will sie englisch lernen und nach London gehen, weil man ihr Arbeit im Büro des Repräsentanten Nordzyperns angeboten hat. Stell Dir vor, meine Tochter soll unser Land vertreten. Ich freue mich für sie. Aber auf der anderen Seite: Kann das Luder nicht warten, bis ich unter der Erde bin?" Ich erklärte dem alten Hüseyin, er solle sich keine Sorgen machen, er sei doch gesund und seine Tochter werde die Arbeit schon gut verrichten. Nur, so war ich mir sicher: Hüseyins Tochter würde wohl nicht das Land vertreten und brauchte auch nicht englisch zu lernen, das sprach sie bereits fließend. Ich zahlte und wollte gehen, als mir einfiel, daß ich eigentlich etwas fragen wollte. Sicherlich wollte er mir seine Geschichten erzählen, aber nur, wenn ich ihm dafür einen Gefallen tun würde. Ich fragte, was das für ein Gefalle denn sei, und er antwortete, daß er auf mich zurückkommen werde, wenn es an der Zeit war. Ich weiß genau, warum ich so gut in dieses Land passe. Auch ich habe als Kind immer in Rätseln gesprochen.

Ich verlasse seinen Laden und gehe den Weg in Richtung Hauptstraße hinauf. Auf dem Weg dorthin bgegnete ich Yasemin, der wiedergewonnen Tochter. Ich grüße flüchtig. Sie erkennt mich anfangs gar nicht und nickt dann schnell im Vorbeigehen. Der alte Hüseyin macht sich wohl zuviel Gedanken. Ich muß schmunzeln als mir seine Worte nochmals einfallen: Seine Tochter werde Nordzypern vertreten. Dabei hat Yasemin dieses Land noch nie so richtig vertreten. Sie ist weltoffen und weitgereist und hat blonde Haare, hat mir ihren zweiundvierzig Jahren noch immer keine Familie. Im Grunde hat es der Alte nicht leicht mit ihr. Sie ist einfach zu aufgeschlossen für den Mikrokosmos des kleinen Ortes.

An der Straße sehe ich der untergehenden Sonne entgegen. Auf der rechten Seite steht einsam eine Palme am Straßenrand – aber: was heißt schon eine Palme in diesem Fall? Für mich war es *die* Palme. Sie steht an diesem Fleck schon seit meiner Kindheit. Ich habe sie schon immer bewundert, weil diese Palme für mich immer Nordzypern war. Diese Palme war ein magischer Knoten dieser Insel. Für mich war und ist diese Palme einfach etwas Besonderes. Ich bleibe in ihrem Schatten stehen und hoffe, daß mich rasch jemand mitnimmt. Die Auots mit den roten Nummernschildern halten nicht. Es sind die Mietwagen der Touristen und die wissen nicht, daß Trampen auf Nordzypern nicht gefährlich ist. Ein junger Mann aus dem Dorf Besparmak hält an und nimmt mich mit. Er setzt mich direkt vor meiner Haustüre ab und ist mit einem Dankeschön zufrieden.

Hüseyins Leben war in zwei Teile zerschnitten. Bis 1963 lebte er in der Stadt Paphos an der Südwestküste Zyperns, dann floh er in eine Enklave außerhalb der Stadt. Der Bürgerkrieg hatte ihn aus Paphos vertrieben, wie so viele andere Türken auch. Und nach dem Krieg zehn Jahre später mußte er in den Norden Zyperns übersiedeln. Dort lebt er seitdem und ist auch nicht glücklicher geworden als zuvor. Zwar hat er in Ozanköy seine Ruhe, und sein Supermarkt läßt ihn gut leben, aber so richtig glücklich, nein, glücklich konnte er nicht mehr werden, seit 1963 sein Zypern ,zerstört' wurde, wie er die Verfassungsänderung durch den griechischzypriotischen Präsidenten Makarios und den darauffolgenden Krieg bezeichnete. Auch wenn Hüseyin gute Gründe hätte, mit seinem Leben nicht zufrieden zu sein, war er immer zufrieden, nur eben nicht glücklich. Seine Frau hat er verloren, weil sie starrsinnig war und sich nicht eingestanden hatte, gealtert zu sein; seine beiden Töchter hatte er verloren, weil die eine in Istanbul die Frau eines Anwalts war, die andere weil sie bald in England würde ,das Land repräsentieren'; seinen Bruder hatte er verloren, als ihn 1974 die Kugeln eines Gewehres durchlöcherten. Wirklich übelgenommen hat er das den griechischen Soldaten aber nie. Die haben ihre traurige Kriegspflicht getan. „Dumm wie wir Menschen alle sind", hat er dann gesagt, „können wir uns nur selbst ausrotten und nichts weiter." Zwar hatte Hüseyin viele Freunde, denn die Leute aus Ozanköy halfen meist immer zusammen, doch seit dem Tod seiner Emine blieb die lange Einsamkeit kalter und heißer, stiller und schmerzhafter Nächte. Der Fernsehapparat war der Ersatz geworden für die Gespräche mit seiner Frau, Ersatz auch für die Zeitung, der sein Auge nur mehr schwer folgen konnte. Nur selten ging er ins Kaffeehaus und spielte mit den alten Männern aus der Nachbarschaft Tavla. Dann wurde viel über Politik diskutiert und die Frage erörtert, wer Schuld hatte an der Teilung Zyperns, am wirtschaftlichen Leid der Inseltürken und und und. Hüseyin war bei solchen Gesprächen meist ein stiller Außenseiter, denn er hatte eine Abneigung gegen Pauschalverurteilungen und mochte nach so vielen Jahren nicht mehr über die Kriegswirren reden. Er hatte etwas gegen das Polemisieren. „Das machen schon die

Griechen von drüben." Wie lange war Zypern nun schon geteilt? Er war noch ein recht junger Mann gewesen damals. Heute ist er alt, und die jungen Männer im Dorf können nicht verstehen, was Hüseyin eigentlich will. Sie kennen nur den türkischen Norden, ihre Heimat. Zypern ist für sie türkisch Nordzypern. Sie begreifen nicht, daß Hüseyins Jugenderinnerungen in Paphos zu Hause sind. Er hat Erinnerungen an *sein* Paphos. Doch würde er das heutige Paphos auch noch lieben? Die touristische Ausbeute des Südens der Insel ist soweit fortgeschritten, daß an manchen Stellen die Grenze zur Geschmacklosigkeit überschritten ist und eine Art jämmerlicher Kulturprostitution eingesetzt hat, die Land und Leute bedroht. Hotelburgen säumen die langen Sandstrände. Hüseyin kennt zwar auch keine leeren Strände um Paphos mehr, aber er kennt liebliche Buchten, leere Straßen im Winter und die Urlauber als Gäste und nicht als bloße Konsumenten. In seiner Jugend gab es am Hafen von Paphos noch Fischer und ein Leben der Einheimischen, heute war der Fischerberuf fast ausgestorben und die Einheimischen mieden den Hafen. Die kleinen und geselligen Tavernen, wo sich die Gäste aus dem Ausland unter die Einheimischen mischen konnten, wichen den modernen Restaurants, und kitschbeladene Souvenirshops verschandeln die Landschaft. Hüseyin würde wohl das Herz bluten, würde er ,*sein*' Paphos noch einmal wiedersehen. Es war im Laufe der Jahre eine andere Stadt geworden. Es war nicht mehr die Stadt seiner Erinnerungen, es war ein neues Paphos. Er ist zu alt geworden, als daß Aussicht darauf bestand, eines Tages Paphos wiederzusehen. Die politische Mauer in den Köpfen und die kulturelle Barriere zwischen den beiden Seiten waren zu groß. Seine Gesundheit hätte die Reise an die Südküste auch nicht mehr zugelassen, obgleich ihm einjeder – mich eingeschlossen – beste Gesundheit bescheinigte. Sein Herz hätte vor Aufregung zu schlagen aufgehört, wäre er an den Ort seiner Kindheit zurückgekehrt. Und er wäre in ein tiefes psychisches Loch gefallen, wenn er am Hafen seines geliebten Paphos heute hätte stehen müssen. Hüseyin wird Zypern verlassen, ohne die Aussöhnung – seine geliebte und ersehnte Aussehnung – mit den Griechen im Süden mitzuerleben. Diese Erkenntnis plagte den alten Mann schon lange, plagte ihn mehr seit er schmerzlich seine Frau verloren hatte und plagte ihn unaufhörlicher als er den Abschied von Zypern und der Welt in sich ahnen mußte. Seit dieser inneren Gewissheit, Paphos, die Griechen und das andere Zypern nicht mehr zu erleben, ging er wieder häufiger ins Kaffeehaus und berichtete den jungen Männern vom damals. Sie sollen nicht vergessen, was Damals geschehen war. Und der deutsche Lehrer kam ihm im Moment gerade recht, war er doch noch jung – verglichen mit ihm. Er wußte, daß dieser Deutsche ein fanatischer Liebhaber der Insel war und den Konflikt und seine Hintergründe lange und ausführlich studiert hatte. Und als der Deutsche fragte, ob Hüseyin ihm nicht seine Lebensgeschichte erzählen wollte, triumphierte er innerlich.

Seine ältere Tochter hatte einen reichen Istanbuli geheiratet. Auch sie hieß Emine, genau wie die Mutter Emine hieß. Emine Tochter ist eine intelligente Frau, die, obgleich sie nur mehr *Nord*zypern als ihre Heimat kannte, sehr wohl wußte, welchen Schmerz der Vater empfand, dachte er zurück an die lieblich anmutende Heimatstadt Paphos, deren Glanz nur alleine aus und in der Erinnerung Hüseyins besteht. Trotz der plötzlichen Einsamkeit des Vaters nach dem Tod der Mutter konnte es sich Emine nicht leisten, auf die Insel zurückzukehren. Sie hatte ihre Familie in Istanbul, ihr Mann seine Kanzlei. Die Kinder waren Türken und fühlten sich nur in Istanbul richtig wohl. Ihr Mann war Anwalt, einer der bekanntesten in Istanbul überhaupt. Aber nach dem Tod der Mutter besuchte Emine ihren Vater auf Zypern so oft es nur irgend möglich war. Emine war eine moderne Türkin. Der Schleier oder das Kopftuch waren ihr fremd, so wie der Schleier auch auf Zypern den Moslems fremd war. Aber im Gegensatz zu vielen Türken und vor allem im Gegensatz zum türkischen Militär tolerierte sie die tief verschleierten Frauen. Einer ihrer beiden Söhne, vielleicht auch beide, sollten eines Tages die Kanzlei des Vaters übernehmen; aber bis dahin soll „noch soviel Wasser den Bosporus hinunterfließen, daß man damit Zypern ein paar Jahre bewässern kann." So jedenfalls hat Emine das einmal ausgedrückt. Die kleinen Kinder hatten aber ganz andere Vorstellungen. Der eine wollte Kampfpilot bei der Armee werden, den anderen zog es auf das Meer, er strebte eine Seefahrerkarriere an. Emine trauerte dem Leben auf Nordzypern kaum nach. Sie war recht froh, aus der Eintönigkeit Ozanköys entflohen zu sein. Ihr war Zypern im Laufe der Jahre zu eng geworden, zu bekannt und zu durchsichtig. „Überlege einmal", hat sie erklärt, „in Istanbul, einer einzigen Stadt, leben fast fünfzigmal so viele Menschen wie auf ganz Nordzypern." Ein schlagendes Argument, suchte man die Nähe zu vielen fremden Menschen. Hüseyins Leben war das nicht und nie gewesen.

Hüseyins andere Tochter war ganz anders als Emine. Sie war zwar auch ruhig und überlegt, liebte aber auch das Sprunghafte und Spontane. Sie war lebendig und trotzdem neigte sie zur verletzlichen Sensibilität – eine Eigenschaft, die man bei Emine nicht finden konnte. Sie kam eher nach ihrer Mutter, während Yasemin ganz der Vater war. Sie hatte einige Jahre in Deutschland gelebt, dort einen türkischen Geschäftsmann geheiratet, sich aber rasch wieder von ihm getrennt. Sie nannte das ein „deutsches Schicksal einer türkischen Ehe in Deutschland", obwohl auf Nordzypern fast ein Viertel aller Ehen geschieden wurde, und damit eine Scheidung auch hier nichts ungewöhnliches war. Yasemin hatte sich nie als Türkin gefühlt, hatte niemals türkisch gedacht und konnte nicht verstehen, wieso Emine, die Schwester, es tat. Sie war türkische Zypriotin. Zwar hatte sie in Ankara gearbeitet, aber sie blieb immer Zypriotin. Daher war es für Yasemin auch eine große

Chance im Büro des Repräsentanten Nordzyperns in London zu arbeiten. Diese Stelle hatte ihr Jussef verschafft, doch der Vater sollte anfangs davon noch nichts wissen. Erst als alles geklärt und die britische Arbeitserlaubnis vorhanden war, wurde Hüseyin eingeweiht. Jussef hatte sich dreimal überlegt, ob er nicht doch schon eher mit seinem Freund Hüseyin reden solle, hielt dann aber sein Wort gegenüber Yasemin. Mutter Emine und Jussefs Frau waren gute Freundinnen gewesen, hatten viele Hausarbeiten gemeinsam erledigt, sich gegenseitig geholfen und auch die Männer verstanden sich ausgezeichnet. Dann geschah der schreckliche Unfall und Emine starb. Für Jussefs Frau hieß dies, daß sie auch Hüseyin aufnehmen würde, wenn es ihm schlecht ging. Hüseyin und Jussef saßen oft im Kaffeehaus und sprachen über Zypern, Zyperns Schicksal der Teilung und die Pauschalverurteilungen, aber sie sprachen niemals mit den gleichen Worten wie ihre jungen Freunde. Jussef war etwas jünger als sein Freund Hüseyin, so daß er sich kaum noch an den Krieg von 1974 erinnern konnte. Schemenhaft waren Bruchstücke dieses Krieges in Erinnerung geblieben. Schemenhaft konnte er sich an zerfetzte Häuser und lautes Schreien in der Nacht erinnern. Hüseyin und Jussef hatten zusammen in der türkischzypriotischen Hauptstadt Lefkosha gearbeitet. Das war zu einer Zeit, als die Mädchen noch klein waren und Emine den Laden noch alleine führen konnte. Damals waren Hüseyin und Jussef oft gemeinsam in die Stadt gefahren. Über das Besparmak-Gebirge, vorbei an der bizarren Felsenlandschaft der Nordausläufer. Damals lernte Hüseyin auch den Präsidenten Nordzyperns kennen. Lange ist dies her. Der Präsident hatte die Zyperntürken aus dem Elend in einen eigenen Staat geführt. Zu jener Zeit war Jussef im Präsidentialamt tätig. Er war Sekretär des Präsidenten bis dieser starb. Dann versuchte sich Jussef selbst in der Politik. Er hatte kurze Zeit selbst Ambitionen, eines Tages Präsident der Türkischen Republik Nordzypern zu werden. Aber die Männer aus Ozanköy sollten recht behalten, als sie prophezeihten, daß er gegen seinen Gegenkandidaten keine Chance haben würde. Zwar verlor er letztendlich gegen einen dritten Kanidaten, das änderte aber nichts daran, daß er nicht einmal fünf Prozent der Stimmen erhalten hatte. Seit dieser Zeit arbeitete er für verschiedene Ministerien und hatte es sogar bis zum Innenstaatssekretär gebracht. Und Hüseyin war immer recht stolz auf seinen berühmten Freund, noch dazu, weil es ein Freund war, der trotz der vielen Politik auf dem Boden der Tatsachen geblieben ist und die Liebe zu seiner Heimat Zypern niemals aufgegeben hat. Und als Jussef vor vielen Jahren Hüseyin einmal zum Präsidenten mitnahm, war das lange ein Gesprächsthema, nicht nur in der Familie, sondern auch im Dorf. Der alte Schäfer Hussein war damals noch Hirte und Briefträger in einem. Die Zeiten haben sich eben auch auf Nordzypern geändert.

Jetzt war Yasemin aus Ankara zurückgekehrt, nachdem ihr die Stelle in London sicher zugesagt wurde. Hüseyin war glücklich im Moment wenigstens eine Tochter bei sich zu haben. Sie hatte seit der Scheidung keine Lust mehr gehabt, längere Zeit auf Zypern zu wohnen. Das hatte sie ihrem Vater immer wieder geschrieben – und Hüseyin hatte es gekränkt. Er wollte nicht einsehen, daß sie Angst davor hatte, als geschiedene Frau im kleinen Ozanköy schief angesehen zu werden. Yasemin kehrte nach der Scheidung zwar nach Zypern zurück, doch hatte sie die Enge der Insel nicht mehr vertragen. Sie sagte: In Deutschland habe ich nicht auf dem Land gelebt und ich kann es jetzt auch auf Zypern nicht mehr. Das war auch der Grund, warum sie nach Ankara ging. Und es ist auch der Grund, warum sie sich nun auf die Stelle in London freut. Hüseyin kann es verstehen, obgleich es ihm schwerfällt, beide Töchter entbehren zu müssen. Yasemin war für ihn die schwierigere Tochter: Zweiundvierzig Jahre alt, nicht verheiratet, aber geschieden. Emine war glücklich mit ihrem Anwalt und in

Istanbul eigentlich immer erreichbar.

Hüseyin selbst hatte früh geheiratet. Tochter Emine aber kam erst relativ spät auf die Welt, weil Hüseyin und Mutter Emine durch den Krieg einige Zeit getrennt waren. Emine lebte kurz nach der Heirat und dem Krieg in einer anderen Stadt. Der Krieg 1974 brachte Unglück über die beiden Jungverheirateten, denn jeder verlor Geschwister und Angehörige. Was Hüseyin aber neben dem Tod seines Bruders am meisten traf, war der Verlust seiner Heimat. Er war Paphos immer treu geblieben. Er liebte den Hafen, er liebte die Altstadt, er liebte die Ausgrabungen. Nach dem Krieg hatte er all das nie wieder zu Gesicht bekommen. Hüseyin war im Krieg selbst eine Woche Soldat gewesen. Ein junger Mann war er damals, jung und leichtsinnig. Er ließ sich von seinem Bruder überreden. Er erlebte das Geschehen mit und ist davon überzeugt, daß die türkischen Truppen auf der Insel einen Sinn haben. „Wenn die Griechen die vielen Truppen sehen, kriegen sie Angst und schießen nicht. Und wenn die Griechen nicht schießen, gibt es für die Türken keine Gründe es zu tun. So erhalten uns die türkischen Soldaten den Frieden, wenn auch nicht auf sehr ehrbare Weise." Ich empfand Hüseyins Aussagen als so unpolitisch aufrichtig und wahr, daß ich ihn immer bewunderte. Sollen die Türken bleiben, dann trauen sich die anderen nicht und keiner muß schießen. Hüseyin war ein Mensch, der viel mit dem Gefühl entschied. Und meist waren diese Entscheidungen richtig und gut. Mich beindruckte die Einfachheit, die Hüseyin dennoch zu einem großen Mann machte, zu einem Weisen in Ozanköy. Auch bei den Männern im Dorf galt Hüseyin nicht als Intellektueller, aber alle wußten, daß er immer ein wenig weiter dachte, als sie, wenn auch auf eine sehr einfache Art und Weise. Hüseyin hatte niemals eine höhere Schule besucht und beneidete Jussef wegen dessen Bildung. Oftmals war es vorgekommen, daß ich ihm vorrechnen mußte, wenn er sich im Laden verrechnet hatte. Diese Fehler waren in der

Regel aber wohl auf sein Alter zurückzuführen. Tochter Emine hatte mir einmal geklagt, daß das Geschäft bald bankrott sein werde, wenn der Vater sich weiterhin sooft verrechne.

Damals, als er im Krieg in der Mesaorya-Ebene kämpfte wurde ihm zum ersten Mal richtig bewußt, welche Dummheit Zyperns Bewohner machten. Er sah die Wälder in den Bergen brennen. Er sah Tote am Wegrand liegen. Er hörte von eingeschlossenen Türken in Famagusta und Larnaka. Inmitten des Hasses und der Wirrnis fing er an, zwischen Griechen und Türken keinen Unterschied mehr zu machen. Er begann Zyprioten von Griechen und Türken abzugrenzen, aber Zyprioten waren in seinen Augen Brüder wie aber auch die Türken vom Festland seine Brüder waren. Viel und lange hatte er über das Schicksal der Insel nachgedacht. Und seine Gedanken ließen ihn zu einem Pazifisten werden, wie es sie auf Zypern nur sehr selten zu finden gab. Schon nach ein paar Tagen legte er damals seine Waffe nieder und floh über die Berge an die Nordküste, die die türkischen Truppen bereits erobert hatten. Er wußte, daß Kazaphanie, wie Ozanköy damals noch hieß, ein türkisches Dorf war. Dorthin wollte er gehen und seine Frau sollte ihm folgen. Daß er aber den Rest seines Lebens in Ozanköy verbringen würde, war ihm keineswegs durch den Kopf gegangen, als er 1974 über das Besparmak-Gebirge floh. Hüseyin war ein kleiner Mann, dem man nicht ansah, daß er in seiner Jugend mal ein Kämpfer war. Aber mit der Zeit hat er das politische Denken nun einmal aufgegeben und seinem Weggefährten Jussef überlassen. Als er im Krieg das Blut fließen sah, stellte er für sich die Sinnfrage und seine Vernunft siegte über die Gefühle der Abneigung gegenüber dem Feind. Hüseyin hatte in dieser einen Woche seines Lebens mehr gelernt, als sein gesamtes Leben zuvor. Seine ganze Weisheit ergab sich aus diesem einen Ereignis des Krieges. Er gab den griechischen Soldaten keine Schuld mehr. Er hatte erkannt, welch Unsinn es war, im Krieg dem anderen mehr Schuld zuzuweisen, als sich selbst.

Konnte denn der Grieche etwas dafür, daß er Grieche war? Es konnte ja auch Hüseyin nichts dafür, Türke geworden zu sein. Und Allah war auch kein gütigerer Gott als der Gott der *Ungläubigen.* Im Kaffeehaus war Hüseyin mit seiner Ansicht nicht ganz alleine. Recep, ein alter Mann aus Pyla, einem gemischten Ort direkt an der Waffenstillstandsgrenze, war in vielen Dingen gleicher Ansicht. Auch er hatte gekämpft. Und am Ende des Krieges stand er direkt an der Front, dort, wo Griechen und Türken nur wenige Meter voneinander entfernt ausharren, seit 1974. Sein Dorf Pyla, welches die Türken Pile nennen, blieb verschont. Es liegt in einer glücklichen Senke. Der Waffenstillstand kam und Pyla blieb verschont. Doch das Dorf leidet seitdem. Griechen blieben. Türken blieben. Es war das letzte gemischte Dorf der Insel. Und es war nicht leicht, in einem gemischten Dorf auf einer zweigeteilten Insel zu leben. Gegenseitige Anschuldigungen, Schweigen und Totschweigen waren Alltag in Pyla. Recep wurde damals mehr oder weniger gezwungen, mit einer Waffe zu kämpfen, obgleich es ihm von Anfang an zuwider war. Recep sagte oft zu Hüseyin: „Mein Freund, sieh her! Leider sind nicht alle so wie wir. Dann gäbe es keine Schwierigkeiten mehr zwischen Griechen und Türken. Aber sieh sie Dir doch an, die Politiker und Generäle, die Hitzköpfe und Besserwisser auf beiden Seiten. Haben die etwas gelernt?" Hüseyin strahlte dann immer über das ganze Gesicht, weil er wußte, es gab jemanden, der ihn verstand und er merkte, daß die jüngeren Männer im Kaffeehaus genau merkten, daß Recep auch sie meinte, als er von den Hitzköpfen und Besserwissern sprach. Recep hätte nach dem Krieg bei seiner Familie in Pyla bleiben können, entschied sich aber, zu seinem Bruder nach Bellapais zu ziehen. Nachdem Recep aber in Bellapais keinen Grund für ein Haus fand, entschloß er sich recht bald, nach Ozanköy zu ziehen.

Ich stieg aus dem Wagen und ging die Treppe hinauf.

Fatma saß unten in ihrem Laden und grüßte. Sie grüßte immer recht freundlich. Fatma war meine Vermieterin, eine kleine, rundliche Frau, die einen Laden im Erdgeschoß führte. Sie und ihre Familie lebten im ersten Stock und die zwei Wohungen im zweiten Stock waren an mich und einen Bankdirektor aus Izmir vermietet. Allerdings war mir mein Nachbar fast unbekannt, schließlich lebte er die meiste Zeit in Izmir, nur in den Wintermonaten, dann wenn ich regelmäßig in Deutschland war, kehrte er für ein paar Monate nach Zypern zurück. Ich hatte einen schönen Garten, weil Fatma das Grundstück getrennt hatte und für die Wohungen zwei Gartenstücke vermietete. Und nachdem der Bankdirektor weder an Paprika noch an Rosen Gefallen finden konnten, einigten wir uns darauf, daß ich auch seinen Garten übernahm.

An diesem Abend wollte ich wieder einmal an den Hafen von Girne gehen und Fisch essen. Alleine machte ich mir nur selten Fisch. Doch noch ehe ich mich entschieden hatte, aufzubrechen, empfand ich das erste Mal seit langer Zeit ein sonderbares Gefühl. Es war das Gefühl der gewissen inneren Leere, wenn ich alleine am Hafen von Girne sitzen würde und meinen Fisch aß und den Leuten beim Essen zusah. So entschied ich mich also, auf das Fischessen zu verzichten – ich wollte mich ja schließlich nicht selbst unglücklich machen – und nahm mir die Reste des Mittagessens vor. Ansonsten freute ich mich jedoch sehr, daß die Einsamkeit und der ewig gleiche Trott der vergangenen Wochen durch den Besuch zweier guter Freunde samt familärem Anhang durchbrochen werden sollte. Michael, Melanie und ihr Sohn Stefan sollten bei mir im Haus wohnen, das war so ausgemacht. Christian und seine Lebensgefährtin Anna wollten sich im legendären Dome Hotel direkt in der Altstadt niederlassen. Ein solcher Besuch bot immer Abwechslung, weil er Arbeit mit sich brachte – und an Beschäftigung hatte es mir gefehlt, seit ich meine ‚geistige Arbeit' beendet hatte. Mit Michael und Christian war ich schon zu unserer

Jugendzeit einmal hier auf Nordzypern. Es hat ihnen – denke ich – ganz gut gefallen, wenn sie sich auch von meinem „Zypernfieber" nicht haben anstecken lassen. Michaels Sohn Stefan ist heute zwölf Jahre alt. Ich erinnere mich noch an seine Geburt. Wir haben alle zusammen mit vielen Freunden im Garten ein kleines Fest gefeiert. Damals unterrichtete ich noch. In alten Photoalben fand ich Bilder aus der Zeit und sogar noch aus den Tagen unserer gemeinsamen Schulzeit. Ich wußte schon als Mittelstufenschüler, daß ich eines Tages selbst Lehrer werden würde. Und Politiker habe ich werden wollen. Doch dazu hat es letztendlich nicht gereicht, weil es mir an Machtwunsch gefehlt hatte. Daß mich meine Frau ‚verlassen' mußte, das habe ich jedoch nicht verkraftet. Es ist auch der Grund, warum ich jetzt auf Zypern bin. Aber ich wollte nicht klagen, war der Norden Zyperns doch seit vielen Jahren meine zweite Heimat. Und dank der vielen Arbeit als Übersetzer und Lehrer und Historiker wurde es mir bis jetzt auf Zypern auch selten langweilig. Schon in meiner Jugend diskutierte ich viel über den Zypern-Konflikt. Ich fraß alles begierig in mich hinein, wenn es auch nur im entferntesten Sinne mit Zypern zu tun hatte. Meine Freunde sahen es mit Befremden, daß in meinem Zimmer eine Zypern-Bibliothek entstand. Aus dieser Bibliothek entstanden im Laufe der Jahre zwanzig verschiedene wissenschaftliche Arbeiten und Aufsätze. Die Geschichte und die politischen Wirrnisse auf meiner Insel lassen mich halt einfach nicht zur Ruhe kommen. Ich betrachte eines der Photos etwas genauer und überlege, wann es entstanden sein muß. Es war zu einer Zeit, da ich noch ein Kind war und Zypern mit meinen Eltern bereiste. Es war das Bild eines Olivenbaumes in Ozanköy. Genau dieser Baum existiert noch immer. Ich erinnerte mich gut daran, daß ich mit sechzehn oder siebzehn über diesen Baum geschrieben hatte. Nach langem Suchen in meinem geordneten Chaos – meine Wohnung bestand im großen und ganzen aus acht großen und sieben kleinen Bücherregalen –

trat ein verstaubtes Büchlein zutage. Es war eines dieser Büchlein, die man selbst beschreiben konnte, etwas, was andere als Tagebuch benutzten, mir aber als Notizbuch diente. Ich habe damals in meiner Jugend immer Geschichten geschrieben, die Nordzypern und seinen Menschen gewidmet waren. Diese Geschichten fanden sich dann in diesem Buch. Ich schlug es auf und begann zu lesen.

„Zypern, ein Mikrokosmos zwischen Orient und Okzident, dessen Geschäftigkeit und Gelassenheit, dessen Fanatismus und Teilnahmslosigkeit, dessen Ruhe und Hektik, dessen Schmerz und Freude kein zweites Mal zu finden sein werden. Zypern ist eine Insel der gefragten Antworten, die man nicht verstehen kann, die aber die Phantasie zum Leben erweckt und Träumern eine Ruhestätte geben kann." Das waren die ersten Worte, die ich in das blaue Büchlein geschrieben hatte. Ich blätterte um und las die erste Geschichte. „Die falschen Zitronen. Diese Geschichte entstand während eines Zypern-Aufenthalts im Herbst früherer Tage. Sie beruht auf Erfahrungen, die ich machen mußte, als ich begann, den Zypern-Konflikt zu verstehen. ‚Noch kann ich mir das gar nicht vorstellen, daß es zu Hause nebelig ist und regnet.' sagte er zu seiner Frau. Für ihn war diese Insel nichts weiter als ein Urlaubsparadies. Aus seinem Hotel bei Ayia Napa an der Südküste war er bis heute nicht herausgekommen. Der Kellner beim Abendessen war der einzige Zypriote, mit dem er bis heute gesprochen hatte. Morgen aber, morgen wollte er einen Ausflug machen. Der Reiseleiter hatte ihm empfohlen, die Tour bis Paphos im Westen Zyperns zu machen. Daß die Insel immer noch geteilt war, wußte er zwar, aber er nahm es nicht war. Die Grenze, an der zwölfhundert Soldaten aus verschiedenen Ländern einen internationalen Friedensdienst taten, war zwar nur ein paar Kilometer im Landesinneren, aber für ihn war sie unerreichbar weit entfernt. Warum der Norden Zyperns auf keiner Landkarte genau verzeichnet war, hat ihn nicht gewundert, er hatte noch keine Landkarte von Zypern betrachtet. Die Sonne strahlte am anderen Tag wie jeden Sommertag. Der silbergraue und voll klimatisierte Reisebus erschien pünktlich um halb acht vor der Hotelhalle und er war guter Dinge, einen schönen Tag zu erleben. Was die Reiseleiterin auf dem Weg in Richtung Westen erzählte, berührte ihn nur wenig. Durch die blitzsauberen Fensterscheiben strahlte die Morgensonne. In den Straßen von Larnaka begann das Leben zu pulsieren. ‚Ich dachte immer Zypern gehört zu Griechenland?‘, bemerkte seine Frau beiläufig. ‚Tut es das nicht?‘ warf er ein und schimpfte, weil sein Film in der Kamera klemmte und er ein paar Mal schieben und drücken mußte. Kurz hinter Larnaka, auf dem Weg zur Autobahn nach Limassol, der nächsten Station des Tagesausflugs, erfuhr er etwas über die Existenz einer türkischen Volksgruppe, von deren organisierter Flucht in den Norden, und er wurde aufgeklärt über eine rücksichtslose und scheinbar grundlose Invasion türkischer Truppen in den siebziger Jahren. Die schöne Landschaft und seine Kamera interessierten ihn jedoch mehr als das, was die Reisebegleiterin sprach. Warum sich der ältere, grauhaarige Mann über ihre Äußerungen beschwerte, konnte er überhaupt nicht nachvollziehen. Genauso wenig verstand er später ihre Geschichte von den falschen Zitronen.

Mustafa war früh aufgestanden. Seine ganze Familie stand in den letzten Tagen immer früh auf. Sie wollten die Orangen ernten. Mustafa besaß eine kleine Plantage in der Nähe von Güzelyurt. 1974 war er wie alle aus seinem Dorf geflohen, weil nach dem Putsch gegen den Präsidenten Zyperns, griechische Soldaten nicht nur die Anhänger des Präsidenten bedrohten, sondern auch die Türken. Die türkischen Truppen, die an der Nordküste gelandet waren, versprachen Schutz und Sicherheit. ‚Wir sind auch alle davon, ohne zu wissen und wohin und wie lange‘, erklärte Mustafa immerfort, wenn man ihn auf die Flucht ansprach. Zweimal war er auf der Flucht vor den Griechen. Jetzt aber, zurückgezogen in Nordzypern, da habe er seine Ruhe. Die Ernten in der Plantage fallen jedes Jahr recht gut aus, trotzdem kämpft Mustafa finanziell sehr. Auf einem Acker neben seinem Haus baut er für den Eigenbedarf noch etwas Gemüse an. Mitten im Garten steht ein kleiner, sperriger Schuppen aus Holz und Wellblech. Keiner kann sich vorstellen, daß dieses wackelige Holzgestell den nächsten Sturm überlebt. Aber für die wenigen, rostigen Gartengeräte, die Mustafa besaß, wäre ein Schuppen im Grunde gar nicht nötig. Auch dieses Jahr trugen die Bäume wieder ausreichend Orangen. Es war eine Freude, die hell leuchtenden Früchte durch das satt grüne Blätterkleid schimmern zu sehen. Noch während sie die Orangen von den Bäumen pflückten, begann er zu grübeln, wie viel seiner Ernte er dieses Jahr verkaufen konnte. Letztes Jahr nahm man ihm nur die Hälfte ab. Die andere versuchte er auf dem Markt zu verkaufen und selbst zu verbrauchen. Der Rest, ein leider beträchtlicher, vergammelte auf dem Feld hinter seinem Haus, direkt neben dem Beet, auf dem seine Frau Tomaten und Salat anbaute. Letztes Jahr war es besonders schlimm. Die Inflation war galoppierend schnell und wegen des Wirtschaftsboykotts gegen Nordzypern konnte auch kaum etwas exportiert werden. Mustafa mußte mit seinem Geld sehr sparsam haushalten. Das Auto wurde nur noch selten benutzt, eben dann, wenn es unbedingt notwendig war. Mustafas Mutter, die seit ein paar Jahren ebenfalls im Haus wohnte, klagte lange schon über Zahnschmerzen. Auf einen privaten Arzt mußte sie aber verzichten, es fehlte einfach am nötigen Geld für dessen Honorar. Der Doktor im staatlichen Krankenhaus jedenfalls hatte der alten Frau nur wenig geholfen, ihr Klagen blieb. Seinen Nachbarn Ismail setzte Mustafa immer an der Baustelle ab, wenn er mit dem Auto in die Stadt auf den Markt fuhr. Der Einwanderer aus Anatolien war froh, überhaupt Arbeit gefunden zu haben. Mustafas Frau arbeitete seit ein paar Monaten als Sekretärin in der Saftfabrik, die Mustafa beliefert. Sie ist finanziell die große Hoffnung der ganzen Familie. Die Tage nach der Ernte fuhr er wieder auf den Markt, ließ seinen Nachbarn Ismail an der Baustelle aussteigen, brachte seine Frau in die Fabrik und hoffte auf ein gutes Geschäft. Und wahrlich: In diesem Jahr lief es besser. Der alten Mutter konnte endlich ein Arztbesuch finanziert werden, das Auto durfte die Garage wieder öfter verlassen und nicht mehr jede Lira wurde gewendet. Die kommenden Nächte wird Mustafa wieder besser schlafen können, sind doch die kommenden Monate abgesichert. Dann aber beginnt das Bangen von Neuem, ob auch die nächste Ernte verkauft werden kann.

‚Vor Jahren einmal war ich in Deutschland, in Frankfurt. Da ging ich in ein Obstgeschäft. Stolz sah ich Zitronen aus meiner Heimat Zypern und kaufte gleich ein Kilo davon. Als ich zu Hause sah, daß diese Zitronen aus dem türkisch besetzten Teil Zyperns waren, war ich sehr verärgert und habe sie weggeworfen.' Und wieder verstand er nicht, warum sich der ältere Mann mit den grauen Haaren so aufregen mußte, als die Reiseleiterin das sagte. Sicherlich, es war nicht fein, Zitronen wegzuwerfen, aber so schlimm wird das schon nicht sein. Erst als sein Sohn zehn Jahre später im Norden die Zitrusplantagen sah und ihm zu Hause von der harten Arbeit und dem schweren Los der türkischzypriotischen Landwirtschaft erzählte, ging in ihm ein Licht auf."

Ich schlage das Buch kurz zu und hole mir in der Küche ein Glas Orangensaft und ein paar Erdnüsse. Trotz der allmählich hereinbrechenden Dunkelheit ist es noch immer angenehm warm und ausreichend hell auf dem Balkon. Nach einigem Blättern finde ich die Geschichte, die zu dem Photo von dem Olivenbaum paßt. Krampfhaft versuche ich mich an die damalige Zeit zu erinnern, schaffe es aber nicht, zu viele Reisen auf die Insel vermischen sich zu einem wilden Haufen lebendiger und lebensfroher Bilder. Ich überlege einen Moment, ob ich das Bild aus dem Album nehmen und in das blaue Geschichtenbuch legen sollte, lasse es dann aber sein, denn wenn beide Dinge an unterschiedlichen Orten aufbewahrt sind, ist die Wahrscheinlichkeit größer, eines wiederzufinden. So kann das Bild – wie eben – den Weg zur Geschichte leiten oder aber auch umgekehrt.

„Der grüne Olivenbaum. Vor mir habe ich das Photo von damals."

Schon zu jener Zeit sprach ich also von einem Damals.

„Ich hab es von der Wand genommen, um es mal wieder aus der Nähe betrachten zu können. Schon lange war es mein Wunsch, intensiv ein einziges Bild zu beschreiben. Sicherlich keine spannende Sache." Und heute, so viele Jahre später, sage ich mir, daß alle Bücher nur darauf bauen, einzelne Bilder zu beschreiben, aneinandergereihte Bilder. Es kommt eben nur darauf an, wie lange man bei einem Bild verweilt, welche Details man ausläßt und welche man vertiefend betrachtet.

„Ich bräuchte nur einen Abzug machen lassen und demjenigen zukommen lassen, der jetzt diese Beschreibung liest. Schon eine Photokopie hätte den gleichen Erfolg. Ich will aber auch beschreiben, was man gar nicht sehen kann."

Aber irgendwie hat man es dann doch alles gesehen. Langsam kehrte die Erinnerung an diese Zeit wieder zurück, wie ein Film, der erst langsam gespult sich immer schneller zu drehen beginnt, so schnell, daß die Bewegungen flüssig und nicht mehr ruckartig sind und der Ton nicht mehr schleppend, sondern verständlich klingt.

„Der grüne Olivenbaum, der Grund und Sinn dieser Beschreibung sein wird, steht auf einem freien Feld  nahe eines ganzen Olivenhains in der Ortschaft Ozanköy."

Ich überlege, ob ich genau diesen Baum auch heute sehen konnte, als ich von Bellapais hinunterwanderte. Wahrscheinlich lief ich an ihm vorbei, ohne darauf zu achten, schließlich lenkten mich meine Gedanken, die Schafe und Hüssein, ihr Hirte, ab.

„Ganz am unteren Rand des Bildes sieht man das verdörrte Gras, Zeuge eines heißen zyprischen Sommers. Es ist kaum höher als bei uns in Deutschland, aber es ist so mediterran verdorrt. Links, am linken Rand, etwas oberhalb des verdörrten beige-braunen Grases ist eine kleine grüne Insel, ein kleiner Fleck, Beweis dafür, daß es schon geregnet haben mußte in diesem Herbst. Es ist wahrlich Herbst. Das merkt man, und der Himmel auf dem Photo verrät es. Er hat nicht mehr dieses flimmernde Helle des Sommers, er ist in ein schweres Blau getaucht und an den Hängen des Besparmak-Gebirges hängen weiße, aber mächtige Wolken. Am Bildrand erkennt man einen Olivenbaum, er ist tief grün und voller silber schimmernder Blätter. Man kann am unteren Rand den Schatten sehen, den dieser Baum auf den lehmigen Boden wirft. Der Schatten verrät, daß es wohl noch recht heiße Tage waren, als das Photo entstand. Zudem verrät dieser Schatten noch etwas. Er verrät, daß es um die Mittagszeit war, als das Photo aufgenommen wurde, weil der Schatten in Richtung Besparmak-Gebirge fällt. Auf dem getrockneten Ackerboden liegen ein paar verdörrte Äste im trockenen Gras. Sie liegen im Schatten des großen mächtigen Baumes, dessen ganze Stattlichkeit man nur erahnen kann, weil er nicht Mittelpunkt dieses Bildes ist. Der Boden ist beige und braun. Manchmal mag man zwischen den Ästen und dem Gras Steine erahnen. Der Boden sieht aus, als habe es in den vergangenen Tagen einmal geregnet. Ein bißchen Grün, frisches Grün, spriest und läßt eben den Herbst aufblitzen. Es ist Leben gewordener Herbst."

Ich nahm mir vor, diesen Baum wieder zu besuchen, ihn zu betrachten und drei- oder viermal im Jahr ein Photo davon zu machen. Ich würde dann den Lebenslauf, die Beständigkeit einer Pflanze protokollieren, die älter war als ich und sicherlich auch mich überleben konnte.

„Auch die Wolken, diese schwermütigen Wolken, die noch nicht regenschwanger waren, aber erkennen ließen, gegenüber den pfeilschnellen Sonnenstrahlen an Macht zugelegt zu haben, waren Vorboten eines zyprischen Herbstes. Zwischen den tief grünen Nordhängen des Besparmak Gebirges und dem Baum ganz am rechten Bildrand steht ein weiterer, einsamer Olivenbaum. Er hebt sich von dem Hain noch ein wenig deutlicher ab, als sein stattlicher Nachbar. Er hat noch etwas mehr Freiheit und läßt sich auch nicht einschränken. Auch sein Schatten, ein vergleichsweise mickriger, fällt in Richtung Bergzug. Ja, es muß mittags gewesen sein, da ich dieses Photo machte. Zwischen dem einsamen, kleinen Baum und den anderen im Hain befindet sich eine, kaum erkennbare Senke. Dort steht grünes Gras."

Und dort grasen heute noch die Schafe.

„Der verkrüppelte Baum, Sinn und Hauptgegenstand des Bildes, liegt im Zentrum, auf ihn fallen alle Blicke. Seine silbrig-grünen Blätter funkeln nicht anders wie die der mächtigen, stolzen Nachbarn, aber sein Schatten ist unauffällig und klein. Und trotzdem: dieser unauffällig kleine Baum ist der Grund, warum ich dieses Bild aufgenommen habe. Er trägt keine Oliven. Er wird vielleicht bald abgeholz. Ob ich ihn wohl wiedersehe?"

Ja.

Freilich, ich habe schon bessere Geschichten geschrieben. Und trotzdem ärgerte es mich, daß ich heute nachmittag nicht auf diesen Baum geachtet hatte, als ich durch den Hain streifte. Sicherlich hätte ich den Baum wiedererkannt. Es wird kühler auf dem Balkon, und ich beschließe, den Rest des Abends vor dem Fernseher zu verbringen. Über Satellit empfange ich auch deutsche und englische Programme. Zwar ist mein türkisch so gut, daß ich auch türkisches Fernsehen verstehen kann, doch interessiere ich mich im Moment für das Fußballspiel zwischen 1860 und Bayern München, das auf einem Privatsender übertragen wird. Obwohl ich mich auf Zypern wenig mit der Heimt beschäftige, sind derartige Übertragungen willkommene Anlässe, sich doch wieder an Deutschland und die Zeit dort zurückzuerinnern.

Hüseyin war früh aufgestanden. Er wollte nach Lefkosha fahren und bei einem großen Zwischenlieferanten ein paar Haushaltsgeräte kaufen, weil in Ozanköy gelegentlich nach einem Mixer oder dergleichen gefragt wurde. Er fragt die wiedergewonnene Tochter Yasemin, ob sie ihn begleiten wolle, schließlich wollte er ihr beweisen, daß auch Lefkosha eine große Stadt ist. Yasemin lacht, als er ihr das erzählt, steigt dann aber doch in den klapprigen Japaner, dessen Ladefläche schon ganz durchrostet ist. Lefkosha mit Ankara oder gar London zu vergleichen, war nicht besonders sinnvoll, so entfuhr Yasemin eben auch ein Lachen. Lefkosha war mit seinen gut vierzigtausend Einwohnern eine bessere Kleinstadt.

Auf dem Weg in Nordzyperns Hauptstadt sah Yasemin zum ersten Mal seit langer Zeit die Mesaorya-Ebene wieder. Als sie auf der Insel angekommen war, hatte schon die Dunkelheit der Nacht die Ebene überzogen und ihr so das Besondere geraubt. Im Frühjahr war diese Ebene grün und auf den Feldern stand das Getreide hoch. Überall fand man dann noch blühende Sträucher, und die Schafherden zogen über das Land. Aber Ende Mai, spätestens aber einen Monat später beginnt in der Ebene die Ernte und sie verwandelt sich im Laufe des Sommers in eine karge, blendende Wüste. Und jetzt im Sommer, wenn die Temperaturen steigen, liegt Lefkosha wie in einem Kessel – ohne daß es dampfen würde. Es war wie eine trockene, staubige Insel im Inneren der Insel. Und wer Lefkosha an so manchem Sommertag um die Mittagszeit erlebte, der weiß, warum man es die heißeste Stadt rund um das Mittelmeer nennt. Die Ebene wird im Norden durch das Besparmak-Gebirge begrenzt, im Südwesten ragt das Troodos-Massiv steil empor und im Süden die Hügellandschaft, dazwischen heizt die warme Luft den steinigen Boden auf und treibt den Menschen das Wasser aus den Poren. Es ist kein leichtes Leben für die Bauern in der Ebene. Es kommt nicht selten vor, daß Girne fast zehn Grad weniger meldet als die Hauptstadt im Landesinneren – nur eine halbe Autostunde entfernt.

Hüseyin hat den kratzigen Radioapparat angeschaltet. Griechische Musik aus dem Süden begleitet Hüseyin in seinen Gedanken in die Heimat. Einerseits war Yasemin froh, wieder auf Zypern zu sein und all das genießen zu können, was für sie lange Jahre Heimat bedeutet hatte, andererseits wußte sie auch, daß viele Menschen zum Teil ihr ganzes Leben auf der Insel zugebracht haben, so daß ihnen der weltoffene Touch allmählich abhanden kommen mußte. Diese Weltoffenheit hatte sie letztendlich von London überzeugt hatte. Sie wollte aber trotz der Arbeit in London jede Gelegenheit nutzen, ihren Vater auf Zypern zu besuchen.

Die Ebene war um diese Jahreszeit leer. Kaum ein Hirte ließ seine Herde mehr weiden, war die Mesaorya-Ebene doch ohnehin schon abgegrast. Das Wasser für Mensch und Tier war im Hochsommer ebenfalls knapp. Yasemin konnte die Vororte Lefkoshas schon sehen. Die Stadt lag in einer Dunstwolke. Hüseyin erzählte seiner Tochter, daß er sie als kleines Mädchen oft mitgenommen hatte. Sie kehrten dann immer am frühen Abend zurück. Oft hatte Jussef sie begleitet. Dann hatten sie auf dem höchsten Punkt an der Paßstraße Halt gemacht und in Richtung Süden geschaut. „Da wo Nikosia tot ist, sind wir, da wo es leuchtet sind die Griechen." Das hatte er ihr wieder und wieder erzählt. Das Kraftwerk an der Nordküste war zu dieser Zeit noch ganz neu und Stromausfälle gehörten somit zum Tagesgeschäft. Yasemin konnte sich an all diese Geschichten noch sehr gut erinnern, ließ ihren Vater aber auf der Fahrt nach Lefkosha, den türkischen Teil Nikosias, erzählen, denn sie fühlte, daß es ihn von irgend etwas befreite. Yasemin war sieben oder acht Jahre alt, als das Ölkraftwerk eingeweiht wurde, ich war ein paar Jahre älter und machte mit meinen Eltern zu jener Zeit Urlaub auf der Insel. Mich hatte der Blick ins südliche Nikosia genauso fasziniert wie den alten Hüseyin, der ja von *drüben* stammte. Kam man mit dem Flugzeug, sah man bei der Landung die Küstenstadt Larnaka und fragte sich, wieso diese kleine Insel gerart gespalten sein konnte. Der Norden Nikosias leuchtete orange, der Süden strahlte gelb. Bis Paphos allerdings konnte man nie blicken.

Als sie nach Lefkosha hinein fuhren, fragte Hüseyin seine Tochter, ob sie nicht zur Grenze wolle. Weil sie genau wußte, was ihrem Vater dieser Blick über die Grenzmauern bedeutete, willigte sie ein, auch wenn sie selbst nie das „Drüben" kennenlernen konnte. Am Grenzübergang Ledra Palace Hotel machte er Halt und stieg aus. Auf dem Vorplatz standen einige Taxis. Im Hintergrund erkannte man die Stadtmauer, die das alte vom neuen Nikosia trennte – sowohl im türkischen als auch im griechischen Teil. Viel von der Altstadt liegt heute im verwaisten Niemandsland zwischen den Städten der einen Stadt Nikosia. Auf der einen Seite wehten die Flaggen Nordzyperns und der Türkei. Ließ man den Blick etwas schweifen, auf die gut hundert Meter entfernte andere Seite des Grenzzaunes, so flatterten dort die Banner Südzyperns und Griechenlands. Hinter dem Schlagbaum wandte sich ein Weg leicht nach links. In der Kurve befand sich das legendäre Ledra Palace Hotel, einst eines der edelsten Hotels der Insel, heute Sitz der UNO-Friedenstruppen, heruntergekommen, verfallen, modernd, aber immer wieder Hoffnungsträger bei neuen Verhandlungen zwischen den zypriotischen Volksgruppen. Hinter dem Ledra Palace befindet sich der Süden, das „Drüben", das Jenseits, das oft Noch-Nie-Gesehene. Dort lagen die Träume der Alten vergraben, dort war die Abschreckung für die Jungen zu Hause, dort mußten Menschen leben, die anders waren und doch so gleich. Direkt in dieser Pufferzone war der Krieg erst gestern beendet worden. Die Benzinfässer, der Stacheldraht, die zerfetzten Fensterscheiben, die verfallenen Häuser. Ein Blick in all diese Häuser verrät eilige Flucht.

Hüseyin starrt einige Augenblicke lang angespannt in Richtung Süden – auf die Flaggen der anderen und auf ihre Stadt. Lange blieb er regungslos so stehen. Yasemin verstand nicht, warum ihr Vater das tat. Zwar hatte er schon immer an Paphos gehangen, doch ein derart schmerzlicher Blick auf die andere Seite, das war ihr neu. Sie konnte nicht wissen, daß ihr Vater in diesem Moment Abschied von der Hoffnung nahm, noch einmal die Stadt seiner Jugend sehen zu können.

Nach einiger Zeit fing er an zu reden und es brach nur so aus ihm heraus. „Sieh, Zypern ist geteilt. Es ist seit vielen, vielen Jahren so. Und immer haben wir gedacht, alles wird besser. Wir haben gehofft, daß man das Problem in den Griff kriegen kann. Immer wieder haben wir gedacht die Präsidenten werden sich schon einigen. Damals waren die Aussichten auf eine gemeinsamere Zukunft gar nicht schlecht. Dann, dann kam wieder fast Krieg und unser Präsident starb. Ja und seitdem ist eine neue Generation herangewachsen, die von der anderen Seite keine Ahnung hat, der die Häuser dort nicht fehlen. Ich bedauere diese Entwicklung nicht, es ist der Lauf der Zeit, aber es ist bitter für uns Alten, weil wir eben immer ein bißchen Hoffnung hatten. Dann starb Deine Mutter, sie durfte also keine Lösung mehr miterleben." Jussef atmete schwer und bemühte sich, Fassung zu bewahren. „Ich bin heute hier hergekommen, um dem ‚Drüben' noch einmal nahe zu sein und um mir klar zumachen, daß auch ich nicht mehr am Hafen von Paphos spazierengehen werde." Yasemin sah ihren Vater erschrocken an und schien zu verstehen.

Ich bin am frühen Morgen aufgestanden und zum Busbahnhof gelaufen. Der Busbahnhof liegt etwas außerhalb von Girne. Von meiner Wohnung aber muß ich nur zwei Straßen entlanggehen. Viel war auf diesem Busbahnhof nicht los, gab es doch noch einen zweiten, fast ebenso großen. Ich betrat den kleinen Laden des Taxi-Unternehmers und erkundigte mich, wann der nächste Kleinbus nach Güzelyurt abfahren würde. Der junge Mann hinter seinem hilflos überladenen Schreibtisch sah mich erstaunt an. Um acht Uhr morgens wollte noch niemand nach Güzelyurt. Ich sollte mich also noch eine Weile gedulden, bis sich genügend Leute gefunden hätten. Gegen halb zehn, empfahl er mir, wiederzukommen. Ich zahlte mein Ticket und verließ den Laden. Am Busfahren hat sich hier in den letzten fünfundzwanzig Jahren nichts verändert, habe ich mir gedacht, als ich den kleinen Zettel in den Geldbeutel steckte. Der Bus fährt eben erst dann, wenn er voll ist, beziehungsweise, wenn der Fahrer meint, es seien genug Leute. Ganz selten kommt gar niemand, der zur gleichen Zeit die gleiche Strecke fahren will. Dann bekommt man sein Geld zurück und muß mit dem Linienbus fahren, der furchtbar langsam ist und in jedem Dorf hält. Die andere Alternative sind die teuren Taxis.

Ich beschließe, mich in ein Kaffeehaus zu setzen und einen türkischen Mokka zu trinken. Die zwei Kaffeehäuser am Busbahnhof machen ein gutes Geschäft – auch schon um acht Uhr morgens – obwohl nicht viel los ist. Gegen neun Uhr höre ich den Fahrer draußen hupen, zahle eilig und laufe hinüber. Die beiden Kaffeehäuser sind Anlaufstellen für die, die die Busse fahren, für die, die die Karten verkaufen, für die, die die Busse putzen und für die, die die Busse benutzen. Aber auch die Unternehmer, denen die Busse und Kleinbusse gehören, verbringen den halben Tag in einem der beiden Kaffeehäuser.
Es sind noch zwei Deutsche gekommen, die auch nach Güzelyurt wollen. Ich gebe mich ihnen aber nicht als Landsmann zu erkennen und setze mich in die zweite Reihe des Mercedes. Es ist ein großes Auto, ein sogenannter Dolmus mit drei Türen.

Neben dem Fahrer, der auf Zypern wegen des Linksverkehrs rechts sitzt, hat noch ein Gast Platz. Die beiden Deutschen sind ganz hinten eingestiegen. Die Fahrt dauert wohl wie immer eine knappe Stunde. Wir verlassen Girne in Richtung Westen. Die Deutschen lesen in ihrem Reiseführer. Sie sind zum ersten Mal auf Nordzypern. Das merkt man. „Das muß Karaman sein!", sagt die Frau. „Glaubst Du? Ist das nicht eher Lapta?", ergänzt er. Sie sind aus Berlin, das hört man schnell am Dialekt. Es ist weder Karaman noch Lapta, durch das wir gerade fahren, es ist Karaoglanoglu. Soll ich es den beiden sagen? Aber ich genieße lieber, ihnen schweigsam zuhören zu können. Sie reden über das viele Militär, das überall stationiert ist und wundern sich. Vom Konflikt scheinen sie nicht viel Ahnung zu haben. Der Fahrer fragt mich auf englisch, ob es möglich wäre, daß er mich schon einmal in Girne gesehen habe. Ich gebe auf türkisch zur Antwort: „Wer hier lebt, der versteckt sich in der Regel nicht in seinem Haus." Das war der Beginn einer Unterhaltung über die schwierige Lage, das schwer verdiente Geld, meine Arbeit, seine Familie und und und. „Güzelyurt muß eine schöne Stadt sein", meint *er* zu *ihr*. „Da gibt es eine alte Kirche, die müssen wir uns unbedingt ansehen", kontert sie. Außer der Kirche des Heiligen Mamas gibt es in Güzelyurt nur wenig zu sehen. Ich vermute, die beiden werden recht enttäuscht sein. Es ist wohl eine der einsamsten und einfachsten Städte Nordzyperns – und trotzdem fahre ich immer wieder gerne dorthin. Es hat dort einmal einen Mann gegeben, der sein Taxi-Unternehmen *Münih Taksi* also München-Taxi nannte. Dieser Mann mußte nun lange schon unter der Erde sein. Ich habe auch schon seit Jahren den Taxistand nicht mehr gesehen. Es ärgert mich ein wenig, daß die beiden verbissen in ihrem Reiseführer blättern, anstatt sich die Landschaft draußen anzusehen. Am Stausee fahren wir auch bald vorbei. Wenn sie bis dahin nicht aufhören, derart verbissen die herrliche Landschaft zu ignorieren, werde ich einschreiten. „There is a little lake, if you look left." Der Fahrer kommt mir zuvor. Wir müssen halten, weil das Interesse sprunghaft gestiegen ist, und der Berliner ein Photo machen möchte. Jetzt sehe ich die beiden das erste Mal so richtig in voller Lebensgröße und -entfaltung. Es sind deutsche Touristen der deutschesten Art. Er trägt weiße Shorts und ein flatterndes Hawaiihemd. Mein Blick senkt sich und meine Befürchtungen werden bestätigt: Sandalen und weiße Tennissocken. Sein Schädel ist rot angelaufen und er schwitzt. Der Bierbauch hängt schwerfällig über den Gürtel. Er macht ein, zwei Photos und steigt sofort wieder ein. Auch sie trägt kurze Hosen und auch ihr Haupt ist hochgradig errötet. Sie vertragen wohl beide die Hitze nicht. Geschmäcker sind verschieden, doch deutsche Touristen haben immer den gleichen wie es scheint. Ich frage den Fahrer, ob man mir auch ansehen würde, daß ich aus Deutschland sei. „Daß Du ein Alman bist, das erkenne ich schon, aber daß Du hier viel gelernt hast, sieht man Dir auch sofort an." Ich denke die nächsten Kilometer darüber nach, was es heißt, auf Nordzypern viel gelernt zu haben. Ich frage ihn und er erklärt es mir: „Erst mal sprichst Du unsere Sprache, das tun die wenigsten Fremden." Gut, das stimmt, türkisch hatte ich erst mühsam lernen müssen. „Deutsche sind hektisch und verstehen uns Zyprioten meistens gar nicht genau. Sie sind weiß und werden dann rot. Sie gehen in Lokale, wo es Filterkaffee und Kuchenstücke gibt. Deutsche sind stolz, wenn sie etwas für zu Hause ergattert haben. Mitbringsel nennen sie das. Aber die Deutschen sehen doch nichts! Sie laufen blind durch das fremde Land und sehen nichts. Nichts wirklich und doch alles irgendwie. Du machst den Anschein, als würdest Du schon mal in einem Kaffeehaus sitzen und nur auf die Landschaft starren und es Dir gut gehen lassen. Das hast Du gerlernt."

Warum eigentlich wollte ich nach Güzelyurt fahren? Etwa nur, weil mir gestern spontan der Einfall kam, wieder einmal in diese Stadt zu fahren. Etwa, weil ich mich langweilte und in mir eine Leere verspürte, die ich irgendwie zu füllen versuchte – und war es nur mit Ausflügen? Ich versuche, einen wirklichen Grund zu finden, eine Ausrede, etwas, das mich im Nachhinein selbst überzeugen würde, daß es doch nicht innere Leere und Langeweile sein konnten, die mich antrieben, in den Westen der Insel zu fahren. Und ich fand den Grund: Es waren meine beiden Freunde, die mit ihren Familien kommen wollten. Ich mußte mir die antiken Ausgrabungen wieder einmal ansehen, um ihnen zu zeigen, was sie längst sahen und was sie nicht *mehr* interessierte als die anderen Urlauber auch. Christian und Michael waren vor gut fünfundzwanzig Jahren das letzte Mal auf dieser Insel. Sie werden in den antiken Ausgrabungen von Soli und Vouni alles so vorfinden wie damals. Fast nichts hat sich hier verändert. Ich versuche, einzelne Details über Soli ins Gedächtnis zurückzurufen und bitte den Berliner, in seinen Reiseführer sehen zu dürfen – auf deutsch. Sie haben ein Opfer gefunden. „Sie sind Deutscher?" Ja, aber ich will nicht mit euch reden. Doch ich kann nicht fliehen. Was mache ich. Was bewegte mich, nach Zypern zu gehen. Intime Frage, dachte ich mir und antworte mit einer Ausflucht. „Schönes Wetter hier, das ganze Jahr über." Ich fühle, daß ich sie belogen habe. Auch auf Zypern regnet es. In den Menschen regnet es oft und der Winter ist trüb und frisch. Der Berliner streckt mir zwei Reiseführer entgegen. Den anderen, den er zuletzt aus seiner Tasche kramt, kenne ich gut, ich habe ihn vor acht Jahren geschrieben. Schnell finde ich das geschichtliche Detail über Soli und gebe das Buch zufrieden zurück. Würde der Berliner wissen, daß ich das Buch geschrieben habe, würde er erstaunt fragen, wieso ich denn nicht alles wisse, was ich damals schrieb. So unterließ ich jede Bemerkung in diese Richtung und sah wieder nach draußen, wo die ersten Plantagen zu sehen waren. Ich blättere dann doch noch ein wenig im anderen Reiseführer und stelle neidlos fest, daß er aufwendiger gemacht ist als der meinige, aber das Erscheinungsdatum weist ihn als eine Art „Neugeborenes" aus. Als mich die Berlinerin fragt, was ich in Güzelyurt machen wolle, entschließe ich mich, am Abend den Linienbus nach Girne zurück zu nehmen. Dort kann ich unter den Einheimischen meinen Gedanken nachhängen und muß nicht damit rechnen, daß mich nervende Touristen ansprechen. Ich war vielen meiner Landsleute fremd geworden in den letzten Jahren. Und umgekehrt.

Wir erreichten Güzelyurt. Es war ein ausgestorbenes Provinzstädchen, fernab jeder größeren Stadt – doch wo auf Nordzypern war sie, die größere Stadt? Lefkosha mit seinen knapp fünfzigtausend Einwohnern war doch keine größere Stadt? Aber Güzelyurt ist ländlicher geprägt als Lefkosha, Girne oder Gazimagusa, das am Meer liegt und von der Schifffahrt profitiert. Ich erkläre der Berlinerin, daß ich einen alten Freund besuchen will. Sie hatte gehofft, ich wollte auch nach Soli oder Vouni fahren, so hätten wir die Taxikosten dorthin dritteln können. Ich erinnerte mich an das alte Vorurteil, Schwaben seien geizig, doch paßte es leider nicht, schließlich war die Dame aus Berlin. Ich lief ein paar Seitengassen entlang, schließlich hatte ich die beiden angelogen, hatte ich doch gar keinen Freund in Güzelyurt, kannte hier (nichts und) niemanden, war fremd. Ich mußte also aus der Reichweite der beiden gelangen und dann später nach Soli und Vouni fahren. Doch wie sollte ich mir die Zeit vertreiben, in einer Stadt die trostlos erscheint und leer und ohne Abwechslung? In Großstädten wie London nahm ich eine Zeitung und setzte mich bei gutem Wetter in ein Café und las und sah den Leuten zu. Aber hier machten die Kaffeehäuser einen eher tristen Eindruck und es liefen nur so wenige Menschen auf den Straßen vorbei, daß das Beobachten zu weiterer Langeweile geführt hätte.

Hitze fuhr in den Boden. Als ein Mann einen Eimer Wasser auf der Straße entleerte, zischte es kurz auf. Ich nahm trotzdem in einem der Kaffeehäuser am Straßenrand Platz und bestellte einen türkischen Kaffee. Mit einem Zug leerte ich das Glas

Wasser. Ein kleiner Junge lief weinend die Straße hinunter. Alle kleinen Jungen laufen weinend Straßen hinunter. Ich hatte das in den Gassen Kairos beobachtet, in den Nebenstraßen Casablancas, zu Hause in Deutschland und überall. Es war ein Motiv, ein immer wiederkehrendes Motiv. Während ich so über dieses Motiv nachdachte – ich machte mir ein paar Aufzeichnungen in meinem Notizbuch und schrieb: „Güzelyurt: Ein kleiner Junge lief weinend die Straße hinunter" – bemerkte ich, welche ungemeine Ruhe diese verschlafene Kleinstadt ausstrahlte. Ihr fehlte es an Hektik, Hektik, die man in Lefkosha sah, auch wenn dort nichts und niemand in Eile war, alleine die vielen Menschen, die durch die Straßen schlenderten, alle mit einem Ziel, erweckten den Eindruck von Hektik. Diese kleine Stadt ruhte, sie glänzte in der Stille einer gleißenden Mittagssonne. Und als ein Mann mit Pluderhose, ein zugewanderter Festlandstürke, laut aus dem Geschäft nebenan schrie: „Mein Kebap bitte", tat ich dem gleich und rief den Kaffeehausbesitzer und fragte ihn, ob auch ich etwas zu essen bekommen konnte. Draußen liefen keine weinenden Jungen mehr die Straße hinab, dafür aber der Berliner und seine Frau. Zu ihnen ließ sich kein Motiv erdichten, sie ließen sich nicht in eine orientalische Geschichte verspinnen. Sie waren Zeitzeugen und paßten nicht ins Bild, mir nicht und meinen Gedanken nicht. Doch unweigerlich mußte ich eingestehen, und das während ich mein Kebap aß, daß wohl auch ich nicht ins Bild dieser Stadt paßte. Zwar war ich des Türkischen mächtig. Doch was nützt die Sprache, wenn alles andere mich fremd macht?

Der Taxifahrer war bereit, ein paar Stunden auf mich zu warten, wenn ich mir die Ausgrabungen von Soli und Vouni ansah. „Sie zahlen doch gut, mein Herr?" fragte er mit einem Lachen auf den Lippen nach, um sich zu vergewissern, daß sein Warten honoriert würde. Auf Nordzypern gibt es Taxifestpreise, was Handeln und Feilschen überflüssig machte. Ich sicherte ihm einen guten Stundenlohn zu und machte mich auf den Weg zum Amphitheater, das etwas oberhalb der alten Stadtmauern lag. Stille und Ruhe. Ausgeglichenheit, die Nähe zu einer Vollkommenheit war nirgends so deutlich spürbar wie an diesem Ort. Die Hitze des frühen Nachmittags war nicht unerträglich, sie ließ einen in angenehmen Gedanken versinken. Ich nahm in der Mitte des Theaters Platz, in einer der letzten Reihen und richtete meinen Blick starr auf das Podium. Es war aus Holz und wieder hergerichtet. Noch immer fanden in diesem Theater Vorführungen statt. Es war ein Zeuge der Geschichte, etwas, das Menschenleben überdauert und stumme Geschichten erählte, aus Zeiten, die uns so fremd sind, daß wir sie nicht realisieren können, aber glorifizieren. Bei Salamis im Osten der Insel gab es noch ein solches Amphitheater, das mich gleichermaßen in Träume riß. Das Summen der Zikaden beruhigte, obgleich es ein tosender Lärm war, der mich umgab, wenn ich mich nur darauf konzentrierte. Es waren Momente, die den Entschluß rechtfertigten, warum ich nach Zypern kam. Es war auch genau der Moment, der mich beruhigte, der Ausflug in den Westen konnte nicht umsonst gewesen sein. Ich sah, daß der Taxifahrer zu mir heraufgestiegen war. Er nahm etwas abseits von mir Platz und starrte ebenfalls auf das tief blaue Meer.

Einige Förderanlagen ragen verrostet ins Meer. Sie wurden seit vielen, vielen Jahren nicht mehr genutzt, aber niemand hatte sie abmontiert. Auch sie waren Zeugen einer Vergangenheit, aber sie lebten nicht mit den Menschen wie die steinernen Theater. Die Föderanlagen waren tote Zeugen.

„Es ist heute besonders blau", begann der Taxifahrer ein Gespräch, „liegt wohl am Wind." Er stammte aus Lefke, einer Stadt unweit von Güzelyurt. Wir sprachen ein wenig über den Westen der Insel. Dann fuhr er mich auf den letzten Hügel und ich ging über die Palastanlage von Vouni. Von dort oben sah man bis weit in den Troodos hinein, das gewaltige Fels-

massiv der südzypriotischen Berge. Man ahnte das „Drüben".
Die Straße, die unten vorbeiführte und das Dorf hinten in der
Ferne, sie waren das letzte Stück Nordzypern, dahinter lag
Fremde, Fremde, Fremde. Für die Alten war es nicht Fremde.
Für sie war es Heimat, Geborgenheit und alles, was sie einst
hatten. Das trennte die Generationen auf Zypern – und es war
eine schmerzliche Trennung, dieses Unverständnis der Jungen
gegenüber den Alten, die noch mit den Griechen gelebt hatten.
Ich verließ den Westen Zyperns mit dem sicheren Gefühl,
einen sinnvollen Tag verlebt zu haben. Auf der Fahrt mit dem
Bus zurück nach Girne mußte ich noch einige Male an die
Berliner denken, die sicherlich auch in Soli und Vouni waren.
Die Abenddämmerung breitete sich langsam über die Haine.
Zwei alte Frauen unterhielten sich im Bus. Es mußten Frauen
gewesen sein, die auch noch das andere Leben auf der Insel
kannten – das selbst ich nicht kannte, obgleich ich nicht Zypriote war und mich fast frei bewegen konnte; zumal ich wegen
meiner Arbeit seit einigen Jahren einen Diplomatenausweis
besaß. Ich starrte verbissen nach draußen. Wäre ich mit der
Gabe ausgestattet, malen zu können, ich hätte die Landschaft,
in dieses Licht getaucht, gezeichnet. So blieb mir in der Regel
nur die Kamera. Doch auch dann gab es Zeiten, wo man anfing, den Blick zu verlieren. Es leben die Bilder am besten in
einem selbst, aufbewahrt als retuschierte Hochglanzbilder des
Gedächtnisses.

Am Busbahnhof in Girne herrschte hektische Feier-
abendbetriebsamkeit. Die Männer und Frauen kehrten aus
Lefkosha zurück, wo viele ihren Arbeitsplatz hatten. Andere
verließen Girne, um in ihre Dörfer in der Umgebung zurück zu
fahren. Das Leben am Hafen nahm seinen allabendlichen Lauf.
Allmählich füllten sich die Lokale mit Urlaubern und Einheimischen. Das Treiben nahm zu, aber es wurde zu keinem Zeitpunkt unangenehm.

Ich hörte schon vor der Wohungstüre das Klingeln

meines Telephons und schickte mich an, schnell aufzuschlie-
ßen. Es war Yasemin, die Tochter Hüseyins. Ich war erstaunt,
daß sie meine Nummer kannte. Wir sprachen in einer Mischung aus türkisch und deutsch. Sie entschuldigte sich, mich
neulich im Vorübergehen nicht erkannt zu haben. Sie machte
sich Sorgen um ihren Vater, fügte sie hinzu, als sie mir den
Grund des Anrufs, nach dem ich zuvor gefragt hatte, nannte. Er
war mit ihr nach Lefkosha gefahren und sei lange still an der
Grenzlinie gestanden. Dann habe er angefangen, sentimentale
Erinnerungen an seine Jugend neu aufzubreiten. Und nun habe
Hüseyin sie gebeten, bei mir anzurufen und mich zu fragen, ob
ich nicht bei Gelegenheit bei ihm im Laden vorbeikommen
könne, um die Geschichten aufzuschreiben, die ich von ihm
haben wollte. Sicherlich, aber daß es so eilig war, erstaunte
mich. So fing ich an, Yasemins Sorgen zu teilen und versprach
ihr, schon am nächsten Tag vorbeizukommen.

Es war einer jener Nachmittage die voller Hitze waren, obwohl der Sommer sich bereits zurückzog in den weiten
Süden. Auf der arabischen Halbinsel wurden noch immer
Temperaturen um vierzig Grad erreicht. Hier auf Zypern war
die Dreißiggradmarke jetzt schon ungewöhnlicher, vor allem
an der Nordküste. Ich fuhr mit meinem Wagen die Küstenstraße entlang. Die Berge glänzten leuchtend in der Sonne und
strahlten eine warme Behaglichkeit aus.
In Hüseyins Laden war die Frau des Bürgermeisters. Sie sprach
mit Hüseyin über die Kinder, das Älterwerden und die Gebre-
chen. Sie war etwa im Alter von Jussef und seiner Frau. Während sie ein paar Tomaten durch ihre Hände gleiten ließ, um zu
sehen, ob sie reif genug waren, sprach sie von Tochter Yasemin. Wie gut sich das Mädchen doch gemacht habe. Daß es nur
schade sei, daß sie noch nicht verheiratet sei. Was sie jetzt
arbeiten wolle? Hüseyin wog gerade die Zwiebeln für die Bürgermeistersfrau, als ich eintrat und blickte kurz auf. „Das ist

ein Freund aus Deutschland. Jussef und er kennen sich gut." Die Bürgermeistersfrau, eine rundliche, feine Dame, deren Leben auf dem Dorf nicht von Bäuerlichkeit geprägt sein konnte, grüßte mich freundlich. Ich erwiderte den Gruß. „Wenn ich nicht irre, sind Sie die Gattin des Bürgermeisters", fügte ich hinzu, um mich zu vergewissern, mit wem ich es zu tun hatte. Ein „sehr wohl, so ist es", kam aus der hinteren Ecke des Ladens, wo die ältere, rundliche Dame noch immer Tomaten durch die Hände gleiten ließ. Sie kam nach vorne und reichte Hüseyin die Tomaten, während sie mir die Hand schüttelte.

„Sie sind nicht aus Ozanköy." Nein, das bin ich nicht. Wir sprachen über das Dorf und auch über Bellapais, das Nachbardorf. Wir sprachen über das schwere Leben im Olivenhain. Sie bemängelte vieles und sagte doch, daß es viel Gutes auf dem Land gab, vor allem, wenn es Land ist, das sich im Umkreis einer Stadt befindet. Irgendwo auf dem Karpaz oder in der Mesaorya-Ebene wollte sie auch nicht gerne zu Hause sein. Dann blätterte sie ein paar Millionen Lira auf den Tisch, nahm ihre Tüten und verließ den Laden. Hüseyin klopfte mir auf die Schultern. „Hat Dich meine Tochter also angerufen. Du wolltest meine Geschichte hören?" Das wollte ich. „Ich werde sie Dir erzählen. Als Du mich vor ein paar Tagen darum gebeten hast, habe ich gesagt, daß ich Dir gerne etwas für Deine Bücher erzählen will, wenn Du mir dafür einen Gefallen tun könntest." Ja, das hat er. „Jetzt ist der Tag gekommen, an dem ich Dich um diesen Gefallen bitten werde." Ich fürchtete mich vor seiner Bitte. Die Sorge, es sei etwas, das mich beunruhigen müßte, wuchs mit dem Ende seines Satzes. In Erinnerung an Yasemin, wie sie mir erzählte, sie mache sich Gedanken wegen des Vaters, der sie nach Lefkosha mitnahm, um an der Grenzlinie an Paphos zu denken, breitete sich ein flaues Gefühl aus, das der nächste Satz sofort zu einem Gefühl des zugeschnürten Magens werden ließ.

„Du bist ein guter Freund. Du bist ein guter Freund meines Freundes Jussef und seiner Frau. Du kennst meine Tochter von früher. Ich bin alt. Es begann vor einigen Wochen. Der Arzt sagt, es sei etwas, das man nur im Krankenhaus in Lefkosha behandeln könne. Dorthin aber gehe ich nicht. Es geht meinem Ende entgegen. Ich habe Zypern anders gekannt. Und ich werde Dir nun davon erzählen, wenn Du mir versprichst auf eines zu achten: Yasemin soll den Laden übernehmen und auf der Insel bleiben. Ich brauche doch jemanden, dem ich von unten erzählen kann, daß Zypern so schön war." Ich atmete tief durch. Dann fragte ich ihn, wo wir hingehen wollten, um die Geschichte niederzuschreiben. „Versprichst Du mir, daß Yasemin hier bleibt?" Auf einmal standen dem alten Mann Tränen in den Augen. „Ich verkrafte nicht, daß meine Töchter in der Türkei sind und ich auf Zypern niemanden mehr habe. Wer soll denn zu Emines Grab gehen, wenn ich nicht mehr bin?" Ich versprach es ihm. Ich mußte es ihm versprechen.

Wir gingen in sein Haus. Er kochte Kaffee und ich nahm auf dem niedrigen Ledersofa aus den frühen siebziger Jahren Platz. Die Einrichtung war einfach und zweckmäßig. Ein Tisch, zwei Stühle, eine Schrankwand und ein Tischchen für den Fernseher und das Radio. Mehr brauchte der alte Mann in seinem Wohnzimmer nicht. Er kam mit einem Tablett wieder, reichte mir eine kleine Tasse schwarzen türkischen Kaffee, dazu ein großes Glas Wasser. Ein wenig Gebäck hatte er zuvor aus dem Laden mitgenommen. Ich fragte nach einer Steckdose, um meinen tragbaren Computer anzuschließen.

„Kannst Du nicht mehr mit der Hand schreiben?" Und ob ich das kann, nur ist es einfach leichter, gleich alles im Computer zu haben. „Zu meiner Kindheit gab es noch keine tragbaren Computer. Meine Tochter ist schon mit so etwas aufgewachsen. Na gut, wenn es Dir einen Vorteil bringt, dann tippe." Ich konnte nicht mehr tippen. Auf einmal waren alle zehn Finger blockiert. Ich mußte den innerlichen Wunsch Hüseyin achten und durfte heute nicht tippen. So packte ich den Computer wieder in meine Tasche und holte ein Notizbuch heraus.

„Nun fange an, mir zu erzählen."

„Wundere Dich aber nicht, wenn es verworren wird. Ich bin ein alter Mann geworden, ein kranker, alter Mann. Du mußt mir verzeihen, wenn ich springe, wenn Raum und Zeit in meiner Geschichte keine Beziehung zueinander haben, sondern sich vermischen."

„Hüseyin, ich weiß, daß Du ein brillanter Geschichtenerzähler warst und auch wenn Du Dich nun alt und krank fühlst, Geschichten wirst Du immer noch erzählen können. Darauf solltest Du Dich verlassen."

Hüseyin nahm in seinem alten Sessel Platz. Ein Sessel aus früheren Tagen mit einem Schafsfell über dem Rohr, damit es sich bequemer sitzen läßt. Ein Schaukelstuhl, der den alten Hüseyin sicherlich schon viele Male in Träume geschaukelt hat.

„Die Überlandbusse waren gut gefüllt. Wir Schulkinder hatten uns immer den hinteren Teil gesichert und hatten viel Spaß. Das Leben damals war nicht leicht, vor allem für uns Türken nicht. Es war eine Zeit, wo wir isoliert leben mußten. Wir warfen Papierkugeln durch den Bus, die Mädchen in den Reihen vor uns kicherten und wir alberten über sie. Die alten Männer und Frauen in den Reihen ganz vorne blickten mürrisch aus den Fenstern. Sie sahen dort Soldaten und Straßensperren, sie sahen Schilder, auf denen man lesen konnte: ‚Türken sind unser Untergang.' Wir spielten Fußball in den Hinterhöfen, mit den griechischen Kindern. Wir sprachen damals alle griechisch. Ich lernte noch auf der Schule griechisch. Meine Eltern hatten mit den Griechen noch vieles gemeinsam. Doch dann kam die schwere Zeit, die Zeit der gewaltsamen Trennung. Wir waren mit daran Schuld. Irgendwie war jeder daran schuld. Gemerkt habe ich das erst, als ich selbst im Schützengraben lag und wußte, welch riesengroße Fehler begangen wurden. Überall.

Meine Kindheit war trotz der Schwierigkeiten recht unbeschwert. Ich verstand freilich nicht, wieso meine Mutter mir immer wieder sagte, tu dies nicht, geh dort nicht hin. Die vielen Polizeibeamten und Soldaten waren für mich ein Bild des Alltags und nichts besonderes. Ich bin zu einer Zeit auf die Welt gekommen, da Zypern noch Großbritannien gehörte. Ich habe als kleines Kind diesen Krieg zwischen Griechen und Türken miterlebt - kurz nachdem die Engländer verschwunden waren. Es waren bittere Zeiten, aber es waren die Zeiten meiner Kindheit. Paphos hatte im Sommer geleuchtet, die Strände waren voll. Und doch durften wir nicht überall spielen. Unsere Eltern hatten auf einmal Bedenken, wenn wir uns zu oft mit griechischen Kindern trafen. Und irgendwann ging das gar nicht mehr. Die Griechen durften auch nicht mehr mit uns spielen. Es gab Tage, da wollte ich nur noch weg von Zypern. Und viele haben das auch getan. Sie sind nach England oder Australien. Dort, sagt man, verstehen sich Griechen und Türken. Das ist in meinen Augen der Beweis dafür, daß wir uns recht ähnlich sind. Als dann der große Krieg kam und die Türken im Norden Schutz für uns boten, kam unser ehemaliger griechischer Nachbar aus Paphos zu meinen Eltern. Ich weiß nicht, was er gerade in jener Nacht auf dieser Straße gemacht hat, aber auf einmal stand er vor meinen Eltern. Er umarmte meinen Vater und sagte: ‚Hüseyin, ich glaube, es war das letzte Mal, daß wir beide uns sehen.' Dann ist er rasch wieder in sein Auto gestiegen und Richtung Süden gefahren. Mein Vater wußte zu diesem Zeitpunkt noch nicht, daß mein älterer Bruder gefallen war. Ich war damals jung verheiratet. Mit achtzehn bereits hatte ich Emine zur Frau genommen. Es war für die ganze Familie eine Flucht quer über die Insel. Durch unsere kleine Insel. Ich litt, Emine litt. Meine Eltern litten. Ganz Zypern litt und wegen Zypern die ganze Welt. Wir alle hatten uns nicht mehr verstanden. Es war ein großes Mißtrauen überall. In Nikosia fielen die Bomben, in Larnaka hatten die Griechen Türken in einem Stadion gefangen gehalten und ein weinendes Kleinkind einer Mutter aus der Hand geschossen. Es waren die traurigsten Tage dieser Insel. Ich habe später im Laden oft mit Kunden über den Krieg gesprochen und gesagt, es wird tausend Jahre dauern, bis Zypern sich von diesem Schrecken erholt. Und doch, es war ein angekündigtes Erschrecken. Es dauerte doch schon vor dem Krieg so lange. Von nun an spielten wir nicht mehr Fußball in den Hinterhöfen von Paphos, weil wir keine Hinterhöfe mehr in Paphos hatten. Wir hatten neue Häuser, die früher einmal griechischen Bauern gehörten. Der Laden machte mir Hoffnung, er war Existenz und Sicherheit. Wir erholten uns relativ rasch von den Tagen der Dämmerung. Aber vergessen haben wir das alles nie. Die Kinder kennen das andere nicht. Ich habe sie oft mit nach Lefkosha genommen und ihnen gezeigt, wie die Fahnen drüben wehen, daß das aber nicht nur deren Land, sondern auch unseres sei und umgekehrt. Nordzypern aber ist Yasemins Heimat, ist Emines Kindheit. Zypern gibt es in ihren Augen nicht, es gibt nur Nord oder Süd. Wir haben früher in Ozanköy oft mit den anderen Männern über drüben geredet. Jussef und ich – vor allem aber ich – haben immer gemahnt, die Hetze sein zu lassen. Aber von drüben wurde ja noch viel mehr gegen uns gehetzt. Dann sind die Kinder in die Türkei. Sie hatten genug vom Zauber der Insel. Sie wollten nicht jeden Morgen die Sonne über dem Besparmak-Gebirge aufgehen sehen. Emine war die erste, die uns und Zypern verließ. Der Anwalt aus Istanbul. Ich hätte mir nie gedacht, daß sie ihn bekommt. Aber es war ihr Charme. Der Charme, den sie von ihrer Mutter hatte. Sie heiratete und war für uns hier verloren. Dann ging auch Yasemin. Sie scheiterte mit ihrem Mann in Deutschland. Wir, Emine und ich, blieben zurück mit unseren Erinnerungen, mit dem Blöken der Schafe, mit dem Duft des Olivenhains, der zwar meine sichere

247

Behausung war, aber nie so ganz meine Heimat werden konnte. Ich war ein Mensch aus der Stadt. Ich war aus Paphos und das hat sich auch die vielen Jahre über niemals geändert. Jussef hatte sich schnell an Nordzypern gewöhnt, er war politisch aktiv und hatte einen anderen Einblick. Ich war einfach zu sensibel, als daß ich mich hätte einer logischen und sicherlich richtigen Formel einfach anschließen können. Ich dachte zuerst mit dem Bauch und dann mit dem Kopf. Ich liebte die Stadt, die ich nicht mehr sehen konnte. Ist es da nicht normal, daß ich mir Hoffnungen auf eine Rückkehr machte? Aber ich wollte trotzdem, daß unser Staat anerkannt wird.

Dann starb Emine. Es war einer der Tage, an denen man nicht mit dem Schlimmsten rechnet. Die Sonne schien golden vom Himmel. Die Vögel und Zikaden sangen ihre Lieder. Wir alle waren fröhlich und es gab keinen Grund zur Sorge. Ich hatte ihr schon oft zuvor verboten, auf den Baum zu steigen. Wir waren alt. Beide. Nur gab es einen Unterschied: Ich hatte das anerkannt, Emine kämpfte dagegen. ‚Ich werde nach den Oliven sehen‘, sagte sie am Morgen und verließ den Laden. Am frühen Nachmittag kam ein Junge aus dem Dorf in meinen Laden und rief mit Tränen in den Augen: ‚Hüseyin, Hüseyin, Deine Frau liegt unter dem Olivenbaum und schläft. Aber sie schläft so tief, daß ich sie nicht wecken kann. Ich habe Angst.‘ Ich lief mit ihm sofort zu der Stelle, wo er sie gefunden hatte. Der alte Hüssein, der seine Herde gerade am selben Platz weiden ließ, kam auf mich zu, gab mir die Hand und wischte sich die Tränen aus den Augen. ‚Ich bin gerade vorbeigekommen, als ich über einen Korb stolperte. Dann sah ich Emine dort im Gras liegen. Sie muß gestürzt sein.‘ Bei ihrer Beerdigung am nächsten Tag, wußte ich, daß Emine an ihrer Eitelkeit gestorben war. Zwar war sie eine handfeste Bauersfrau, doch sie wollte nicht nachgeben und sie wollte nicht verkraften, daß mit dem Alter manche Arbeit nicht mehr erledigt werden kann. Emine, die Tochter, sie kam sofort aus Istanbul und versprach öfter nach Zypern zu kommen, als zuvor. Die ersten paar Monate tat sie das auch an Wochenenden. Dann aber wurde ihr der Flug zu teuer und zu anstrengend. Sie konnte die Kinder nicht immer mitnehmen. Sie wollte die Kinder nicht immer mitnehmen und der Vater wollte und konnte nicht sooft an Wochenenden mit den Kindern spielen. Ich sehe sie nur selten. Zwar telephonieren wir oft, aber das tröstet einen alten Vater nicht."

„Ich will Dir meine Tagebücher geben. Lasse sie in Deine Sprache übersetzen und bringe sie als ,Tagebuch wider das Vergessen' heraus, nachdem Du sie überarbeitet hast. Willst Du das machen?"

Hüseyin drückte mir ein paar zerfledderte Bücher in die Hand. Es waren seine Tagebücher. Ich nickte nur. Natürlich würde ich sie übersetzen und überarbeiten. Natürlich würde ich versuchen, sie bei einem Verlag unterzubringen. Plötzlich empfand ich eine tiefe Bewunderung für die Gewissenhaftigkeit, mit der Hüseyin sich von seiner Umgebung zu verabschieden begann. Ich spürte, daß dieser Mann mit einer seltsamen Treffsicherheit das Richtige tat.

Es klopfte an der Türe und Yasemin trat ein. Sie wirkte etwas angespannt. „Wolltest Du nicht in den Laden gehen, Vater?" Hüseyin stand auf und klopfte mir auf die Schulter. „Du weißt, worum ich Dich gebeten habe. Die Bücher überarbeiten und das zweite, Du weißt." Ich wußte. Dann verließ er langsam, schwer, aber gleichmäßig atmend das Zimmer und durch das Fenster sahen wir ihn über die Straße in Richtung seines kleinen Ladens gehen. Yasemin erzählte mir von Ankara, von all den Dingen, die sie dort erlebt hatte. Sie sprach voller Sorge über ihren Vater. Und mit einmal wurde sie leise. „Wenn ich jetzt nach London gehe – ich kann ihn doch nicht alleine lassen." Ich sah sie an und merkte, daß sie den Ernst der Lage für ihren Vater erkannt hatte. „Er will, daß ich den Laden führe. Ist das aber mein Leben? Ist es das, wovon ich geträumt habe?" Es war bestimmt nicht ihr Traum. Aber sie mußte auch daran denken, daß ihres Vaters Träume von der Politik, vom Krieg und von all den Wirren der Vergangenheit zerstört wurden.

„Ich habe schon mit Jussef geredet, er hat Verständnis dafür, daß ich nicht nach London gehe." Ich atmete innerlich auf. Es brauchte also keine Überzeugungsarbeit mehr geleistet werden. Sie wollte erst einmal hier bleiben. „London läuft mir nicht davon."

Wir tranken zusammen noch eine Tasse türkischen Kaffee und sprachen über unsere Jugend, über die erste Begegnung auf der Insel. Ich war zwanzig und sie achtzehn Jahre alt. Ich war nach Lefkosha gefahren, um im Außenministerium Kontakte zu knüpfen. Sie hatte mich damals im Bus nach Girne zurück angerempelt und so sind wir ins Gespräch gekommen. Woher? Aus Deutschland. Du? Aus Ozanköy. Studentin. Dann haben wir uns einmal noch zufällig in Ozanköy getroffen. Lange ist das her. Wir hatten die Adressen ausgetauscht und uns immer wieder getroffen, wenn ich nach Nordzypern kam. Und als sie in Deutschland lebte – später – kam sie einmal zu mir.

„Hast Du all Deine Arbeiten über Zypern schreiben können, oder ist Dir das Geld ausgegangen."

„Nein, ich habe genug geschrieben und ich habe genug Geld."

Ich versuchte in Erfahrung zu bringen, was ihrem Vater fehlte. Er sprach nicht darüber. Doch sie stellte fest, daß es ihm schwer fiel, zu essen, daß er schlecht schlief und Mühe hatte, den Weg vom Haus zu seinem Laden zu gehen. „Ich kann ihn unmöglich noch länger alleine im Laden lassen. Ich werde ihm ab jetzt helfen." Ich wußte, daß Hüseyin das gut tun würde. Er mußte seine Tochter jetzt bei sich spüren. Sie wollte von mir wissen, ob sie denn ihre Schwester anrufen sollte. Aber ich konnte ihr keinen Rat geben. Täte sie es, bereitete sie der Schwester unnötigen Kummer. Tat sie es nicht, konnte ihr vorgeworfen werden, die eigene Schwester nicht benachrichtigt zu haben.

Der Morgen glänzte frisch und wäre es Frühling gewesen, der Tau hätte auf den Pflanzen gestanden. Doch schon kurz nach ihrem Aufgang hatte die Sonne eine wärmende Kraft. Ich fuhr durch das verkarstete Land der Mesaorya-Ebene in Richtung Flughafen. Ich empfand eine Art innerer Spannung, endlich wieder Freunde von früher zu treffen. Wir waren ein seltsames Gespann gewesen. Lange habe ich sie nun nicht gesehen. Christian arbeitete als Zahnarzt in einer Münchner Praxis. Ihn – und seine Freundin Anna – traf ich relativ häufig. Er war zu einem wohlhabenden Mann geworden – unser Primus. Er hatte schon in der Schule immer die besten Noten. Michael wirkte etwas behäbiger. Ihn mußte man erst anstoßen, ehe er zu etwas zu bewegen war. So hatte ich auch Mühe, ihn zu überreden, wieder einmal nach Zypern zu reisen. Er war lieber mit dem Zelt unterwegs, doch seine Frau Melanie hatte genügend Überzeugungskraft. Michael war nach dem Studium nach Berlin gezogen, weil Melanie dort eine Stelle als Musiktherapeutin bekommen hatte. Er selbst hatte Musikwissenschaften studiert, mußte sich aber später damit zufrieden geben, einen kleinen Musikladen in Kreuzberg zu besitzen. Christian und Anna wollten die frühe Abendmaschine nehmen und hatten davor noch eine Nacht in Istanbul eingeschoben. Michael, Melanie und ihr Sohn, ein rechter Streuner, wie mir Melanie am Telephon noch erklärte, wollten am frühen Morgen ankommen.

Ich freute mich recht auf die Abwechslung, als ich meinen Wagen abschloß und mich auf den Weg zur Aussichtsterrasse auf dem Flughafen machte. Das Flugzeug hatte eine halbe Stunde Verspätung. Man sah es wie einen Silberpfeil schon ein paar Minuten vor der Landung am Horizont näherkommen. Dann richtete ich meinen Blick auf die Menschen, die aus dem Flugzeug stiegen. Türkische Geschäftsreisende, die die erste Morgenmaschine genommen hatten, um vielleicht schon am Abend nach Istanbul zurückzukehren.

Türken und Zyprioten, die Freunde und Verwandte auf Zypern oder in der Türkei besuchen wollten und besucht hatten. Und Urlauber aus Europa, die trotz des griechischen Drohens gegen jede Nordzypernreise den Schritt gewagt haben und nach Nordzypern gekommen sind.

Dann sah ich ihn. Der Rucksack aus braunem Leder hing ihm tief am Rücken, die Jeans-Jacke war zu kurz, als hätte sich seit unserer Schulzeit kaum etwas geändert. Er trug noch immer die gleichen braunen Cordhosen und die gleichen braunen Schuhe, auch die wirre Frisur hatte sich kaum verändert. Es war noch immer der alte Freund aus der Schulzeit. Doch schon als ich ihn auf seine Familie warten sah, merkte ich erste Zweifel. Er muß sich verändert haben. Melanie war eine hübsche, junge Frau, sechs oder sieben Jahre jünger als Michael. Sie hatten sich nach der Uni kennengelernt. Stefan stolperte lustlos hinter seinen Eltern drein. Ich winkte, aber die drei richteten ihren Blick geradeaus auf die Ankunftshalle und nicht nach oben auf die Terrasse.

Ich wollte für alle kochen. Ich wollte ihnen Nordzypern zeigen, es ihnen nahebringen, Michael und Christian das wieder zeigen, was sie schon einmal vor mehr als zwanzig Jahren gesehen hatten. Es gab ein kurzes Begrüßen in der Halle. Ich nahm Melanie den Koffer ab und fragte nach der Reise.

„Was machst Du so? Geht Dir die Schule denn gar nicht ab?"

Michael war neugierig auf meine Neuigkeiten. Melanie sah sich um. Das Land war karg und verbrannt.

„Du lebst wie in der Ödnis, kann das sein?" Ödnis? Ich lebte nicht wie in der Ödnis, ich lebte wie im Paradies, doch zugegeben, das konnten viele, die mich besuchten, nicht nachvollziehen. Auf der Fahrt nach Girne erzählte ich ihnen von meinen Arbeiten, dem Schreiben und all den schönen Abenden am Hafen. Stefan sah gelangweilt nach draußen, drückte die Kopfhörer seines Walkmans fest auf die Ohren und

252

sah mißmutig drein. In mir rebellierte schon nach der ersten Minuten irgend etwas: Wie soll ich Einsiedler meine Wohnung zwei Wochen mit drei anderen teilen? Ich ahnte, nach so einer langen Zeit des Alleinseins nicht mehr fähig zu sein, mein Territorium zu teilen. Michael und Melanie packten in ihrem Zimmer die Koffer aus, während Stefan durch meine Wohnung geisterte.

„Ich werde morgen Abend für uns alle kochen. Ich mache etwas wirklich Einheimisches." Die Antwort auf meine freudige Ankündigung fiel kurz und knapp aus: „Mach Dir mal nicht zu viel Arbeit." Melanie konnte sich wohl nicht vorstellen, daß ich mir keine Arbeit machte, wenn ich nach so langer Zeit wieder einmal für Freunde kochen konnte. Sie würden den Abend am Hafen von Girne zubringen und am nächsten Tag an einen Strand fahren wollen. Das waren ihre Pläne und ich war damit sehr einverstanden. Ich mußte ohnehin noch einmal nach Ercan fahren, um Christian und Ann vom Flughafen abzuholen. Über der Stadt hatte sich zur Mittagszeit eine schläfrige Ruhe ausgebreitet, eine Mittagsruhe. Viele Menschen hörten auf zu arbeiten, legten sich ein paar Stunden nieder oder gingen nach Hause, um zu essen. Die meisten Geschäfte machten für ein paar Stunden dicht. Nur die Restaurants am Hafen erlebten den ersten Höhepunkt des Tages. Stefan wollte unbedingt ein Eis haben. Ich zeigte ihm den Weg zum nächsten Supermarkt, doch der Junge traute sich freilich nicht alleine in einem fremden Land. Ich ging also mit ihm. Wir schwiegen uns an. Ich trottete neben ihm her und dachte daran, daß ich vor ein paar Jahren in Deutschland noch mit Dutzenden dieser kleinen Quälgeister gearbeitet hatte. Holt eure Hefte! Seid still! Schreibt das auf!

Am frühen Abend, als die Sonne sich zu senken begann und empfindlich gegen die dreckige Autoscheibe blendete, fuhr ich ein zweites Mal in Richtung Landesinnere. Ein weiteres Mal stand ich eine halbe Stunde auf der Terrasse oberhalb der Abflughalle. Und auch Christian und Anna blickten nicht nach oben, starrten vielmehr angestrengt nach vorne auf das Schild: „Ercan Airport". Christian hatte als Zahnarzt viel Geld verdient. Er war zu einem angesehen Mann in seinem Stadtviertel geworden. Anna half ihm in der Praxis. Er hatte mir vor ein paar Jahren aus Thailand eine Karte geschickt. Ich erinnere mich noch an den Text: „Nicht daß Du denkst, ich würde hier böse Dinge tun. Ich habe jemanden kennengelernt, der mich sicherlich davon abhalten wird." Dieser jemand war Anna, eine ruhige, aber dennoch komplizierte Frau. Sie war Luxus gewöhnt und Christian hatte sie schon darauf vorbereitet, daß es den auf Nordzypern nicht überall zu finden gibt. Sie empfing mich mit den Worten: „Grüß Dich auf Deiner staubtrocknen Insel. Hab gehört hier gibt es kaum Wasser." Nordzypern ist nicht staubtrocken. Sicherlich, wir haben Wasserprobleme, aber es ist keine staubtrockene Insel. Es ist eine wunderbare Insel. Es ist eine der schönsten Inseln überhaupt. Ich konnte es nicht ausstehen, wenn jemand mein Zypern mit negativen Attributen versah und war ein wenig gekränkt. Anna war noch nie hier und schon empfand sie Zypern als staubtrocken. Später auf der Fahrt nach Girne kamen noch weitere Dinge hinzu: heruntergekommen, vergammelt, armselig. „Dir fehlt der Blick, Anna." „Mir fehlt doch nicht der Blick, ich sage nur einfach, was ich sehe." Vielleicht hatte sie recht. Auch Christian und Anna kündigte ich an, am kommenden Abend kochen zu wollen. Auch sie mahnten mich, nicht zu viel Mühe aufzubringen, denn sie seien nicht nach Nordzypern gekommen um mir Umstände zu bereiten. Ich mußte also doch noch einmal erklären, daß ich mich seit vielen Tagen, vielleicht Wochen, auf den Besuch gefreut hatte und mir daher keine Mühe machte, wenn ich für sie und Michael, Melanie und Stefan kochte. „Dann ist es ja gut", meinte Christian.

Ich hatte unruhig geschlafen. Es muß wohl daran

gelegen haben, daß mein Haus ungewohnt lebendig war. Doch am frühen Morgen, als ich auf den Balkon trat und den Blick über die Berge genoß, da herrschte überall noch tiefe Stille. Nur die Vögel begannen ihre Lieder zu singen. Sie sangen von ihrem Leben, sie sangen von ihrer Angst, die Katzen könnten ihnen etwas antun. Sie sangen von den Winden, die sie hoch empor trugen.

Der Kaffee schmeckte heute bitterer als sonst. Ich frühstückte alleine für mich, schließlich wollte ich meine drei Gäste nicht wecken. Nur als sie um halb zehn noch immer nicht aufgestanden waren, wurde ich unruhig. Ich konnte doch nicht einfach einkaufen gehen und sie alleine in meiner Wohnung lassen. Nicht, daß ich Angst gehabt hätte, sie hätten sich an meinem Inventar vergriffen, nein vielmehr hatte ich Bedenken, daß man es mir übel nehmen würde, wenn ich einfach ginge. Du schlechter Gastgeber! Aber um zwanzig vor zehn öffnete ich vorsichtig die Eingangstüre und ging nach unten. Die Wärme des Vormittags hatte das Treppenhaus schon wieder zu einem stickig-schwülen Hexenkessel werden lassen und ich war froh, daß der Fahrtwind kühlte, als ich mit dem Rad die holprige Straße in Richtung Innenstadt fuhr. Auf dem Markt herrschte bereits geschäftiges Treiben. Ich kaufte Fisch für sechs Personen, kaufte weißen Käse, kaufte Brot, suchte mir die leuchtende Paprika, nahm mir die saftigsten Tomaten, die stattlichsten Gurken, die größten Zwiebeln und die prallsten Knoblauchknollen. Dann radelte ich weiter die Straße an der Küste entlang in Richtung Karakum, einem kleinen Dorf an der Küstenstraße in Richtung Osten. In Karakum bog ich rechts ab und radelte weiter nach Ozanköy. Ich wußte, daß Hüseyin immer frische Milch und frische Eier von den Bauern im Dorf hatte und auch die Hühner, die er anbot waren ein oder zwei Tage zuvor noch fröhlich über die Hinterhöfe stolziert. Hüseyin saß im Laden, sein Atem rasselte, als er mühevoll mit mir zu sprechen begann. Seine gesundheitliche Talfahrt war so gravierend, daß ich Herzklopfen und weiche Knie bekam. Noch vor einer Woche, als er mir seine Lebensgeschichte diktiert hatte, da war er gesünder – um einiges gesünder. Jetzt sah man ihm seine Krankheit an. Das Gesicht war aschgrau, die Wangen hingen faltig eingefallen auf dem Backenknochen und er tastete sich nur mehr Schritt für Schritt voran.

„Der Arzt gibt mir gute Medizin gegen die Schmerzen."

„Das will ich hoffen."

„Dein Besuch ist schon eingetroffen?"

„Ja, gestern sind sie gekommen. Aber als ich das Haus verließ, haben sie noch geschlafen. Wo ist Yasemin, ich dachte, sie wollte Dir helfen?"

„Sicherlich. Sie ist gerade mit dem Auto in die Stadt gefahren, um Brot und für mich Arznei zu holen."

Ich suchte mir zehn frische Eier und ließ mir einen Liter frische Milch abfüllen, legte ein frisches Huhn auf den Tisch und half dem schwachen Hüseyin dann beim Einpacken und Rechnen. Er hatte Mühe, die Zahlen zu schreiben und ich fragte ihn nach den Preisen und rechnete dann selbst. Erst als ich die Taschen auf den Gepäckträger des Rades verstauen wollte, stellte ich fest, daß ich zu viel eingekauft hatte. Hüseyin fing an zu lachen: „Ich bin zwar alt und krank, aber Du, junger Mann, bist umständlich und ein wenig verwirrt." Ich ahnte schon wieso. „Du fährst erst nach Girne auf den Markt und kaufst Gemüse, um dann die ganze Last hier raus nach Ozanköy zu schaffen, wo Du feststellen mußt, daß Du keinen Platz mehr auf Deinem Rad hast." Wenn er lachte, mußte er nach Luft ringen und sich setzen. Mein Mißgeschick und meine Schußligkeit schienen ihm große Freude zu bereiten. Noch während ich vor dem Laden versuchte, mit einem Stück Schnur, das mir der Alte gebracht hatte, die Ladung festzuzurren, kam Yasemin die Straße herunter gefahren und winkte aus dem Auto. „Was ist denn mit Dir passiert?" Mir blieb nichts anderes übrig, als ihr den Hergang meiner Tolpatschigkeit zu erzählen. Hüseyin schleppte sich mehr aus dem Laden als daß er heraus ging, lachte aber noch immer in sich hinein. „Weißt Du was, Du läßt Dein Fahrrad jetzt bei mir stehen und meine Tochter fährt Dich nach Hause." Yasemin nickte und pflichtete ihrem Vater bei. Bevor mein gesamter Einkauf, das Huhn, die Fische, die Paprika, das Obst, die Zwiebeln, die Eier, der Knoblauch, die Milch und der Joghurt im Graben landeten, wollte sie mich lieber nach Hause fahren. Ich dankte und stieg in den Wagen. Yasemin hatte von ihrer Jugendlichkeit nur wenig eingebüßt. Sie fuhr noch immer mit Ach und Krach über die holprige Straße.

„Was willst Du denn Deinen Gästen auftischen."

„Alles Einheimische, was es so gibt."

„Na dann viel Spaß beim Kochen."

Sie fragte, ob sie mir helfen solle. Erstaunt sah ich sie an. Sie vermutete wohl, daß ich mich blamieren würde, wenn ich alleine für meine Freunde koche. „Wir machen das jetzt so", unterbreitete sie mir ihren Plan, als wir in Girne waren und ich mein Haus schon sehen konnte, „ich hole Dich so gegen vier Uhr wieder bei Dir ab, dann fahren wir zu uns nach Ozanköy, trinken einen Kaffee und beratschlagen, was es zu Essen geben soll, dann nehmen wir die Dinge aus dem Laden mit, die Du vergessen hast." Dabei lachte sie kurz. Die Dinge also, die ich vergessen hatte. „Und dann fährst Du nach Hause und ich komme mit dem Wagen nach und wir kochen gemeinsam. So lerne ich beim Essen auch Deine Freunde aus Deutschland kennen." So war das also. Ich beugte mich ihrem Vorschlag, schließlich war ich ihrem Angebot nicht abgeneigt, hatte sie doch sicherlich ein bißchen recht, war doch nicht ganz auszuschließen, daß ich mich beim Kochen blamierte.

„Und was mache ich mit meinen Freunden heute nachmittag? Ich kann sie doch nicht gleich am ersten Tag irgendwo hinschicken?"

„Kannst Du doch."

Ich schloß kurz vor dem Mittagessen die Türe auf. Michael stand im Wohnzimmer und sah mich ein wenig grimmig an. „Wo warst Du denn?" Beim Einkaufen, wo soll ich schon gewesen sein. „Beim Einkaufen!" Ich hätte bevor ich ging doch etwas sagen sollen, meinte Melanie. „Ich wollte Euch nicht wecken." Ob ich noch nichts davon gehört hätte, einen Zettel zu hinterlassen. „Ein Mann, der alleine lebt, ist es nicht gewöhnt, Zettel zu hinterlassen, wenn er das Haus verläßt." Die erste Ungereimtheit also. Sie wußten nicht wo ich war, trauten sich nicht, sich in der Wohnung zu bedienen, machten nur Kaffee und nahmen sich etwas Obst. Stefan spielte an meinem Computer. Ich ließ ihn, obwohl es mir nicht sonderlich gefiel. Meine Entschuldigung wurde angenommen. Ich schlug vor, gemeinsam mit Christian und Anna zu Mittag am Hafen zu essen. „Ich will an den Strand!" Stefan meldete sich hinter dem Bildschirm. „Und dann fahre ich Euch zusammen mit Christian und Anna an den Strand und kümmere mich um das Essen." Als ich ihnen über den Balkon hinweg zeigte, wo der Strand war, wollten sie sich zwar nicht fahren lassen – so ein kleines Stück kann man doch auch zu Fuß gehen –, waren aber einverstanden, als ich ihnen erklärte, daß ich ihnen dankbar wäre, wenn sie am frühen Abend zu Fuß zurückgingen.

Wir nahmen in einem der kleinen Hafenlokale Platz. Die Sonne stach jetzt unangenehm heiß vom Himmel und ich fühlte mich überfordert. Zwar hämmerten mir tausend Fragen an meine Freunde im Kopf, doch nahm ich ständig mit stündlich wachsender Besorgnis zur Kenntnis, daß meine Freunde sich sehr von mir distanziert hatten. Sie sprachen von ihrem geregelten Einkommen, von ihrer Arbeit, vom Tag für Tag zu einer Arbeit gehen. Ich war das alles nicht mehr gewohnt. Ich ließ mir die Sonne auf den Kopf scheinen und verbrachte ruhige Tage auf meiner Insel. Ich verbrachte diese Tage fast wie ein Rentner und das in einem Alter, wo viele andere gerade erst die zweite Hürde auf der Karriereleiter genommen haben.

Die Boote im Hafen schaukelten hin und her. Die Ruhe und Gelassenheit am Hafen von Kyrenia war verführerisch und ich konnte mich nicht des Eindrucks erwehren, es war für mich der einzige Ort, wo ich leben konnte und wollte. Meine Heimat in Deutschland hatte ich eingetauscht gegen diese Insel. Vielleicht bin ich Christian und Michael auch deshalb ein wenig fremd geworden. Sie schlangen ihr Essen in sich hinein, wollten so schnell wie möglich an den Strand. Stefan war unzufrieden, ihm fehlte die Abwechslung hier auf Nordzypern, das hatte der Junge schon nach ein paar Stunden festgestellt – und wahrlich für das Kind war es kein schöner Urlaub. Anna schwieg. Sie fügte nur an, daß sie sich das Hotel einiges luxuriöser vorgestellt hätte. Michael und Christian machten die gleichen Witze wie früher und ich bemühte mich, immer noch darüber lachen zu können. Vural, ein Fischer aus Çatalköy lief den Hafen entlang. Er grüßte mich flüchtig. „Hast Du Besuch?" „Deutsche Freunde." „Komm doch einmal zu mir in mein Lokal nach Çatalköy!" „Werde ich machen." Melanie wollte wissen, was ich auf türkisch sagte, und ich faßte das Gespräch noch einmal zusammen, während ich den Duft des modrigen türkischen Kaffees atmete.

Am Strand lagen nur wenige Urlauber. Nordzypern war kein Land für Urlauber aus Europa. Es war überhaupt kein Land, in dem man nur Badeurlaub machte. Stefan fing an, am Strand zu spielen, während sich die Erwachsenen auf rostigen Liegen niederlegten und sich die Nachmittagssonne auf den Bauch brennen ließen. Ich fuhr zurück in meine Wohnung. Die nachmittägliche Ruhe lag noch immer über den Häusern. Das Flimmern auf der Straße, das Zirpen der Zikaden und das allgemeine geistige Schleifenlassen ließen bei mir mediterrane Lebensweise aufkommen. Ich legte mich in den Schaukelstuhl auf meinem Balkon und starrte in Richtung Zeytinlik, dem nächsten Dorf. Nur dessen Moschee ragte malerisch in den Himmel.

Von der Stadt her kam ein Auto herauf. Es zog auf der nur spärlich geteerten Straße eine Staubwolke hinter sich her. Yasemin hupte kurz und ich kam auf die Straße hinunter.

„Hüseyin hat sich schlafen gelegt. Es geht ihm gar nicht gut."

„Du mußt ihm helfen, die letzte Zeit so angenehm wie möglich zu verbringen."

„Ich bewundere meinen Vater, weil er so deutlich sagt: Ich bin am Ende meines Weges."

„Wahrscheinlich werde ich seinen Lebensweg in einen Roman einbauen, so wie er es sich wünscht."

Ein Konvoi Militärlastwagen schleppte sich die Küstenstraße entlang, hin zur nächsten Kaserne. Nordzypern war durchzogen von Kasernen und militärischen Sperrgebieten. Nur mühsam konnten die Autos überholen, zu lang war der Konvoi und zu dicht der Gegenverkehr. Yasemin war schon etwas gereizt, als wir um zwanzig nach vier endlich an der Abzweigung nach Ozanköy angekommen waren. In den Berghängen konnte man die Abtei von Bellapais thronen sehen. Sie stand da als Festung einer anderen Zeit, die durch die Jahre gegangen war, ohne merklich zu altern. Sicher, es fehlte an allen Ecken und Enden, Steine waren herausgebrochen, den Torbögen hatte der Zahn der Zeit im Laufe vieler Jahrhunderte übel mitgespielt und die oberen Räume waren ganz verschwunden. Doch seit meiner Kindheit hat sich die beigefarbene Abtei von Bellapais kaum verändert. Sie blieb ein Ort der Ruhe. Im Garten der Abtei befand sich noch immer das Restaurant „Kybele", eines der malerischsten Gartenlokale, das ich kannte, und ich hatte auf langen Reisen durch Frankreich, Spanien, Nordafrika, die arabische Halbinsel und Südostasien viele Gartenlokale kennengelernt. Die beiden schönsten allerdings gab es auf Nordzypern. Das „Kybele" im schattigen Garten der Abtei von Bellapais, umgeben von unzähligen Blumen und blühenden Sträuchern, und das „Set Italyan" in einem Hinterhof eines alten

Anwesens in Girne. Beide Restaurants hatten eine völlig andere Athmosphäre und beides waren doch Lokale, die man nicht wegen des Essens besuchte. Vom Balkon des „Kybele" aus hatte man einen wundervollen Blick über die Küste und konnte in der Ferne Girnes wuchtige Festungsmauer erkennen. Ozanköy war von hier aus gut zu sehen. Es lag direkt unterhalb der Abtei. Seine Häuser blitzten als weiße und graue Punkte im Olivenhain hervor. Immer wenn ich in diesem Garten saß oder im Kaffeehaus auf dem Vorplatz der Abtei, wurde ich unweigerlich an meine Kindheit und Jugend erinnert. Oft saß ich dort, wenn wir zusammen unsere Ferien hier verbrachten, meist mit meinen Eltern, später dann auch mit Freunden. Nie mit meiner Frau.

Yasemin blickte mich fragend an, als wir vor dem Supermarkt parkten. „Träumst Du?" „Nein." Sie stieg schwungvoll aus dem Auto. Sie wirkte, trotz aller Sorgen um ihren Vater, fröhlich und so belebend lebendig. Wir gingen ins Haus. Sie sah nach Hüseyin, der auf seinem Bett lag und an die Decke starrte. „Vater, hör doch wenigstens Musik!" „Ich höre Musik. Ich höre die Musik meiner Tage. Ich sehe den Film meiner Vergangenheit." Er hatte kein Fieber, er war bei vollem Verstand. Er rekonstruierte sein Leben. Er versuchte, Tag für Tag, Monat für Monat aneinanderzufügen und in seine Erinnerung zurückzuführen. Gute Tage seiner Kindheit, ausgelassenes Feiern in den Tavernen, zusammen mit den Griechen. Schlechte Tage seiner Jugend, Kämpfe in den Bergen, Flucht. Bessere Tage mit seiner Frau, die Töchter Emine und Yasemin wuchsen wohlbehütet im Olivenhain auf. Schmerzlicher die Tage als die Kinder groß sind, Emine heiratet und die Insel verläßt, Yasemin nach Deutschland geht und dort nicht glücklich ist. Frohe Tage als Großvater, als Emine mit den kleinen Kindern mehrmals im Jahr nach Zypern kommt. Die bitterste Zeit, als die Frau stirbt, weil sie vom Ehrgeiz besessen, die Oliven ernten will. Danach lebte er ein monotones Leben. Es war weder ein besonders glückliches – seine Frau war tot, seine Töchter im Ausland –, doch war sein Leben auch nicht sonderlich schmerzlich, er hatte Freunde. Jussef und seine Frau kümmerten sich sehr um ihn. Er hatte Zeit, in seinem Laden mit den Menschen aus Ozanköy Gespräche zu führen. Er hatte gelernt, die im Alter erhaltene Weisheit auszunutzen. Er blickte fröhlich auf ein erfülltes Leben zurück, auch wenn eines immer wie ein dunkler Schatten über ihm blieb: der Verlust seiner Heimat.

Yasemin machte uns schnell einen Kaffee. Sie fragte mich nach meinem Besuch. „Freust Du Dich?" Sicherlich freute ich mich, Menschen meiner eigenen Vergangenheit an einem Ort wiederzusehen, den ich für mich beanspruchte. Und zusätzlich war es auch eine Erinnerung an eine Reise in unserer Jugend. Aber der Blick in meine Vergangenheit war ein anderer als der Blick Hüseyins, der im Nebenzimmer auf sein Leben starrte und binnen weniger Tage die Freude am Leben fast verloren hatte. „Hat er große Schmerzen?" „Nein, der Doktor kommt jeden Tag und gibt ihm Arznei."

Ich fahre mit dem Rad zurück. Meine Gedanken bewegen sich fort: Was willst du auf Nordzypern noch erreichen? Wohin soll dein Weg führen? Ich kann doch nicht ewiger Wanderer sein, der einmal in der Woche von Ozanköy nach Bellapais hinaufwandert und das seinen Lebensinhalt nennt? Sicher, die drei, vier Monate, die ich im Winter in Deutschland zubrachte, sie waren Abwechslung, auch die Vorträge, die ich dort über Zypern hielt. Doch war es nicht immer dasselbe: „Zypern, die unlösbare Krise." „Zypern, der vergessene Konflikt", „Zypern. Trauminsel und Krisenherd." Ich hatte zwar viel mit meinen Büchern zu tun, aber sie erfüllten nicht mehr mein Leben. Ich schrieb seit acht Jahren an einem Roman, dessen erste Seite alleine Buchstärke haben könnte, hätte ich alle Varianten aufgehoben. Vielleicht sollte ich die Insel verlassen und an einem anderen Ort versuchen, Fuß zu fassen. Doch gab es außer Nordzypern keinen anderen Ort, an dem ich zu dieser Zeit leben wollte.

Als ich mit dem Rad die von Schlaglöchern zerfressene Straße zu meinem Haus einbog, überholte mich Yasemin mit dem Auto und hupte kurz. Sie empfing mich lächelnd vor meiner eigenen Wohnung. Wie konnte sie so fröhlich sein, angesichts der Tatsache, daß ihr Vater im Sterben lag? Gleichwohl mich diese Frage bewegte und ich Yasemin für diese Einstellung bewunderte, ich konnte sie nicht fragen, woher sie diese Fröhlichkeit nahm.

Gurken. Tomaten. Zwiebeln. Joghurt, kleingehackter Knoblauch. Die Küche sah aus, als hätte ein Koch nach einem winzigen Ding in seiner Küche gesucht, und sei es nur eine ganz bestimmte Rosine, die er verloren hatte – und auf der Suche danach war sein eigener Appetit mit ihm durchgegangen. Doch am Ende hatten wir siebenundzwanzig einheimische Speisen fabriziert, die wir nun auf dem Tisch anordneten. Auf Zypern ißt man von vielen kleinen Tellern etwas. Etwas Bohnen, etwas Käse, ein paar Oliven, ein paar Teigröllchen, ein wenig gegrilltes Huhn, ein paar Sardinen und so weiter. Yasemin kam mir in die Küche entgegen und sang ein altes türkisches Kinderlied. Ich mußte sie etwas erstaunt angesehen haben, sonst hätte sie nicht damit angefangen:

„Du fragst Dich bestimmt, wieso ich trotzdem noch so lachen kann."

„Das ist wahr. Ich habe mich das schon vorher gefragt."

„Mein Vater wird nicht mehr lange leben, aber er nimmt mit einer Würde Abschied, die ich in einem solchen Maße bewundere, daß ich es nicht mehr schaffe, Trauer zu empfinden."

„Es ist ja auch wahr. Man sollte doch nicht mit dem Sterbenden über dessen Tod trauern, wenn man auch die Möglichkeit hat, ihm die letzte Zeit angenehmer zu gestalten."

Es war also die Anerkennung seiner Würde. Ich erinnerte mich an viele Gespräche mit Jussef, der immer wieder über Hüseyin als einen sehr überlegten Mann sprach. „Wir hätten so einen in der Politik gebraucht. Ehrlich und moralisch." Nur gut, daß Hüseyin niemals in die Politik gegangen ist, sondern ein einfacher Mann blieb, einer, der in seinem Laden hinter dem blauen Tisch stand und für jeden da war, auch wenn er nichts kaufen wollte, sondern nur über irgendein Problem reden wollte. Jussef hatte das immer bewundert, daß ein Mann derartig viel Anerkennung bekommen konnte, obwohl er keine großartigen politischen Leistungen vollbrachte und niemals vollbringen wollte. Jussef war eben durch und durch Politiker geworden, jedenfalls was das angeht.

Voller Erstaunen obgrund des zusätzlichen Besuchs nahmen Christian und Anna am Tisch Platz. Sie waren schon um halb sieben vom Strand aufgebrochen und in ihr Hotel gegangen. Michael und Melanie und Stefan kamen erst kurz vor acht. Melanie bat um Verzeihung, sie wären am Strand eingeschlafen. Yasemin beäugte die Gäste neugierig und wurde selbst neugierig begutachtet. Melanie bat mich, vor dem Essen noch schnell duschen zu können. Ich schaltete kurz den Fernseher ein. In den zypriotischen Nachrichten drehte sich alles um den einen Grenzzwischenfall, der ein paar Tage zuvor politische Spannungen auf der Insel hervorgerufen hatte.
Ein griechischer Schäfer war in den türkischen Norden gegangen, weil er nicht genau wußte, wo die Pufferzone endete. Er ließ friedlich dort seine Herde weiden. Ein türkischer Schäfer, der in unmittelbarer Nähe stand, kam auf den griechischen Kollegen zu. Anstatt sich aber zu beschimpfen, wie es auf Zypern unter den Herrschenden üblich war, begrüßten sich die beiden freundlich. Sie unterhielten sich. Sie sprachen auf englisch, denn griechisch hatte der Türke nicht mehr gekonnt, obgleich er in seinen jungen Tagen noch die andere Seite hatte kennen lernen können. Der griechische Schäfer sprach freilich

auch kein türkisch. Trotzdem verstanden sie sich, sprachen über ihre beiden Hunde, über die Hitze in der Ebene. Dann sah man in der Ferne Staub aufwirbeln. Der griechische Zypriot fragte den türkischen ob er schon in türkischem Gebiet sei. Der meinte, daß das so sei, aber nichts ausmache, weil er ja schließlich dabei sei und doch einjeder sehen konnte wie friedlich beide waren. Der aufgewirbelte Staub kam näher und entpuppte sich als Patroullie der Vereinten Nationen. Zwei Blauhelme stiegen aus, begrüßten die beiden Schäfer, sprachen kurz mit ihnen, ließen sie dann aber gewähren. Ein türkischer Militärposten beobachtete das und kam auf die beiden zu. Er mahnte den griechischen Zyprioten, doch das Land zu verlassen. Die beiden Türken gerieten sich in die Haare. Der Soldat vom Festland erklärte, er habe strikte Anweisungen, die Grenze zu schützen, der türkischzypriotische Schäfer erklärte seinerseits, er habe die Aufgabe, für Frieden auf der Insel zu sorgen – und dazu gehöre das freundschaftliche Gespräch mit den Nachbarn. Die drei wurden von einem griechischen Grenzposten beobachtet. Zwei griechischzypriotische Soldaten liefen auf die Stelle zu und wiesen den griechischen Zyprioten an, die Pufferzone umgehend zu verlassen. Zyperns Norden sei türkisch besetzt und man habe sich aus dem feindlichen Norden fernzuhalten. Der griechische Schäfer protestierte. Er spuckte auf den ausgedörrten Boden und lief wütend in Richtung Süden, nicht aber ohne vorher seinem Kollegen gedankt zu haben, sich für ihn eingesetzt zu haben. Die vier Soldaten waren sich aber mittlerweile lautstark in die Haare gekommen, daß mehrere andere Soldaten beider Seiten auf die Szene zuliefen. Ein griechischer Soldat gab dabei Warnschüsse ab und traf eines der Schafe des türkischen Schäfers. Der griechische Schäfer war zurückgekehrt, wollte er doch schlichten. Mit erhobenen Händen kam er auf die Gruppe Soldaten zu und beteuerte auf englisch seinen Willen zur Verhinderung weiterer Gewalt. Ein griechischer Soldat schrie auf griechisch: „Da wird kein englisch gesprochen." Dabei zeigte er auf das türkische Gegenüber. Als die Männer anfingen, handgreiflich zu werden, stieß der griechische Soldat den griechischen Schäfer beiseite, so daß dieser fiel. Der Soldat selbst kam zu Fall, stürzte mit seinem Gewehr in der Hand auf den Schäfer und brach ihm den Oberschenkel. Am Tag darauf konnte man in den Zeitungen Südzyperns lesen, daß etliche türkische Soldaten in der Pufferzone einen griechischen Hirten angegriffen hätten, ihn verletzt hätten und daß griechische Grenzposten zwar einen Schußwechsel riskierten, aber der Lage Herr wurden. Noch am selben Tag protestierte der Hirte, der im Krankenhaus in Nikosia lag, wo er sich nach der Operation erholte, gegen diese offizielle Darstellung. Sie sei falsch und unerträglich erlogen. Die türkische Seite protestierte ebenfalls. Der Schäfer sprach in der Presse davon, daß von seinem erschossenen Schaf nie die Rede gewesen sei in den griechischen Medien, daß der Warnschuß des zyperngriechischen Soldaten aber auch hätte einen Menschen treffen können, schlechtestensfalls sogar den Landsmann, der sich friedlich unterhalten hatte. Der türkische Schäfer erklärte, als er ein paar Tage später von einem Fernsehteam bei der Arbeit besucht wurde, die Konsequenz dieses ärgerlichen Vorfalls sei, die griechischen Kollegen werde er seit diesem Zeitpunkt immer fortschicken, wenn sie sich in die Pufferzone verirren und das alleine zu deren eigenem Schutz.

Die große Politik hatte einen Vorfall gefunden, aus dem man ein neues Drama konstruieren konnte.

Melanie kam mit feuchten Haaren an den Tisch, bat um Verzeihung und blickte auf den brechend vollen Tisch. Wir sprachen über früher, über die Zeit unserer Jugend. Es war das einzige, was wir noch gemeinsam hatten, die Zeit unserer Jugend. Die längst vergangenen Schultage waren das Thema unseres Gespräches. Doch konnten weder Melanie noch Anna mitreden, auch Yasemin war unbeteiligt. Melanie lachte verschmitzt und wollte wissen, wie wir denn zueinander stünden,

Yasemin und ich. Sie verstand nicht sofort, was Melanie gemeint hatte, schließlich war sie längere Zeit nicht mehr in
Deutschland gewesen und hatte dort auch niemals perfekt
deutsch gelernt. Das muß der Grund gewesen sein, wieso sie
erst einmal erstaunt fragte: „Wie hast du das gemeint?" Ich
erklärte es ihr auf türkisch und Yasemin lachte. „Wir kennen
uns auch aus unserer Jugend – so wie ihr." „Wo hast Du denn
so gut deutsch gelernt?" „Ich habe in Deutschland gelebt." Die
drei Damen verstanden sich recht gut. Der Abend wurde ver-
gnüglich. Wir drei wärmten die alten Geschichten wieder auf,
lachten über die gleichen Albernheiten wie früher. Und, ohne
daß ich hier eine klassische Rollenteilung erwarte, ich war den
Damen zutiefst dankbar, daß sie sich in die Küche verzogen
und abspülten, aber sie hatten über unsere Witze ohnehin nicht
lachen können, und ich alleine wäre niemals mit dem Berg an
Geschirr fertig geworden. So flossen im Wohnzimmer Cognac
und Wein, während die Damen sich nach getaner Arbeit auf
dem Balkon mit einer Flasche Likör belohnten. Michael erzählte von seinen Eindrücken von Nordzypern von vor zwanzig
Jahren, als wir zu dritt hier waren. Es waren ganz andere als
heute. „Wir hatten uns Räder ausgeliehen und sind die Küstenstraße entlang gefahren. Es war heiß und der Linksverkehr war
fremd." Christian unterbrach ihn. „Und er war schon damals so
verliebt in diese Insel." „Kein Wunder, daß er keine Frau bekommen hat, war doch Zypern sein ein und alles." „Wolltest
Du eigentlich niemals heiraten?" Ich wollte, oh doch. In
Deutschland. Aber ich wollte nicht mehr, seit ich gegangen
war. Denn ich wußte, daß ich eine Frau heiraten wollte, der ich
dieses Land zeigen konnte. Ich mußte mir Zypern als meine
Insel aufheben. Hätte ich hier geheiratet, wäre es ihre Insel
gewesen und nicht die meinige. „Ihr wißt sehr gut, daß ich
heiraten wollte." „Wir wissen, aber ich nehme an, Du willst
nicht darüber reden." In meinem Kopf rasten Bilder. Ein Lastwagen, der Lastwagen. Er fuhr und kam nicht zum Stehen. Ich

bremste. Wieder, wie damals. Ich schrie. Sie schrie. Wir
schrien. Das Quietschen. Es war auch acht Jahre danach unerträglich. Ich wollte danach nicht mehr in der gleichen Wohnung leben, im gleichen Ort. Meine Flucht führte mich nach
Zypern. „Denkst Du noch oft an sie?" Was für eine Frage!
Jedes Mal, wenn ich in Girne am Markt einkaufe, denke ich,
ginge sie mit mir, würden wir später gemeinsam kochen. Jedes
Mal, wenn ich nach Bellapais wandere, wünschte ich, sie würde mit mir wandern. Jedes Mal, wenn ich alleine vor den Ruinen des antiken Salamis stehe und auf das Meer hinausstarre,
denke ich, würden wir gemeinsam starren, unsere Gedanken
wären dieselben. So aber enden meine Gedanken alle mit dem
schrecklichen Bild der quietschenden Reifen auf der regennassen Fahrbahn.

Die Zikaden zirpten. Die Vögel pfiffen ihre Lieder.
Die Sonne strahlte schon munter vom Himmel. Es war später
als sonst. Ich war es nicht gewohnt, so spät aufzustehen. Wie
waren Christian und Anna ins Hotel gekommen? Ich hatte
nicht zuviel getrunken. Ich war nur einfach zu müde geworden
und eingeschlafen. Schlaftrunken taumelte ich in die Küche.
Da stand Yasemin und hielt mir lächelnd eine Tasse Kaffee
hin. Und alles was ich herausbrachte war: „Du?" Ja, sie. „Setz
Dich." Sie hatte um drei Uhr morgens Christian und Anna ins
Hotel gebracht, als sie selbst nach Hause fahren wollte. Dann
aber hatte sie festgestellt, daß sie ihre Tasche vergessen hatte
und war nochmal zurückgekehrt. Michael hatte ihr aufgemacht,
als sie leise geklopft hatte. Als sie gesehen hatte, daß ich auf
den Eßtisch gestützt eingeschlafen war, das Geschirr in der
Küche noch immer nicht ganz bewältigt war, machte sie sich
daran, die Spülmaschine noch einmal zu füllen. „Warum weiß
ich nicht. Irgendwie war ich ganz aufgekrazt. Michael hat sich
schlafen gelegt. Du hast auch geschlafen, Melanie war schon
länger weg und ich habe gespült. Dann bin ich auch einge-

schlafen."

Du bist also eingeschlafen. Ich war es gewohnt, alleine zu leben und mit einem Mal hatte ich die ganze Wohnung voller Menschen.

Die frühen Sonnenstrahlen glänzten in den Fensterscheiben und ließen dort Staubfahrer sichtbar werden. Ich war nunmal ein Schriftsteller und Historiker, aber kein Putzmann. Ich nahm die Tasse Kaffee und trank einen Schluck. „Was machen wir heute mit ihnen?" Du fragst mich, was wir mit ihnen machen? Ich verstand die Welt nicht mehr. Yasemin, eben habe ich sie noch kaum gekannt, wir hatten uns lange nicht gesehen und schon fragt sie mich, was wir mit meinen Freunden machen. Nicht, daß mir das unangenehm gewesen wäre, nein, ganz im Gegenteil, aber ich war es nicht mehr gewohnt. Ich war im Laufe der Zeit zu einem Einsiedler geworden, der Felsen im Meer wußte, auf die er sich retten konnte, wenn ihm die Weite des Meeres zu endlos erschien. Aber diese Felsen waren unbewohnbar. Es waren zum Teil glitschige Steine. Hüseyin war ein flacher, warmer Felsen, aber wohnen wollte ich auf diesem Felsen nicht. Ebenso war es mit allen anderen, dem Felsen Jussefs, mit dem Felsen Emines. Und bis vor ein paar Tagen war der Stein Yasemins, der da im Meer schwimmt auch nichts weiter als ein Stein im weiten Wasser. Aber seit gestern schien er sich zu verwandeln. Er wurde langsam zu einer Insel, zu einer kleinen, aber freundlichen Insel. „Wir fahren nach Bellapais, würde ich sagen." „Na, dann kannst Du meine Hilfe ja gut gebrauchen, schließlich packst Du sie nicht alle in Deinen Wagen." Da hast Du recht.

Ich schickte Yasemin ins Dome Hotel, um Christian und Anna abzuholen und nahm Michael und Melanie und Stefan selbst im Auto mit. Der Junge spielte am Autoradio wie es vor vielen Jahren sein Vater schon getan hatte. Kein Radioapparat, keine Stereoanlage war vor Michael seinerzeit sicher. Ich lachte und sagte, daß mich Stefan sehr an Michael erinnerte. „Stimmt", gab mir Melanie recht. Michael starrte aus dem Fenster. Er bemerkte, daß sich nicht viel verändert habe im Laufe der Zeit. Das meiste ist noch beim Alten geblieben. „Stimmt", gab diesmal ich ihm recht. „Wir fahren noch schnell nach Ozanköy, weil Yasemin nach dem alten Hüseyin sehen will. Ihr Vater ist schwer krank."

Als wir in den Olivenhain hineinfuhren, war es fast Mittag und die Sonne stand hoch am Himmel. Yasemin und Christian und Anna waren schon da. Hüseyin saß auf seinem Sessel vor der Haustüre. „Den Laden habe ich nicht aufgesperrt." Es war ihm zu anstrengend. Mit einem Lächeln sah er die deutschen Freunde an, die ich ihm ins Haus gebracht hatte. „Bietet ihnen doch Kaffee und Gebäck an!" Wir nahmen am großen Tisch Platz und der alte Hüseyin forderte Christian und Michael auf, doch zu erzählen. „Erzählt mir von Deutschland." Yasemin und ich übersetzten abwechselnd ins Türkische.

„Die Herbststürme sind oft bitter kalt. Dann hängt tiefer Nebel über den Tälern. Die Stadt ist grau und trüb. Die Menschen hetzen über die Plätze."

„Das Leben im Sommer ist froh und frei wie hier. An den Seen und in den Freibädern herrscht Hochbetrieb. Dann ist es fast ein wenig wie hier."

„Erzählt mir vom Winter. Von den Wintern mit Schnee!"

„Im Winter liegt der Schnee auf den Straßen. Die Autos kommen kaum noch vorwärts. Die Äste an den Bäumen biegen sich, so schwer ist die weiße Last. Dann spazieren die Menschen über die Weihnachtsmärkte und der Schnee knirscht unter ihren Füßen. Es ist die Zeit der Kachelöfen, des Tees und der stillen Musik."

„Erzählt mir von den großen Städten bei Euch in Deutschland!"

„München ist eine wunderbare Stadt. Ruhig und trotzdem voller Moderne."

„Berlin ist eine weltoffene Stadt. Hier gibt es jede Art von Mensch."

„Yasemin, hörst Du, ich darf auch noch Deutschland kennenlernen, bevor ich Zypern verlasse. Erzählt mir von den Zügen, den Bahnhöfen. Das haben wir hier auf Zypern nicht!"

„Auf den großen Bahnhöfen herrscht immer geschäftiges Treiben. Die Eisenbahnen donnern und tosen über die Schienen und sie geben beim Fahren ein ganz sonderbares Geräusch von sich, daß eben nur Eisenbahnen von sich geben, wenn sie über die Schienen rattern."

Nachdem wir Kaffee getrunken und das Gebäck aufgegessen hatten, das Yasemin aus dem Laden geholt hatte, brachen wir auf, um zu Fuß das letzte Stück nach Bellapais zu wandern. Yasemin bat uns, am späten Nachmittag wieder vorbeizukommen, denn sie wolle uns zum Abendessen einladen. Melanie und Ann lehnten ab. Sie solle sich doch nicht so viel Arbeit machen, aber Yasemin lachte kurz hell auf; freundlich, aber bestimmt meinte sie dann: „Ich habe in Deutschland gelebt, ihr sagt immer, man soll sich keine Mühe machen und doch liebt ihr es wie wir, wenn man sich für Gäste Mühe macht." Stefan hatte Gefallen an dem Olivenhain gefunden. Er spielte mit dem Hund des alten Hussein, der an irgendeinem Baum in der Nähe gelehnt auf seine Herde aufpasste. Es war also wieder der Herbst gekommen, hatte Hussein seinen Hund doch wieder mit dabei im Hain.

Michael und Christian richteten ihren Protest ebenfalls an Yasemin: „Wir würden gerne, aber denke an Deinen kranken Vater." Dein kranker Vater, dachte ich bei mir, braucht nichts mehr, als das Leben und dazu Menschen um sich, die er mag. Und so wie seine kranken Augen bei den Geschichten aus Deutschland noch einmal leuchteten, konnte er die Gäste nur mögen. Er hatte sich an Photos erinnert, die ihm Yasemin von Deutschland gezeigt hatte. Die Geschichten aus der Fremde

271

hatten ihn fasziniert und er wollte beim Abendessen sicher noch mehr davon hören.

Wir zogen also zu Fuß los in Richtung Bellapais. Hier auf diesem Weg von Ozanköy nach Bellapais entstand mein Roman, dessen erste Seiten so verschieden waren, daß ich mich niemals gewagt hatte, eine zweite zu schreiben – seit acht Jahren nicht. Seit acht Jahren gab es nur erste Seiten. Und jedes Mal endete diese erste Seite, wie ich sie nicht enden lassen wollte, lassen konnte und lassen durfte: mit einem Quietschen der Bremsen und der nassen Fahrbahn und einem Lastwagen. Ich hatte Kurzgeschichten veröffentlicht, hatte mich dabei ganz der Materie hingeben können, sei dies Zypern, der Orient oder das Leben im Islam gewesen, nie aber konnte ich in diesem Romananfang auf das Bild verzichten, das mir noch nach etlichen Jahren einen schrecklichen Schauer den Rücken hinunterlaufen ließ.

In Bellapais wurden wir von den einladenden Tischen des Kaffeehauses begrüßt. Direkt an der Straße, die hinunter ins Tal führte, vor dem großen Platz am Eingang der Abtei lag dieses Kaffeehaus. Es war schlichtweg *das* Kaffeehaus, so wie die Palme, die einsam an der Küstenstraße stand, auch einfach *die* Palme war. Ich hatte furchtbaren Durst und schlug den anderen vor, den Besuch der Abtei zu verschieben und zuerst etwas zu trinken. Wieder kamen die Erinnerungen an früher auf. „Genauso wie damals. Wir haben das Wasser nur so hinuntergeschüttet." Und tatsächlich, in Bellapais war die Zeit stehengeblieben. Ich hatte nie aufgehört, diesen Ort zu besuchen, ich hätte also auch die Veränderungen nicht so wahrgenommen wie einer, der nach vielen Jahren wiederkam, aber ich konnte nie große Veränderungen feststellen. Der alte Mann, der schon zu meiner Jugend das Kaffeehaus betrieben hatte, damals wohl Ende fünfzig, war heute Mitte achtzig und schleppte noch immer das hölzerne Tablett mit der Insel Zypern darauf zu den Tischen, fragte noch immer, ob man noch etwas haben wolle und konnte noch immer so fröhlich lachen. Auch er trug den Namen Recep. Er war eine Instanz, er war was Hüseyin in Ozanköy war, ein Ort der Ruhe und der Zuflucht. Wir tranken unser Wasser und dann fiel Christian der Unterschied auf. „Nicht nur, daß wir um gut zwanzig Jahre Älter geworden sind, erinnerst Du Dich noch an das Mineralwasser?" Mühsam erinnerten sich Michael und ich daran, daß das Wasser damals in einem dicken Kugelglas war und der Kaffeehausbesitzer frische Zitronen ausgepresst dazugegeben hatte. Heute waren die frischen Zitronen verschwunden, stattdessen wurden kleine Flaschen serviert, die der Mann auf den Tisch stellte. Darauf stand: „Mit Zitronengeschmack." Die frischen Zitronen sind also in die Flaschen gewandert und schmecken dort eher wie Waschmittel als wie frische Zitronen. Das war die Entwicklung in Bellapais. Kaum neue Häuser, nur wenig andere Menschen, kein anderes Leben, der immer während Trott. Ein würdiges Schleichen durch ein Leben das an anderer Stelle pulsierte. Fernab von computergesteuerter Hektik lebten die Menschen hier in stoischer Gelassenheit, Tag für Tag. Aber eben mit Zitronensaftkonzentrat. Melanie und Anna waren sofort hellauf begeistert von Bellapais. Und auch Stefan, von dem ich befürchtete, er würde sich auf Zypern sehr schnell langweilen, war beschäftigt. Er kletterte auf den Turm, der ehemals Teil der gesamten Abtei war, und winkte uns zu. Wir blieben unter dem Baum des Müßiggangs sitzen. Die Sage hatte ich schon hundertmal erzählt. Christian und Michael lachten. „Vielleicht erreichen Dich ja bald Berichte darüber, daß wir nicht mehr arbeiten, sondern nur noch faul sind, so wie Du." So wie ich? War ich faul? In ihren Augen sicherlich und ich konnte das nachvollziehen. Was war aus mir geworden? Ich hatte doch früher gekämpft, war lautstark für Dinge eingetreten, angeeckt, hatte viel auf mich genommen. Aber ich wollte nicht mehr, seit das Quietschen meiner Bremsen mich zu einem Versager machte und ich mich schuldig fühlte. Ich konnte seitdem auch nicht mehr richtig Schriftsteller sein wie ich es einmal war. Ich konnte noch arbeiten, aber nicht mehr frei. Zyperns Geschichte war mir Ausflucht geworden, die Jugendlichen in der Schule in Girne, denen ich die Grundlagen unserer Sprache vermittelte, lenkten mich von der Erinnerung ab, doch sie kehrte immer wieder zurück, wenn ich in Bellapais Ruhe fand, und faul war, wie sie es nennen wollen. „Ich bin nicht faul, ich habe mein Leben der Geschwindigkeit hier auf Nordzypern angepaßt." „Das ist wahr", entschuldigte Christian sich fast für den Vorwurf, ich sei faul. Doch hatte er ja nicht ganz unrecht. Lange Zeit hetzte ich von einem Termin zum anderen, schrieb an zwei Büchern gleichzeitig, machte dies und das. Aber ich hatte dafür keine Kraft mehr. Es fehlte der Wille zu schreiben.

Der Abend bei Yasemin wurde lang. Bis spät in die Nacht hatten wir im Olivenhain gesessen und uns über die Dinge des Lebens unterhalten. Hüseyin war irgendwann aufgestanden und hatte sich niedergelegt. Yasemin bedankte sich beim Gehen. Ich fragte erstaunt, wieso sie sich bedankte. „Ihr habt Hüseyin einen der letzten schönen Abende beschert." Dafür nahm ich den Dank an. Sonst aber war ich ihr dankbar, sie war nämlich mit der Grund, warum ich wieder zu schreiben beginnen wollte, obgleich ich das nicht merkte. Sie nahm Christian und Anna im Auto mit nach Girne in ihr Hotel. Die beiden drehten noch eine Runde am alten Hafen. Michael und Melanie schliefen schon, als ich mich auf den Balkon setzte, ein Bündel Papier, ein paar leere Blätter und einen Stift in meiner Hand. Dann begann ich zu lesen.

„Version zweihundertvier. Der Tag im Leben kommt und geht. Es glüht die Sonne unaufhörlich. Es dreht sich unsere Erde unaufhörlich. Immer fort. Seit Menschengedenken. Früher, als man noch nicht ahnte, daß Autos den Pulsschlag unserer Zeit erhöhen, Flugzeuge den Raum überbrücken und Medizin das Leben verlängern konnte, waren das Zentrum der

Menschheit die Sahara, der Orient, nicht etwa – wie heute – Amerika, Europa oder Japan. Es waren die Wüsten auf der arabischen Halbinsel, die große Sahara und der Sinai, die Ufer des Nils, die Flüsse Euphrat und Tigris, der Jordan. Dort hatte sich die gleiche Form des menschlichen Lebens auch am längsten erhalten können. Die Beduinen lebten hier vor vielen hundert Jahren nur wenig anders als heute. Die Tage vergingen und die Welt wurde verändert und alleine der Mensch trägt diese Veränderungen. Er alleine. Nur wir Menschen haben Atomkraftwerke gebaut. Nur wir Menschen haben die Gewässer mit Pestiziden verschmutzt. Nur wir. Wir alleine. Das Leben spielt eine große Rolle auf unserem Planeten. Es spielt die größte Rolle überhaupt. Es ist der einzige Planet, den wir Menschen kennen, auf dem es Leben gibt. Und irgendwo auf diesem riesigen Ball voller Leben sind wir Menschen. Jeder an einem anderen Ort, weit verstreut. Jeder kennt einen kleinen Haufen. Ein paar andere. Nur eine Handvoll. Niemand kennt jeden und wenn jemand von jedem gekannt wird, dann wird doch nur seine Fassade gekannt, sein Bild. Den amerikanischen Präsidenten zum Beispiel kennt kaum einer, obgleich einjeder ihn kennt. Also: einjeder hat seinen Platz auf dieser wundervollen Erde, wo das Leben die größte Rolle spielt, irgendwo. Ich zum Beispiel finde mich wieder auf Nordzypern, einem Landstrich, winzig klein verglichen mit all den Ländern auf der Erde. Aber für mich groß genug, um noch immer nicht alles gesehen zu haben. Die Rastlosigkeit treibt mich aber fort. Sie schlägt Wellen und stößt mich aufs offene Meer hinaus. Noch finde ich mich auf Nordzypern, morgen schon könnte ich anderswo sein. Es ist immer ein Wandern, ein Suchen, ein Fliehen vor dem schleichenden Alltag. Es gab deutsche Tage in meinem Leben auf unserem Planeten. Es gab aber auch die zypriotischen Tage. Und es wird die marrokanischen Tage geben, die polnischen vielleicht auch, möglich die indischen, hoffentlich die in der Südsee. Wir sollten alle wandern, wir sollten auf unserem Planeten umherziehen, die kalten Winter-tage in Sibirien erleben, um uns umso mehr über den ewigen Sommer in der Südsee freuen zu können. Ich hetzte durch die Welt ohne Eile. Der Weg das Ziel, sagt man und doch ist auch das Ziel ein Ziel, aber eben nur ein Teil von sich selbst, denn auch der Weg, es stimmt schon, ist Ziel. Das Leben würde sich besser schützen vor den eigenen Dummheiten, die wir Men-schen mit unserer Umwelt anstellen, wenn wir alle wanderten. Würde jeder Industrielle mit der Bahn ein halbes Jahr durch Indien reisen, er würde ein anderer Mensch, ein bedächtiger Industrieller. Als ich jung war, bin ich einmal für drei Tage nach Nordzypern gereist. Freitag mit der Mittagssmaschine nach Istanbul, vier Stunden auf dem Flughafen. Dort schrieb ich einige Briefe, ein paar Seiten eines Romans, dann weiter nach Nikosia. Es war später Abend als wir in Ercan landeten. Aber ich war wieder unterwegs, ich war wieder zu Hause in einem Land, das nicht mein Zuhause war und es doch war. Schon immer und nie. Am nächsten Tag – dem Samstag folg-lich – radelte ich nach Bellapais – davon werde ich noch schreiben. Ich strampelte wie ein Wilder um zu sehen, was ich tausendmal schon sah und viele Male noch sehen wollte und immer wieder neu sah, mit anderen Augen, mit älteren Augen. Ich kannte diesen Ort mit kindlichen Augen, mit jugendlichen Augen und nun mit erwachsenen. Ich setzte mich alleine ins Dorfcafé, trank eine Cola und dachte, ließ meine Blicke über den Horizont schweifen und war einfach nur dem Alltag ein paar Stunden enteilt und dann begann ich zu phantasieren: Was, wenn dieses Bellapais hinter meiner Wohnung wäre? Es war eine schaurige Phantasie, denn Bellapais hätte sein Wun-der verloren, seine Ruhe. Es wäre zum Alltag geworden, dem ich hier – und nur ein paar Mal im Jahr, vielleicht gar nur ein-mal – entfliehen konnte. Ich schrieb und die Männer im Kaf-feehaus sahen mich an. Einer fragte, was schreibst Du da? Ich schreibe, damit ich zu Hause schreiben kann, damit ich zu

Hause die Bilder wieder klarer sehe. Aber umso näher ein Besuch in Bellapais war, umso schwacher war das Bild. Dürstete ich nach einem Wiedersehen, wurden die Bilder stärker, farbenfroher und verklärter. Ich reiste doch nur deshalb für drei Tage nach Hause um von zu Hause auszubrechen und mir Bilder ins Gedächtnis zu rufen, die mich erinnerten an viele bekannte Dinge, die ich immer wieder erlebt hatte und als etwas Besonderes erlebt hatte. Am letzten Tag, also dem Sonntag, drang ich ein ins Leben der Hauptstadt Nikosia, der geteilten Stadt. Für mich gehörten die Grenzzäune zum Leben in dieser Stadt, waren ein Teil, auch wenn ich genau wußte, daß das niemals so sein durfte, daß unnatürliche Spaltung als natürlich angesehen wurde. Aber es war nun mal so, ich kannte nichts anderes. Für mich war Nordnikosia ein orientalischer Schmelztigel. Es war die wundervollste Mischung aus Orient und Europa. Ich konnte mich hier wohlfühlen. Und ich tat es. Am Montagmorgen um viertel vor sechs ging meine Maschine wieder Richtung Istanbul und um zehn Uhr vormittags fiel ich in München todmüde in mein Bett. Ich war zu Hause. Kurz aber intensiv. Ich war wieder da. Ich war wieder unterwegs.

So reiste ich immer. Nie lange an einem Ort. Fort und weiter. Alles sehen und aufsaugen. Ich brauche die Stille und Ruhe. Aber ich brauche sie nur einen Moment. Dann weiter. Als Jugendlicher raste ich in einer Woche fünftausend Kilometer durch Frankreich und Spanien, die Schweiz und ein kleines Stück Italien. Ich war unterwegs, der Weg war das Ziel, das Ziel war nicht Ziel genug. Und wenn jeder so reist, wenn jeder die Dinge sieht, die andere tun, wenn jeder erlebt, wie die Menschen anderswo leben, dann wird man vieles verstehen."

Die Nacht verging. Ich war übermüdet, aber ich schrieb. Gegen drei Uhr morgens habe ich meinen tragbaren Computer geholt und getippt. Ich habe Version zweihundertvier zum Leben erblühen lassen, ich habe einfach den Schluß gestrichen, ich habe einfach angesetzt bei: „Und wenn jeder so reist, wenn jeder die Dinge sieht, die andere tun, wenn jeder erlebt, wie die Menschen anderswo leben, dann wird man vieles verstehen." Ich konnte mich nicht mehr halten vor schreiben. Ich habe eine Figur geschaffen, einen Weltreisenden, ein ich, das ich nicht war und ich doch sein konnte, eine Figur, die wie ich durch das Leben stolperte von Erfolg zu Mißerfolg und umgekehrt, doch war es nicht ich. Ich verlegte den Schauplatz der Handlung. Ich wollte mich endlich entfernen von Nordzypern. Ich ließ die Figur reisen. Es war eine jugendliche Figur in diesem *Ich* und doch eine ältere. Ich ließ sie Reportagen schreiben über das Reisen und ich ließ sie am Ende tragisch abtreten, mußte doch das Quietschen der Reifen in irgendeiner Form doch wieder auftauchen und war es in der Art eines bitteren Kugelhagels. Die Welt ist voller Spannungen und ließ die Figur von Nummer zweihundertvier auch von meinem Zypern träumen, vorbeikommen durfte sie nie. Am frühen Morgen war der Roman fertig. Nicht fertig getippt, aber in meinem Kopf war er vollkommen fertig.

Ich fiel in mein Bett, als die ersten Sonnenstrahlen den neuen Tag ankündigten. Ich wollte nach Güzelyurt fahren, ich wollte mit ihnen nach Güzelyurt fahren. Und ich wußte, daß alles Wehren nichts half, ich mußte, trotz irgendwelcher innerer Ängste, wieder Yasemin anrufen und sie bitten, mitzukommen. Um neun Uhr stand ich nach dreieinhalb Stunden Schlaf gerädert auf und betrat das Bad. Vor dem Spiegel stehend blickte ich mich an: „Du hast wieder geschrieben" sagte das eine Gesicht zu seinem Abbild und fragte mich sogleich, woher der Elan kam, eine Nacht zu tippen, zu notieren, zu schreiben. Es war doch ein fremdes Gefühl gewesen, acht Jahre lang, nie mehr als eine Seite, und plötzlich vierzehn fertig getippte Seiten einer Jugenderinnerung, einer Figur und einer Handlung. Vierzehn getippte Seiten und vierzig weitere im Kopf, ausgemalt und farbenfroh. Ich ahnte woher der Elan kam und wehrte mich nicht länger dagegen. Nach dem Frühstück rief ich bei

Yasemin an. Sie war einverstanden. Sie habe Jussefs Frau gebeten, den Laden für einen Tag zu übernehmen und die sei gerne bereit gewesen. Du hast genügend Leute, die Dir helfen. Du bist immer fröhlich, ich immer betrübt, obgleich ich niemals einen Grund dazu hatte.

Anna und Christian wollten bei Yasemin mitfahren, Melanie und Michael und Stefan stiegen zu mir in den Wagen. Ich war müde und fühlte mich geschlaucht. Wir fuhren schweigend dahin, bis Michael nachhakte: „Warum bist Du so still?" Ich war still, weil ich mit mir selbst haderte, mir selbst dauernd Fragen stellen mußte.

„Ich bin müde, ich habe die ganze Nacht über gearbeitet."

„Hast Du wieder geschrieben?"

„Ja, das erste mal seit acht Jahren habe ich wieder richtig geschrieben."

Die Orangenplantagen lagen vor uns wie ein grünes Band. Melanie war begeistert. Sie verstand, warum ich hier leben wollte, und ich war sicher, daß sie nichts verstand und keine Ahnung hatte, warum ich hier lebte und wie ich hier lebte und seit wann ich hier lebte, auch wenn sie wußte, seit wann ich hier richtig lebte.

Wir standen auf der Bühne des Amphitheaters, Yasemin und ich, die anderen saßen auf dem weiten Rund und blickten uns an. „Spielt etwas! Spielt!" riefen sie. Und wir begannen zu spielen.

„Ich bin von weit her gereist, um Euch zu berichten von dem törichten Ansinnen der Perser, meine Liebste."

„Werter Krieger! Tapferer Meister! Sei versichert, nichts wird unser Reich erschüttern, auch nicht die Kriegeslust der Perser."

„Aber, meine Teuerste, sie haben ihre Reiterscharen versammelt und ziehen nun über die Lande. Sie drängen den Euphrat hinauf, kämpfen sich durch die Wüsten ans Meer.

Alexandria haben sie erobert und dort warten ihre Schiffe."

„Ihre Schiffe sollen kommen, sie werden an den Ufern Zyperns zerbersten!"

„Zyperns Küste ist nicht wild, sie ist sanft und lieblich. Sie werden nicht zerbersten."

„Oh, sie werden, sie werden, weil die Küste sanft und lieblich ist, genau deshalb."

„Meine Verehrte, ich kann Dir nicht folgen, bin ich doch Krieger und kenne ich das Gesetz des Krieges auch zu genau, das der Liebe ist mir fremd."

„Mein lieber, laß die Perser nur kommen, vertraue mir, sie werden uns und unserer Insel keinen Schaden zufügen."

„Ihr beliebt mir Angst zu machen, daß all mein Wissen über den Krieg umsonst sein könnte, daß all meine Theorie verfliegt, wenn die Schönheit der Insel die Perser blendet."

„Wie meine Schönheit Euch geblendet hat, wird die Schönheit der Insel die Perser blenden."

Spontaner Applaus von den Rängen. Unsere fünf Zuschauer waren begeistert, wenn auch keiner so genau wußte, welche historische Epoche wir spielten, welch historisches Ereignis wir zum besten gaben. Noch lange aber klang in mir Yasemins letzter Satz nach. Wie meine Schönheit Euch geblendet hat – wie deine Schönheit mich geblendet hat. Die Insel fing an, Konturen anzunehmen. Palmen wuchsen am sandigen Strand, ein paar Orangenbäume, Aprikosen, ein wilder Bach, ein kleiner Hügel – das Paradies?

Die Heimfahrt über drehte ich mein Radio laut auf. Ich hatte eine Kassette eingelegt, die schon früher in meiner Jugend alle Lieblingslieder enthielt. Michael und Christian waren diesmal im Auto, während die Damen und Stefan mit Yasemin zurückfuhren. Wir sangen laut mit, wenn wieder einer der bekannten Refrains gespielt wurde. Erinnert ihr euch noch an das und jenes. Wir erinnerten uns an fast alles. Die Zeit war vergangen.

Und erst dieser Besuch machte mir bewußt, daß ich viel versäumt hatte, auch wenn es mir nie aufgefallen war. Aus meinem großen Freundeskreis war ein kleiner, sehr kleiner geworden – und selbst meine beiden besten Freunde hatte ich ewig nicht gesehen. Als ich sie am Flughafen abgeholt hatte, die einen am Morgen, die anderen am Abend, hatte ich schon Angst, wir hätten uns alle so verändert, daß wir uns nicht mehr verstehen würden. Doch im Grunde sind wir alle gleich geblieben. Genauso wie im Grunde Zypern gleich geblieben ist.

Als ich die Tür zu meiner Wohnung aufmachte, hörte ich schon das Telephon klingeln. Es klingelte selten, viele Freunde hatte ich hier auf Zypern ja nicht – und mit meinen Freunden in Deutschland hielt ich lieber Briefkontakt. Irgend etwas an diesem klingelnden Telephon hatte mich an diesem Abend schon gestört. Stefan rief: „Das Telephon!" Ich hob ab. Es war Jussef. Er war ruhig und besonnen, doch wußte ich, ohne daß er einen Ton gesagt hätte, was der Grund für seinen Anruf war. So ließ ich ihn gar nicht erst zu Wort kommen. „Yasemin hat noch schnell zwei meiner Freunde nach Girne gefahren und kommt dann gleich nach Ozanköy." „Sie wird dort bald wieder aufbrechen müssen. Hüseyin ist vor einer halben Stunde ins Krankenhaus gebracht worden. Es geht ihm gar nicht gut."

Ich war unhöflich zu Michael und Melanie. „Nehmt Euch was zu essen oder geht essen, ich muß zu Hüseyin", habe ich gesagt, ehe ich ohne zu denken aus dem Haus gestürzt bin. Ich kannte den alten Mann nicht gut, aber ich kannte ihn gut genug, um ihm die Ehre zu erweisen, ihn noch einmal besuchen zu wollen. Wie es der Zufall so wollte, hatte Yasemin noch eine Weile mit Christian und Anna geplaudert, denn sie fuhr direkt vor mir die Ausfallstraße entlang. Ich hupte und winkte. Sie hielt und stieg aus. Ihre Fröhlichkeit war mit einem Mal gewichen. Sie wußte, daß meine Signale Signale waren, die mit ihrem Vater in Verbindung standen. Wir kamen gemeinsam ins Krankenzimmer. Der Alte lag alleine in einem kahlen Raum.

Eine Infusion stand am Kopfende seines Bettes. Noch ehe wir mit ihm sprechen konnten, zog uns ein Arzt aus dem Zimmer. „Sie sind die Kinder, nehme ich an?" Yasemin ist die Tochter. Ich bin nur ein Freund. Du bist die Tochter. Ich bin nur ein Bekannter. „Es ist nichts mehr zu machen. Wir haben alles versucht, aber es geht zuende." Yasemin sagte, daß sie das geahnt habe. „Sterbende lassen wir immer in einem eigenen Zimmer in Ruhe sterben", sagte der Arzt und bat uns, bei Hüseyin zu bleiben. Als er uns erkannte, versuchte er sich, aufzurichten, war aber zu schwach. Er begann mühevoll zu sprechen. „Es freut mich, daß ihr gekommen seit. Und es freut mich viel mehr, daß ihr zu zweit und gemeinsam gekommen seit. Yasemin, meine Tochter, Du erinnerst Dich, was ich zu Dir gesagt habe. Vergiß es nicht. Das Leben ist so kurz, man darf keinen Tag verschwenden. Tue die Dinge wie ich Dir gesagt habe und Du wirst nichts falsch machen. Und Du mein Freund, erinnerst Du Dich daran, was ich vor ein paar Wochen sagte?" Ich erinnerte mich sehr wohl. „Ich sehe, meine Bitte hast Du schon ein wenig befolgt. Ruft Emine, meine Tochter, an, sie möge zu meiner Beerdigung kommen, sie möge von Euch vernehmen, was ich Euch jetzt sage. Ich habe ein schweres Leben gehabt. Zypern ist in meiner Jugend geteilt worden. Ich habe den Krieg miterlebt, mitgekämpft. Yasemin, Du und Deine Schwester, Ihr habt Emines und meinem Leben viel Inhalt gegeben. Wir haben immer versucht, Euch das beste zu geben. Ich hoffe, wir haben es geschafft. Sagt Emine, ich bin stolz auf sie. Ich werde jetzt zu Emine, meiner Frau, kehren und wir werden uns irgendwo im Nirgendwo begegnen. Denkt daran, daß Zypern eines Tages wieder eine Insel sein wird. Und dann, geht nach Paphos, ihr beide, nehmt Euch an der Hand und schaut auf das Meer hinaus und denkt an die letzten Worte des alten Hüseyin: Nur die einfachen Dinge sind die Säulen unseres Glücks." Er bat Yasemin um ein Glas Wasser, trank, stellte es beiseite, nahm uns beide an der Hand und lachte ein letztes Mal. Als er für immer die Augen verschließ, sahen wir uns an, lange und gerührt. Wir konnten nicht trauern. Wir konnten nur tiefe Bewunderung empfinden für diesen einfachen Mann. Vor dem Zimmer empfing uns der Arzt, er hatte selbst Tränen in den Augen. Schweigend gingen wir an ihm vorüber und gingen hinaus. Vor dem Krankenhaus blieben wir wie angewurzelt stehen. Es wurde allmählich Abend. Die Sonne begann sich zu senken. Wir sahen uns an. Yasemin liefen die Tränen über das immer lachende Gesicht. Ich setzte mich schweigend neben sie in ihren Wagen und sie fuhr los. Wir konnten nicht vor dem Krankenhaus bleiben. Hüseyin lag noch immer auf dem Bett im Krankenhaus von Girne. Er lag da, war nicht mehr Hüseyin, sondern nur noch ein lebloser Körper und doch war es der des alten Hüseyin, dessen Einfachheit gerade seine Würde und Größe ausmachte. Yasemin parkte den Wagen vor dem Supermarkt, Jussefs Frau stürzte aus dem Laden. Sie weinte laut auf und umarmte Yasemin. Jussef kam aus seinem Haus und unterdrückte die Tränen. „Er war der letzte wahre Zypriote in diesem Dorf." Yasemin rief bei ihrer Schwester in Istanbul an und überbrachte ihr die Nachricht. Emine versprach am nächsten Tag nach Zypern zu fliegen. Ich saß auf dem Sessel in Hüseyins Wohnung und starrte ins Leere. Ich erinnerte mich an den vierzehnten August, wie ich durch den Hain wanderte. Da war Yasemin gerade aus der Türkei zurückgekehrt. Hüseyin war krank, aber er war so voller Lebensfreude und gleichzeitiger Melancholie, daß einem der Verstand versagte. Yasemin kam zu mir und sagte: „Laß uns ein Stück gehen, ich muß gehen, laufen, rennen." Draußen im Olivenhain kehrte die Ruhe des Abends ein. Sie sah mich an, fragend, verständnisvoll und ohne Zweifel, daß Hüseyin in Würde gestorben war. Es hatte sich alles angekündigt, kam nicht plötzlich wie bei Emine. Es war sein Wille. Er hatte ausgehalten, bis er uns zusammen am Krankenbett gesehen hatte. Wir nahmen uns an der Hand und gingen den Weg nach Bellapais hinauf. „Was hat er denn zu Dir gesagt, weil er meinte, Du sollst alles machen, wie er es Dir geraten habe." Sie sollte den Laden übernehmen, das war sein größter Wunsch gewesen. Sie sollte zu Hause auf Zypern bleiben und dort eine Familie gründen. Sie sollte nicht fort. „Ich werde auch hier bleiben. Und was hat er Dich gebeten?" Mich bat er auf dich aufzupassen. Aber ich glaube, du passt eher auf mich auf. Er bat mich, dich auf der Insel zu halten. „Hüseyin wollte, daß ich dafür sorgte, daß Du Zypern nicht verläßt." Yasemin blieb stehen – genau vor einem der wenigen wilden Mandarinenbäume, zog mich zu sich heran. „Wenn Du Zypern auch nicht verläßt, bleibe ich. Ich kann alleine nicht den Laden übernehmen." Wir werden den Laden gemeinsam übernehmen. Der gewissenhafte Abschied Hüseyin machte seinen Tod so unnatürlich verständlich, daß wir nicht von der sonst so üblichen Unfaßbarkeit gepackt wurden, sondern von dem Gefühl, einfach nur auf einen Menschen verzichten zu müssen, der immer weiterlebt, wenn auch nur in Erinnerungen.

Der nächste Morgen war geprägt von stiller Trauer meiner Freunde, vom Entsetzen darüber, während ihres Urlaubs einen Todesfall beklagen zu müssen. Ganz und gar verständnislos zeigten sie sich, daß ich meinen türkischzypriotischen Freund, der mein Vater hätte sein können, nicht beweinte, sondern bewunderte. Nach islamischer Tradition wurde Hüseyin schon am Tag nach seinem Tod begraben. Emine war am frühen Morgen aus Istanbul angereist, ihr Mann und die Kinder wollten am Wochenende nachkommen. Emine bedauerte, daß sie ihren Vater nicht mehr sehen konnte, bevor er starb. Sie war völlig aufgelöst, hatte nichts, aber auch gar nichts von Yasemins Schwermut, der ihre Fröhlichkeit seit dem Vortag Platz gemacht hatte. Emine, die mir immer als couragierte Frau beschrieben wurde, war ein Bündel, ein weinendes Elend. Sie saß auf Hüseyins Bett und ließ ihrer Trauer freien Lauf. Ich verließ das Haus, ging ein wenig im Olivenhain von

Ozanköy spazieren. Ich wollte nicht länger an Hüseyin erinnert werden, wie man ihn jetzt sah. Einzig Yasemins und Jussefs Verhalten wurden ihm gerecht. All die anderen glorifizierten den alten Mann, aber auf eine Art und Weise, die nichts mit dem zurückgezogenen Wesen Hüseyins zu tun hatte. Emine klagte laut, daß sie sich Vorwürfe mache, sich zu wenig um ihren Vater gekümmert zu haben. Diese Vorwürfe kamen ihr jetzt in den Sinn! Hüseyin aber hatte seine Freunde, auf Zypern, auf seiner Insel. Er hatte Jussef und seine Frau, seit ein paar Wochen Yasemin. Er war beliebt in Ozanköy. Und daß der ganze Ort auf den Beinen war, als er begraben wurde, zeigte das.

Die Zeit verging. Noch ein paar schöne Tage habe ich mit meinen Freunden verbracht. Ausflüge nach Lefkosha, wo die Grenzmauern die Teilung Zyperns zementieren, wo ich mich nie dem Gefühl wehren kann, diese Grenzmauern gehörten einfach zu Zypern dazu. Lefkosha war der Orient Zyperns. Es war das Türkische an Nordzypern. Die kleinen Rohre, die vor den Restaurants in den Himmel deuteten und den würzigen Rauch der Kebap-Grills in der Stadt verteilten, sie waren Boten der Türkei, ebenso die bärtigen Händler am Straßenrand, wie sie ihre Waren anpreisen. Ich konnte es mir nicht klarmachen, aber das wahre Zypern war Lefkosha nicht, nicht seine Innenstadt und doch war nichts *mehr* Zypern als Lefkosha. Entlang der letzten Straße, die Mauer, die Flaggen der Türkei und Nordzyperns. Dahinter das Weiß-Blau und Orange-Grün, der griechische Süden, fremd und doch so nah. Lange war ich nicht drüben, die Politik verbietet mir das, die Entscheidung auf Zypern heißt: entweder oder. Ich konnte mich nicht gegen meine Freunde entscheiden, auch wenn international immer der anderen Seite recht gegeben wird. Wer in Lefkosha nicht den Konflikt spürt, muß blind sein, taub und stumm. Nese Yasin, eine türkischzypriotische Dichterin schrieb: „Man soll seine

Heimat lieben, so sagte immer mein Vater. Meine Heimat ist in zwei geteilt. Welchen Teil soll ich lieben?" Der Stacheldraht verschleiert in Lefkosha den Blick auf die andere Seite und doch dringen unaufhörlich, Tag für Tag, die Stimmen von drüben herüber: Das Glockenläuten, die Stimmen der Menschen auf den Straßen, es muß dort auch Leben geben, im Norden wissen wir das. Nur umgekehrt, habe ich früher oft gehört, war man sich über den Norden Zyperns nicht so sicher. Hüseyin wußte nicht, welchen Teil seiner Heimat er lieben sollte. Ozanköy war seine Heimat geworden, Paphos war es die meiste Zeit nicht mehr. Christian und Michael blickten ehrfürchtig auf die andere Seite und fragten nach der Sinnlosigkeit. Die Sinnlosigkeit dieses Konfliktes ist nicht mehr erforschbar, das habe ich einmal geschrieben, sagte ich ihnen. Der Sinn dieses Konfliktes liegt alleine darin, allen Seiten die Möglichkeit zu bieten, eigene Fehler nicht mehr eingestehen zu müssen. Sei es in Athen, in Ankara, Washington oder Brüssel. Melanie hatte eingeworfen, an einem so schönen Tag nicht über Politik reden zu wollen und Yasemin lief zur Grenze, um noch einmal an das Gespräch mit ihrem Vater erinnert zu werden. Es war Hüseyins letzter Besuch der Hauptstadt gewesen. Stefan wollte sich dies und jenes in der Markthalle kaufen, wurde aber von seiner Mutter gebremst, wie das nunmal so ist. Ich erinnerte mich an früher, wo ich mir aus Nordzypern immer Berge von billiger Schokolade mitnahm, die keiner mochte, die niemandem schmeckte – außer mir. Es war Nordzyperns billige Antwort auf Englands Cadbury's, aber es war die beste Antwort die ich in meiner Jugend kannte. Noch heute trieben meine Gedanken fort, wenn ich mich ganz dem Genuß dieser einfachen, billigen Schokolade hingab, die einfach ein Stück Nordzypern war, auch in Deutschland. Und war dort der Vorrat aufgebraucht, war es an der Zeit, sich wieder auf den Weg zu machen, Nordzypern zu besuchen. Wir hatten in jenem Garten gesessen, dessen Mauer die Sicht versperrte, denn auf der anderen Seite lag der Süden. Es war der Garten eines anatolischen Restaurants und ich hatte immer ein wenig ein schlechtes Gewissen, wenn ich dort aß, war es doch nicht mehr Zypern, war es doch die Türkei, der ich in diesem Garten begegnete. Mußte ich aber immer der Realität aus dem Wege gehen? Nordzypern war im Laufe der vielen Jahre so geworden wie es ist und ich kannte meine Freunde, sie waren Zyprioten und Türken, wir sprachen über Teilung und Frieden und Zukunft.

Ich war mit Michael und Christian aber auch nach Famagusta gefahren, ins Zentrum der Vergangenheit Zyperns ... schrieb weiter an meinem Roman. Am selben Abend als wir das antike Salamis besuchten, über die Ruinen wanderten, ließ ich in meinem Roman alte Schulfreunde im Amphitheater spielen, so wie Yasemin und ich im Theater von Soli etwas vorspielten.

Die Tage wurden kürzer. Ich fuhr oder radelte jeden Morgen nach Ozanköy in den Hain und half Yasemin im Laden. Du hattest auch gar nicht mehr das Verlangen, nach London zu gehen. Lange hatte ich Schwierigkeiten, mir klar darüber zu werden, daß mein Leben jetzt neben der Schreiberei und dem Lehren an der Hochschule in Girne auch mit Fladenbrot, Tee, Großmarkthalle und Fischmarkt zu tun hatte. Der Herbst im Olivenhain machte mich froh, die alljährliche Herbsttristesse blieb aus. Am Hafen in Girne konnte man beobachten, daß viele Segeljachten die Insel verließen. Die reichen Deutschen und Briten, Schweizer und Amerikaner verließen Zypern, um während der Wintermonate weiter südlicher, in Ägypten, am Roten Meer – oder sonst wo – Sonne zu finden. Mit einem kitschigen Sonnenuntergang gedachte ich meinen Roman zu beschließen. Ließ es aber sein. Der Kitsch würde nicht so recht zu dieser Insel passen, wo nichts zu dick aufgetragen wird – sieht man von der Kichererbsenpaste einmal ab, die sich die Zyprioten zentimeterdick aufs Weißbrot streichen. Ich liebte es, wenn in Hüseyins Garten das Feuer knisterte und wir grillten. Irgendwo bellten dann die Hunde. Und am Morgen, laut und doch kein bißchen aufdränglich, weckte der Muezzin aus einem sanften Schlaf. Emine kam mit ihrer ganzen Familie im Herbst für eine Woche. Ich lernte endlich den einflußreichen Rechtsanwalt kennen, von dem mir Yasemin erzählt hatte. Meine Schüler in der Hochschule wollten wissen, wie es in Deutschland aussah, was man dort tat, wie man lebte und ich merkte, daß ich das nicht wußte. Nicht mehr. In mir lebten die Erinnerungen an ein Deutschland meiner Jugend und früherer Tage. Aber die drei Monate, die ich im Jahr dort verbrachte, ließen mich nicht wieder sofort heimisch werden.

Im November, als es bereits merklich kühler wurde, wanderten wir noch einmal nach Bellapais, nahmen unter der Pergula im Vorhof der Abtei Platz und ließen uns türkischen Kaffee bringen. Schweigend starrten wir stundenlang auf die beige glänzende Abtei, die in der Abendsonne der Zeit trotzte. Die alten Männer saßen zum Tavlaspiel zusammen. Wer nicht spielte, sah zu. Die Zeit war eine Zeit, eine nicht endende. Würdevolles Altern, im Schatten alter Bäume, neben einer zeitlosen Abtei. Die alten Männer und Frauen waren mit der Grund, warum Bellapais so wunderbar und einzigartig war. Die jungen Kinder spielten im Vorhof mit einem Ball. Obwohl sie tollten und laut sangen, niemand störte sich daran. Eine Erinnerung an Deutschland war das Ärgernis, als Kind nie tun zu dürfen, worauf man Lust hatte, gab es doch immer Erwachsene, die sich in ihrer Ruhe gestört fühlten. Hier in Bellapais wurden die Wichtigkeiten auf Fundamentales beschränkt. Alle Kleinigkeiten, die wir als so tragisch erachten, auf ihr wahrliches Ausmaß zurückgestutzt. Ich sah Yasemin an. Sie sah mich an und ein kurzes Flackern in ihren Augen gab mir die Gewißheit, sie werde Zypern nicht verlassen. Hüseyin konnte mit Ruhe und der nötigen Ehre seine Insel nun aus einer anderen Sicht erleben, wenn das möglich war. Ich zweifelte, aber ich wußte, daß wir ihm, als es noch am Leben war, das Gefühl gegeben haben, alles werde sein, wie er es bestimmte und sich wünschte. Und daß es tatsächlich so war und so kam, ist zum größten Teil eine Beruhigung unseres Gewissens. Hätten wir nicht beide getan, worum Hüseyin bat, wir hätten beide nicht mehr glücklich werden können, waren wir es so doch umso mehr. In Bellapais konnte man für einen Kaffee und ein Glas Wasser Stunden Zeit haben. Man konnte dasitzen und warten, warten auf den Ruf des Muezzins, warten auf das leise Pianospiel im Saal der Abtei, auf das Plätschern des Wassers aus dem Gartenschlauch, mit dem die Blumen gegossen wurden. Der freundliche Recep reichte Kekse und Erdnüsse, sprach die Urlauber an, machte Späße mit den Alten, spielte selbst eine Runde Tavla. Dann, als fast alle Urlauber, die nur einmal nach Ballapais kommen um sich die Abtei anzusehen, gegangen waren und nur noch die zwei, drei Männer da saßen, die immer in seinem Kaffeehaus sitzen, Zeitung lesen oder über Politik reden, da setzte er sich auf einen der Stühle und nickte ein. Mit dem Kopf an die Wand seines Hauses gelehnt, schlief er. Er hatte Zeit. Viel Zeit. Sollen die anderen doch die große Politik machen, Bellapais hatte daran kein Interesse, so jedenfalls konnte man den Eindruck haben. Es war ein versöhnter Friede, der dieses Dorf einlullte. Es war etwas Paradiesisches, das aber auch trügen mußte. Singende Vögel, weiße Katzen, sich in der Sonne badende Eidechsen. Dazu die schweren Klänge eines Orchesters, das im Saal der Abtei für ein Konzert übte. Der Blick über das Mittelmeer, das im November schon allmählich rauher wurde. In der Ferne die Küste der Türkei. Immer wieder. Wieder und wieder. Und egal wo ich war. Immer wieder dieser Blick über die Reste der Abtei hinunter auf die Küste. Girne, sein Hafen, die Festungsanlage und weiter, das Meer, das schimmernde Blau. Dahinter der aufragende Taurus, wenn das Wetter entsprechend war. Recep kam an unseren Tisch, nannte eine Summe, die Morgen schon ganz anders lauten konnte, weil Recep die Preise machte, wie sie sein sollten. Der Freund zahlt anders als die Laufkundschaft, diese wurde bei mehrmaligen Besuchen während eines Urlaubs mit Preisnachlässen belohnt. Yasemin und ich kamen seit Oktober mehrmals in der Woche und waren damit zu einem erlesen Zirkel aufgestiegen, den Recep sehr wohl zu schätzen wußte. Er blätterte das Wechselgeld auf den Tisch. „Tamam?" Alles in Ordnung? Ja, hier ist die Welt in Ordnung, auch wenn man einen dumpfen Knall in der Ferne vernimmt und Militärübungen der türkischen Armee am Horizont beobachten kann. Hier ist die Welt in Ordnung. Wie lange aber? Du sagst, die Zukunft Zyperns ist unsicher. Ich befürchte, sie ist es. Der alte Recep setzt sich wieder in seinen Stuhl, setzt sein Nickerchen fort. Unser Blick richtet sich weiter auf die Passionsblumen, die Bougenvillea und die weißen Katzen. Wenn es ein Paradies gibt – nein, so etwas sollte ich nicht schreiben. Ich höre schwere Regentropfen auf die Straße prasseln, sehe Nebelschwaden über die Felder ziehen, rieche den Gestank deutscher Großstädte und fühle die Kälte in den Gliedern. Es ist warm. Über die Abtei dröhnt ein Flugzeug. Es ist die Abendmaschine nach Istanbul.

*Alle Handlungen und Personen sind frei erfunden!*

# Inhalt